신약
수업

신약
수업

김호경

믿음, 소망, 사랑의
눈으로 읽는
신약성경

뜰힘

성경을 읽는 이들은 많지만 성경이 자신을 읽도록 허용하는 이들은 많지 않다. 성경은 시간·공간·인간·천지간에서 이루어지는 신앙적 삶의 날실經이다. 날실이 가지런해야 삶의 태피스트리 또한 반듯해진다. 저자는 성경을 읽는다는 것을 하나님의 뜻을 따른 사람들의 고백에 반응하는 것이라 말한다. 바르게 반응하기 위해서는 성경에 대한 바른 이해가 전제되어야 한다. 다양한 시대, 다양한 저자, 다양한 문체로 기록된 텍스트를 일이관지하는 통일성을 찾기란 여간 어려운 일이 아니다. 자칫 잘못하면 나무는 보면서 숲은 보지 못하는 어리석음을 범하기 쉽다. 저자는 성경에 담긴 정보와 고백, 상징과 이야기의 숲을 관통하고 있는 유장한 흐름을 마치 조감도처럼 보여 준다. 탁월하다. 『신약 수업』은 일종의 지도다. 지도를 손에 든 이들은 이제 그 지도의 안내에 따라 구체적인 장소를 탐색해야 한다. 성경의 세계를 종횡으로 누비며 구원의 신비에 젖어 들 수 있기를 빈다.

— 김기석 청파교회 원로목사

'읽기'란 문자로 쓰여 있는 것을 이해하는 행위다. 그러나 쓴 자와 읽는 자의 시공간적 불일치로 인해 쓴 자가 전하고자 했던 뜻은 어긋날 가능성이 있다. 그것이 전지전능한 직관을 가지지 못한 인간 인식의 운명이다. 그러한 의미에서 성경 읽기도 다르지 않다. 어떤 이들은 하나님의 말씀을 읽는 행위에는 '계시'가 작동하기에, '성경 읽기'만은 성경 저자들의 뜻이, 아니 그들이 대언한 하나님의 말씀이 독자에게 완전하게 전달될 수 있다고 주장한다. 심지어 자신만이 그 말씀의 원뜻을 알고 있다고 현혹한다. 저자의 '성경 읽기'는 그러한 오만과 독선을 버리고 읽는 자로서의 해석학적 한계를 겸허하게 고백하는 데에서 출발한다. 겸허한 성경 읽기는 오히려 이제까지 알지 못했던 하나님의 말씀과 그 뜻을 새로운 생명력으로 우리 삶 속에 피어 낸다. 신약성경 전권을 앞서 읽어 간 저자의 발자취를 모든 그리스도인이 함께 더불어 갈 수 있다면 작금의 절망적인 한국 교회에 희망을 걸어 봐도 되지 않을까?

— 김혜령 이화여자대학교 호크마교양대학 교수

신약성경에 대한 친절하고 따뜻한 안내서가 나왔다. 많은 정보를 담고 있지만 기술적이고 딱딱한 그간의 개론서와는 달리, 이 책은 신약성경의 의미를 찾아가는 여정에 초점을 맞추었다. 저자에게 신약성경은 스물일곱 개의 믿음의 고백이다. 그 고백들은 서로 다른 삶의 정황 속에서 형성된 독특한 것들이면서도 같은 존재를 우러러보고 같은 세계관 안에 머물러 있다. 이 지점에서 저자는 독자들의 신학적 상상력을 자극한다. 우리는 어떻게 신약성경의 세계관과 믿음의 고백을 오늘 우리 삶의 정황 속에서 새롭게 표현해 낼 수 있을까? 이제 신약성경의 의미를 찾아가는 여정은 자연스럽게 독자들의 것이 된다. 나는 진작에 신약 개론 수업이 이러한 방식이었어야 한다고 생각한다.

— 정성국 아신대학교 신약학 교수

들어가는 말

이 책은 일종의 신약성경 개론서입니다. 이 작업은 나의 오래된 희망이었습니다. 그러나 일종의 숙원사업과도 같던 희망과 더불어 오랫동안 가진 질문이 있습니다. 신약성경에 관한 책이 넘쳐 나는 상황에서 과연 새로운 개론서가 필요할까, 굳이 내가 이 일을 할 필요가 있을까 하는 질문이었습니다. 책이 공해가 될 수 있는 시대에 책의 정당성과 필요성을 확보하는 일이 절실했습니다. 나의 관심은 언제나 신학 전공자가 아니라 일반 대중입니다. 신학을 전공하지 않은 일반인들에게 개론서가 얼마나 많은 도움이 될 수 있을지 고민했습니다. 전공한 사람들도 개론서의 지리한 정보를 이해할 때 인내가 필요합니다. 그렇기 때문에 일반 대중이 개론서의 내용을 읽어 내는 일은 쉽지 않습니다. 물론 요즈음에는 일반인을 대상으로 하는 쉬운 책이 많이 나오기도 합니다. 하지만 쉬운 만큼 인터넷에서도 찾아볼 수 있는 단편적 정보 정도로 채워지기 일쑤입니다.

만약 일반 대중이 신약성경 전체를 아우르면서 27권의 책 각각의 의미를 찾아가도록 도울 수 있다면, 이 새로운 작업이 어느 정도 쓸모가 있을 것이라는 생각이 들었습니다. 여기서 방점은 '의미를 찾아가도록 돕는 것'에 있습니다. 이 방점은 두 가지를 함의합니다. 이 책에서 이야기하는 것들은 신약성경에 대한 단정적이며 결정적인 해법을 제시하지 않는다는 점입니다. 물론 이 책 안에는 기본적으로 많은 사람이 동의하는 정보들이 있습니다. 그러나 이 책은 그 정보를 해석하는 수많은 눈 중 하나를 보여 줄 뿐입니다. 이 책이 '수많은 눈 중 하나'라는 것은 이 책을 읽는 독자들에게 또 하나의 중요한 요소를 상기시킵니다. 그것은 이 책이 독자들을 '수많은 눈 중 하나'로 초대한다는 사실입니다.

한국 교회의 이상징후異常徵候라고 생각하는 것이 있습니다. 한국 교회는 유독 성경 읽기를 강조해 왔습니다. 하지만 실제로 일반 성도들은 성경의 의미를 찾아갈 때 성경을 읽은 '나'가 아니라, 성경을 해석해 주는 목사나 다른 권위자에게 의존하는 경우가 많습니다. 읽는 행위와 해석하는 행위가 분리된 것입니다. 목회자들은 성도들에게 성경 읽기를 강조하지만, 종종 "당신은 읽기만 하세요. 해석은 내가 합니다"라고 말합니다. 그래서 성도들은 성경을 해석하는 '수많은 눈 중 하나'를 갖지 못합니다. 그렇게 성경을 많이 읽으면서 말입니다.

그렇다면 읽는 행위는 무엇일까요? 가령, 차를 타고 가면서 우리는 내비게이션의 안내를 받습니다. 운전을 못하는 나는 조

11

수석에 앉아서 내비게이션을 눈으로 따라갑니다. 간혹 옆에 있는 남편이 묻습니다. "여기서 어디로 가래?" 나는 무심히 대답합니다. "100m 앞에서 좌회전이래." 놀랍게도 100m는 너무나 빨리 지나갑니다. 갑자기 남편은 버럭 화를 냅니다. "왜 100m에서 말을 해 주지 않았어? 도대체 내비게이션 하나 볼 줄도 모르나?" 나는 억울하지만, 경로를 이탈했다는 내비게이션의 선고를 들은 뒤 곧바로 새로운 경로를 따라 정신을 모아야 합니다. 억울할 겨를이 없습니다. 나는 그저 내비게이션을 볼 줄 모르는 사람일 뿐입니다. 내비게이션을 본다는 것은 내비게이션을 읽는다는 것입니다. 내비게이션을 읽는다는 것은 내비게이션이 말하는 대로 요리조리 접어들 수 있다는 것이고, 결국 목적지에 이를 수 있다는 것입니다. 내비게이션을 읽었다면 목적지에 도착해야 합니다. 목적지에 도착하지 못했다면 내비게이션을 읽지 못한 것입니다.

내가 차 안에서 당했던 수모는 서울의 화려한 지하철 노선도로 극복됩니다. 평생 지하철 외길 인생인 나는 몇 번을 갈아타고도 원하는 목적지에 갈 수 있습니다. 그곳이 얼마나 먼 길이든, 처음 가는 곳이든, 지하철이 가기만 한다면 아무 문제 없습니다. 그러나 남편은 울긋불긋한 지하철 노선도에서 정신을 잃습니다. 남편은 우리 동네에서 서울역까지만 지하철로 갈 수 있습니다. 우리 동네에서 분당까지는 엄두도 못 냅니다. 남편이 열심히 노선도를 보는 순간, 나는 잠깐 속을 때가 있습니다. '잘 읽고 있나 보네.' 그러나 그는 결국 서울역에서 멈추고 맙니다. 그는 영원히 분당에 가지 못합니다. 지하철 노선도를 읽고 분당에 가지 못하는 남편, 그의 눈은 무용합니다. 보아도 보지 못하기 때문입니다. 읽기의 효능은 읽기의 목적을 달성할 때입니다. 목적지에 도착하지 못한다면, 지하철 노선도에 있는 수많은 지명을 읽어 내려간들 아무 소용이 없습니다.

읽는 것은 이해하는 것입니다. 이해하기 위해서는 해석해야 합니다. 그것이 무슨 의미를 가지고 있는지 말입니다. 읽음으로써 그 의미를 해석하고 이해한 사람만이 읽은 것을 활용할 수 있습니다. 곧, 목적을 달성할 수 있습니다. 그것이 무엇이 되었든 간에 말입니다. 성경 읽기도 이와 다르지 않습니다. 성경은 내비게이션이나 지하철 노선도와 같습니다. 그렇다면 성경의 각 책들과 구절들은 역이나 거리의 이름이겠지요. 수많은 거리들 사이에는 우리가 가고 싶은 곳으로 가는 길들이 숨겨져 있습니다. 그 복잡한 길들을 찾아내고 목적지에 이르는 것이 성경을 읽는 목적입니다. 수많은 길 사이에서 자신이 가고 싶은 곳을 가장 빠르게, 혹은 가장 안전하게 도착하면서 읽기의 목적을 성취하듯, 성경을 읽으면서 우리는 성경이 말하는 하나님의 뜻을 찾아냅니다. 자신에게 말씀하시는 하나님을 만납니다. 그리고 그 말씀에 따라 살아가면서 하나님의 자녀가 누리는 기쁨을 경험합니다. 고통 중에서든, 절망 속에서든, 믿음을 잃지 않고 말입니다.

그런데 성경의 이름을 줄줄 외고 많은 구절을 암송하고 1년에 열 번씩 성경을 읽는다고 해서 숨겨진 길에 다다를 수는 없습니다. 목적지에 이르기 위해서는 스스로 성경을 읽고 해석할 수 있는 능력을 갖추어야 합니다. 그래야 자신이 이해한 하나님의 말씀에 따라 하나님 안에서 자신의 삶을 살 것이기 때문입니다. 다른 사람에게 휘둘리지 않고, 오직 하나님 안에서 바르게 서는 것, 그것이 믿음입니다. 성경을 읽는 목적은 다른 사람의 눈이 아니라 자신의 눈으로 성경의 의미를 찾는 데 있습니다. 성경 해석부터 이미 다른 사람의 눈을 빌린다면, 수많은 눈으로 인해, 믿음의 근거가 흔들릴 수 있지 않겠습니까! 내가 성경을 읽지만, 내가 해석을 하지 못한다면, 눈으로 읽은 것과 귀로 들은 것의 괴리만큼 믿음은 성경과 멀어질 수 있습니다. 그렇다고 모든 귀를 닫으라는 말은 물론 아닙니다. 성경을 읽는 수많은 눈은 나의 부족함을 채워 주며 많은 정보와 다양한 길을 보여 주는 중요한 자산입니다. 그것은 무시할 수 없습니다. 그러나 그것은 수많은 눈 중 하나를 얻기 위한 보조 자료일 따름입니다.

귀를 열어 두고 부지런히 성경을 읽으며 그것을 이해하고 해석해서 결국에 자신의 목적지에 도달하려는 의지를 가져야 합니다. 이 책은 그러한 의지를 획책하려는 목적을 가집니다. 스스로 성경의 바르고 새로운 의미를 찾아낼 수 있다는 의지 말입니다. 독자들이 이 책을 통해 다른 사람들이 말하는 것에 휘둘리지 않고 성경의 의미를 찾는 데 집중할 수 있다면, 또한 마침내 찾아낸 뜻에 따라 하나님의 길에 들어서는 기쁨을 누릴 수 있다면, 그 후에 이 책은 잊혀져야 마땅합니다. 이 책은 수많은 눈 중 하나일 뿐이고 이 책을 통해서 자신이 그 '하나'를 얻었다면, 이 책의 역할은 충분할 것이기 때문입니다. 그러므로 이 책은 정보

14

나 정답이 아니라, 내비게이션이나 지하철 노선도에 드리워진 수많은 길을 찾아 나서는 모델과 같습니다. 이런 방법으로 가다 보면 이런 길도 나온다는 것을 드러내는 것이지요. 그래서 조금은 다른 방법으로 다른 길을 찾을 수 있다는 희망이나 더 좋은 길을 찾을 수 있다는 기쁨을 독자들과 나누고 싶습니다.

돌아보니, 내가 신약 개론을 강의한 지가 어언 30년 가까이 되었습니다. 처음 강의를 준비하고 떨리는 심정으로 강단에 섰던 때가 엊그제 같습니다. 어느 때에는 중간에 종이를 끼워 넣기도 하고, 어느 때에는 이 구석 저 구석에 알 수 없는 글씨를 써 놓기도 하면서, 처음 만들었던 강의록은 점점 두꺼워졌고 지저분해졌습니다. 더불어 강의록의 형체는 많이 변했습니다. 누구도 그 어지러운 상태를 보고 강의할 수 없을 정도로 말입니다. 나만 알아볼 수 있는 강의록이고, 사실 어느 순간이 되면서 그 강의록은 필요하지 않게 되었습니다. 강의는 시간에 따라, 대상에 따라, 언제나 움직이는 무엇이었기 때문입니다. 대신 색 바랜 종이와 울긋불긋한 글씨들로 가득 찬 강의록은 그때그때의 강의실 풍경을 떠오르게 하는 옛 친구가 되었습니다. 아귀가 맞지 않는 종이들에는 어떤 얼굴들이나 질문들, 그리고 웃음소리, 깊은 한숨, 누군가의 졸린 눈들이 담겨 있습니다. '그때 이렇게 답해 줄 걸', '그런 말은 하지 말 걸'과 같은 이런저런 생각들이 종이와 글씨에 묻어 있다는 것이 언제나 신기합니다.

이 책을 쓰는 순간들은 회상의 시간이 되었습니다. 정리되지 않은 강의록에 쌓인 많은 일을 기억할 수 있었기 때문입니다. 그래서인지 책을 쓰면서, 내가 살려 내고 싶은 것이 무엇인지를 계속해서 되짚었습니다. 그것이 신약성경의 의미인지, 성경을 알고자 애쓰던 사람들의 숨소리인지, 이 둘을 전부 담아내는 것은 욕심입니다. 강의실의 현장성을 책으로 담아낼 능력이 턱없이 부족했기 때문입니다. 그러나 내가 20년을 몸담았던 신학교에서 만난 학생들의 질문과 고민을 잊지 않으려고 애썼습니다. 그들 때문에, 믿음이 무엇인지, 신학이 무슨 역할을 하는지, 성경을 왜 읽어야 하는지를 지속적으로, 그리고 언제나 새롭게 물을 수 있었기 때문입니다. 오래된 강의록을 정리하는 심정으로 이 책을 쓰면서, 마지막 수업을 하고 있구나, 하는 생각이 들었습니다. 그리고 지나간 사람들이 아니라, 이 책을 읽을 새로운 사람들의 질문과 웃음에 답하려고 노력했습니다. 물론 그들의 한숨까지도요.

이렇게 오래된 시간을 잘 마무리할 수 있었으면 좋겠다고 생각했습니다. 오랫동안 마음으로 품었던 계획이 뜰힘 출판사를 만나면서 구체화되었습니다. 오랜 계획이 이루어지는 것은 말할 수 없는 고마움입니다. 자신의 계획이라고 해서 자신의 힘만으로 이루어지지 않기 때문입니다. 책이 나올 수 있도록 힘을 다해 주신 최병인 편집장에게 감사의 마음을 표합니다. 많은 분이 글을 쓰는 나에게 힘을 보태 주셨고 기다려 주셨습니다. 그들의 무한한 응원은 언제나 나에게 큰 힘이 됩니다. 기도로 든든한 후원군이 되어 주신 박경희 권사와 이 책의 초고를 꼼꼼히 읽으며 성경 구절 하나하나를 찾아봐 주신 최희범 목사에게 감사드립니다. 책을 쓸 때마다 다시금 느끼는 것은 함께 있는 사람들의 사랑입니다. 독자들은 그 사랑의 원천이며 또한 목적입니다. 이 책을 통해서, 독자들이 지금 함께하는 사람들과 지금까지 함께하신 하나님의 사랑을 느낄 수 있다면, 그보다 더 큰 기쁨이 없을 것입니다.

1부

하나님의 역사를
읽는 사람들

---

1 이 책의 목적은 신약성경에 관한 정보를 전달하려는 것이 아니라 신약성경의 고백을 함께 나누려는 것임을 항상 기억해 주기를 바랍니다. 신약성경 저자들의 고백 속으로 들어가기 위해서 1부는 중요한 역할을 합니다.

2 1부는 서론입니다. 책 전체가 어떤 기조 위에 있으며 어떤 포인트를 가지고 신약성경을 소개하려고 하는지 알 수 있습니다. 성경과 믿음의 의미를 생각해 볼 수 있습니다.

3 신약성경 각 권의 내용이 궁금한 분들이라도, 반드시 1부를 읽고 2부 읽기로 들어서야 합니다.

우리의 고백

신약성경은 27권의 크고 작은 책들로 이루어져 있습니다. 예수 그리스도의 복음을 이야기하는 이 책들은 각각 비슷한 내용이나 주제들을 다루기도 하고 전혀 다른 내용을 다루기도 합니다. 신약성경이라는 하나의 이름이 무색할 정도로 서로 다른 책들이 함께 묶여 있습니다. 신약성경을 이해하는 출발점이 바로 이 지점입니다. 신약성경 안에 묶여 있다는 이유로 지나칠 수 없는, 절대 간과하지 말아야 할 다양성이 있다는 사실입니다. 교회에서는 성도들이 신약성경 안에 있는 책들의 이름과 순서를 외우도록 간단한 노래를 만들어 가르치기도 합니다. 그러나 중요한 것은 그 이름을 아는 것만이 아니라, 그 책들이 그토록 다른 이유와, 그런데도 그 책들이 한데 묶여 있는 이유를 이해하는 것입니다. 지금부터 이야기를 진행해 나가겠습니다.

신약성경 27권 중 같은 내용을 이야기하고 있는 책은 단 한 권도 없습니다. 예를 들면, 4권의 복음서는 한 사람 예수를 이야

21

기하지만, 예수에 관한 동일한 이야기를 하고 있지 않습니다. 그래서 우리는 '한 사람 예수, 네 분의 그리스도'라고 말하기도 합니다. 동일한 예수이지만, 각각의 복음서가 예수를 그리스도로 고백하는 내용이 다르기 때문입니다. 만약 네 개의 복음서 중 똑같은 복음서가 있었다면, 복음서가 네 개까지 필요하지 않았을 것입니다. 같은 책들 중 하나만 남기면 되니까요. 그러나 각각의 복음서들은 다르며, 달라서 의미가 있고, 달라서 중요합니다.

다름은 복음서에만 나타나는 특징이 아닙니다. 복음서라는 형식 외에, 신약성경의 대부분을 차지하는 것은 서신입니다. 서신은 바울이 저자인 것과 그렇지 않은 것으로 나뉩니다. 전자를 간단하게 바울서신이라고 부르고 후자를 공동서신 혹은 일반서신이라고 부릅니다. 사실, 이러한 분류는 조금 이상합니다. 서신을 나누는 기준이 오락가락하기 때문입니다. 저자를 기준으로 한다면, 바울서신과 비非바울서신으로 나누는 것이 맞습니다. 공동서신이라는 이름이 특정 그룹에 한정되지 않고 모든 사람이 볼 수 있는 보편성을 강조하기 위한 이름이라면, 바울서신으로 분류된 것에도 그러한 특징을 드러낼 수 있는 이름이 적합합니다. 물론 나도 그것을 무엇이라 부르기가 마땅하지는 않습니다.

마땅하지 않은 이유 중 하나는 바울서신으로 묶여 있는 것들도, 바울이 저자라고 고지된 것 외에는 다른 공통점을 찾기가 힘들기 때문입니다. 바울의 이름이 들어가 있는 13개의 서신은 대략 세 그룹 정도로 묶입니다. 7개 정도는 누구도 바울이 저자라는 것을 의심할 수 없는 바울서신입니다. 그리고 다른 3개의 서신은 바울의 저자 문제로 학자들의 논쟁이 지속되고 있습니다. 나머지 3개에 대해서 대부분의 학자가 바울이 썼다고 생각하지 않습니다. 이렇게 그룹으로 묶어 놓고 보면, 13개의 서신들에는 한 사람 바울이 썼다는 것을 믿기 어려운 정도의 다름이 있습니다. 물론 같은 특징을 가지고 있다고 묶여 있는 각각의 그룹 안에서도 다름은 어렵지 않게 발견됩니다. 특히 누구도 의심하지 않는 바울서신에도 다채로움이 있습니다. 한 사람이 써도 이렇게 다를 수 있구나, 하고 말입니다.

저자 문제는 종종 저작 연대 문제와 관련합니다. 저자와 연대의 밀접한 관계는 신약성경의 특징을 반영합니다. 신약성경은 예수 그리스도에 대한 논문 모음집이 아닙니다. 신약성경은 예수를 그리스도로 고백하는 책입니다. 그리고 그 고백은 한 사람의 것이 아닙니다. 신약성경에는 많은 사람의 각기 다른 고백이 담겨 있습니다. '예수는 그리스도'라는 하나의 명제에 그렇게 수많은 다른 이야기가 엮여 있는 것은 이 때문입니다. 고백은 사람마다 다릅니다. 고백이 사람마다 다른 이유는 그 사람의 성향은 물론 그 사람이 처한 상황이 다르기 때문입니다. 같은 사람이라고 하더라도 상황과 처지가 바뀌면서 생각이 달라지는 경우가 다반사입니다. 그것은 그 사람의 이중성 때문이 아니라, 상황에 반응하는 존재가 바로 인간이기 때문입니다.

상황의 다름은 시기의 다름과 연관합니다. 각기 다른 사람들이 각기 다른 시대에 살면서 각기 다른 상황을 경험합니다. 다른 상황 속에서 그들이 붙잡은 것은 한 사람 예수이며, 한 분 하나님입니다. 예수와 하나님은 불변하지만, 그를 붙잡는 사람들은 변할 수 있습니다. 그렇기 때문에 그들의 입에서 나오는 고백이 다양할 수밖에 없습니다. 이렇게 다양하고 풍부한 고백의 이야기들이 신약성경에 27권으로 묶여 있습니다. 그래서 신약성경은 놀라운 역사의 덩어리이기도 합니다. 각기 다른 시대, 각기 다른 상황, 각기 다른 역사를 품고 있으니 말입니다. 정의하자면, 신약성경은 서로 다른 시대에, 서로 다른 상황에서, 예수가 하나님의 아들이라는 믿음을 가진 사람들의 고백서입니다.

그렇다면 여기서 믿음에 대한 정의가 필요합니다. 믿음이란 무엇인가요? 믿음은 단지 교리적 고백에 머물지 않습니다. 믿음은 역사에 대한 응답입니다. 역사란 지금 우리가 살아 내고 있는 현장입니다. 그 현장에서 일어나는 무수히 많은 일이 역사의 덩어리를 이룹니다. 그 현장에서 세상의 요구나 질서가 아니라 하나님의 뜻에 순응하는 것이 믿음이라면, 믿음은 역사 속에서 하나님의 뜻을 찾아 그것을 이루는 일입니다. 우리가 사는 현실에서 하나님의 뜻으로 응답하는 것이 믿음입니다. 그 믿음을 통해서 우리는 역사 안에서 또 하나의 새로운 역사를 일굽니다. 세상의 역사 속에서 하나님의 역사를 살아 내야 하기 때문입니다. 그래서 생각해 보면, 믿음은 참으로 대단한 일입니다. 그것은 새로운 역사를 개척하고 도전하며 모색하고 뚫고 나가는 것이기 때문입니다.

믿음은 세상의 역사를 뚫고 하나님의 뜻 위에 새로운 역사를 만들어 나가는 고백이며 의지입니다. 성경은 이 믿음의 길을 보여 주며, 우리를 그 하나님의 뜻으로 인도합니다. 성경은 이미 그렇게 믿음의 길을 간 수많은 사람의 다양한 고백을 보여 줌으로써 우리로 하여금 하나님의 뜻을 알게 합니다. 구약성경이든 신약성경이든, 성경에서 보여 주는 것이 바로 그 고백들입니다. 믿음의 사람들이 어떻게 그들의 삶의 현장에서 하나님의 뜻을 따르기 위해서 발버둥 쳤는지 보여 줍니다. 성경 속 어떤 인물은 아쉽게도 하나님의 뜻을 따르는 데 실패하기도 합니다. 그들은 잘못된 고백을 하고 잘못된 길을 갑니다. 그리고 그 길이 틀렸다는 사실도 모른 채 하나님의 역사를 가장한 세상의 역사 속으로 들어갑니다.

어떤 이들은 잘못된 길에 들어섰던 것을 회개하며 눈물의 고백을 하기도 합니다. 그리고 돌이켜 새로운 역사에 들어서기도 합니다. 단 한 번의 실수도 없이 꼿꼿하게 하나님의 역사에 발자국을 남긴 사람은 없습니다. 하나님의 뜻을 따른다는 것이 얼마나 고되며 지난한 일인지를 성경은 수없이 보여 줍니다. 그러나 그렇게 하나님의 뜻을 따른 사람들로 인하여 믿음이 이어졌고, 우리는 하나님의 음성을 듣고, 예수의 얼굴을 봅니다. 성경은 그것들을 알려 주는 보고입니다. 그러므로 성경을 읽으며 우리는 하나님의 뜻을 따른 사람들의 고백에 같은 믿음으로 반응합니다. 그리고 잘못된 믿음의 길에서 돌이켜 믿음의 고백과 삶을 배워 나갑니다.

성경을 읽는다는 것은 성경 속 인물들의 고백에 반응하는 일입니다. 그래서 그들의 역사 속에서 믿음의 고백이 갖는 의미를 되살리는 것입니다. 의미를 되살리는 일이란 무엇인가요? 바로 해석입니다. 성경 속 역사와 우리의 역사는 다릅니다. 시대와 장소, 그 속에서의 삶, 그 무엇도 같은 것이 없습니다. 유사한 일들은 언제든지 있을 수 있지만, 지금의 현실과 상황을 성경이 모두 해결해 줄 수는 없습니다. 이런 역사적 차이 속에서 성경이 여전히 우리의 삶에 의미가 있고 살아 있는 하나님의 말씀이 되도록 하는 것은 해석입니다. 아브라함을 인도하신 하나님, 베드로를 부르신 하나님, 바울을 세우신 하나님, 그 하나님이 지금, 이 순간, 나에게 무엇을 요구하시는가? 성경 속에는 내 이야기가 없지만, 나는 해석을 통해서 나에게 말씀하시는 하나님의 음성을 듣습니다. 내 눈과 내 귀로 말입니다. 그것을 내가 읽고 내가 찾아내야 합니다. 그래야 내가 고백할 수 있지 않겠습니까?

나의 믿음을 고백하기 위해서 성경을 읽으면, 성경이 많은 사람의 상황들과 각 상황에 따른 다양한 고백을 담고 있다는 사실이 절로 고마워집니다. 그것은 내 입에 풍성한 고백의 가능성을 놓아 주기 때문입니다. 우리는 그 고백들을 따라가며 우리의 삶을 돌아보고, 어떤 새로운 고백으로 우리의 믿음을 드러낼 수 있습니다. 그러므로 성경을 읽으며 염두에 두어야 할 것들 중 하나는 이러한 고백이 어떠한 상황에서 나온 것인지를 찾아내려는 노력입니다. 성경은 논문이 아니라 상황에 대처한 믿음의 고백이라는 사실을 잊지 않으면서 말입니다. 저자와 상황의 밀접함 때문에, 한 사람 바울이 썼어도 서신들은 다양한 목소리를 냅니다. 어떤 이들이 바울의 저작을 의심할 정도로 말입니다. 저자가 각기 다른 복음서의 다름은 더 말할 나위도 없습니다.

저자와 연대의 문제는 신약성경을 이해하는 데서 결코 작지 않은 문제입니다. 그러나 이 책에서 신약성경 27권의 저자 문제를 집요하게 다루지는 않을 것입니다. 신약성경은 각기 다른 시대에, 각기 다른 저자에 의해서 써졌다고 말하는 정도로 그치고자 합니다. 우선, 신약성경이 각기 다른 상황에서 하나님의 뜻을 따라간 사람들의 각기 다른 믿음의 고백이 담긴 책들이라는 사실만은 잊지 않았으면 좋겠습니다. 신약성경이 쓰인 시대의 폭은 대략 기원후 50년에 시작해서 최대로 늦추면 150년입니다. 어떤 사람들은 저작 시기를 더 앞당기기도 합니다. 논란이 있지만 대략적으로 받아들이는 이 정도의 넓은 역사적 폭을 감안하고 그 역사적 굴곡 속에서 탄생한 다양성을 기억한다면, 또한 지금이나 그때나 언제든지 믿음을 잃을 수 있는 순간에 하나님을 놓치지 않은 사람들에게서 예수 그리스도의 의미를 찾아낼 수 있다면, 굳이 저자 문제에 집착하지 않아도 그들의 고백에 우리의 고백을 더하는 것이 문제가 되지는 않을 것입니다.

성경의 다양성을 강조하는 것은 각 책에게 자신의 이름을 되돌려주는 일입니다. 이 책의 목적 중 하나는 성경의 각 책에 관해 분명하게 말하지 않고 두루뭉술하게 넘어가는 것에 주의를 기울이게 하려는 것입니다. 그저 복음서에서, 서신에서, 신약성경에서, 라고 말하는 것을 부디 조심했으면 좋겠습니다. 매우 분명하게 마가복음에서, 로마서에서, 요한일서에서와 같이 자신이 말하는 구절이 어디에 나오는 것인지 분명하게 짚는 훈련이 필요합니다. 각각의 책은 자신들의 상황에서 믿음을 고백하고 그것으로 하나님의 뜻을 드러내기 위한 것이고, 그 목적을 이루기 위해서 매우 섬세하게 이야기를 끌고 가는 문맥 안에 있기 때문입니다. 그러므로 같은 내용이라고 하더라도, 어느 복음서에서 어떻게 말해졌느냐에 따라서 그 의미가 달라질 수 있습니다.

다양성을 인정하는 것은 상황뿐 아니라 문맥을 살펴보고, 그 문맥에서 의미를 찾는 일입니다. 문맥 따라 읽기는 이 책에서 가장 중요하게 여기는 요소입니다. 문맥 사이사이에 언어로 다 표현되지 못한 상황과 고백들로 들어가는 길이 있기 때문입니다. 물론 그 길은 숨겨져 있고, 그 길을 찾기 위해서는 열쇠가 필요합니다. 그 길에 들어서는 열쇠는 상상력입니다. 지금까지 성경을 읽기는 하지만 그 의미를 찾는 것이 쉽지 않다고 느낀 독자들이 있다면, 무엇이 부족했는지 돌아보기 바랍니다. 아마도 성경의 언어가 낯설었을 수도 있습니다. 또한 성경의 상황을 알 수 있는 보조적인 정보도 부족했을 수 있습니다. 그래서 아쉬움을 채울 수 있는 많은 자료와 씨름을 했을지도 모릅니다.

그러나 이 모든 것과 더불어 매우 중요한 것은 성경의 상황 속으로 들어가는 상상력입니다. 성경의 언어와 성경에 관한 제반 지식들을 바탕으로 한다면 상상력은 더없이 훌륭한 해석의 도구입니다. 나는 이러한 상상력을 신학적 상상력이라고 부릅니다. 신학적 상상력은 소위 소설적 상상력과는 다릅니다. 소설적 상상력은 사실이나 역사적 실제로부터 상대적으로 자유롭습니다. 하나의 거짓을 위해서 아홉 개의 사실을 필요로 한다고 하더라도, 소설적 상상력은 작가가 설정한 세계관 속에서 자유롭게 움직이며 그 안에서 정당성을 확보하면 됩니다. 그러나 신학적 상상력은 성경 속 사람들이 뿌리내리고 있는 세계와 그들의 신앙적 세계관을 벗어날 수 없습니다. 상상력은 성경의 문자를 벗어날 수 있는 자유를 허용하지만, 그 자유는 무제한적이지 않습니다. 신학적 상상력의 범위는 성경 속 인물들이 거닐던 역사적 배경과 그들의 고백에 자신의 고백을 더한 독자의 상황이

29

겹겹이 더해진 시간의 언저리와 성경의 세계관을 떠받들고 있는 믿음의 체계 안에 있습니다.

성경의 문맥을 잘 읽기 위해서 성경의 언어를 공부하고 시대적 배경을 연구하는 일은 훌륭한 결과를 낳을 수 있습니다. 나는 가능하다면 성경을 잘 알기 위해서 이러한 수고로운 노력들이 필요하다고 생각합니다. 그러나 모든 사람이 수많은 자료를 섭렵할 수도 없고, 그러한 노력들을 하나의 이해로 엮어 내는 것도 쉽지 않습니다. 이에 비하면, 문맥 속으로 조금 더 쉽게 들어갈 수 있는 방법이 있습니다. 그것은 성경적 세계관에 대한 이해입니다. 위에서 말한 대로 성경은 각기 다른 저자가, 각기 다른 시대에, 각기 다른 상황에서 각기 다른 믿음의 고백이 담긴 책입니다. 그러나 각기 다르다고 해서 그것이 제각각 따로 노는 것은 아닙니다. 다름에도 불구하고 27권이 신약성경의 이름으로 묶여 있다면, 그것을 묶을 수 있는 틀이 있을 것입니다.

그 틀이 바로 신약성경의 세계관을 이룹니다. 다양성을 하나로 묶는 세계관이 통일성을 가져옵니다. 많은 지식과 정보를 가지고 있지 않을지라도, 신약성경의 세계관을 이루는 틀에 대한 이해가 있다면 우리는 각각의 책이 가지고 있는 문맥 속에 안전하게 발을 들여놓을 수 있습니다. 신학적 상상력을 발휘할 수 있는 요건이 생긴다는 말입니다. 다양성을 통일성의 빛에서, 통일성을 다양성의 빛에서 서로 살펴볼 때, 보이는 글 속에서 보이지 않는 길이 생겨납니다. 또한 그 길을 통과하는 상상력은 우리를 성경 속 인물들이 고백했던 믿음의 순간으로 데려갈 것입니다. 그리고 그곳에서 빠져나올 때, 우리의 현실 속에서 어떠한 고백과 삶이 요구되는지를 볼 수 있습니다.

다양성을 제재하는 통일성은 우리가 성경을 마음대로 생각하고 오독하지 않도록 울타리가 되어 주며, 통일성을 견제하는 다양성은 우리의 믿음이 획일적이지 않고 자기만의 역사를 만들 수 있는 동기를 만들어 줍니다. '우리'의 믿음 안에는 '나'의 믿음과 '너'의 믿음이 함께하기 때문입니다. 성경의 다양성은 삶의 다양성으로 옮겨 가고, 삶의 다양성은 고백의 다양성을 만들어 냅니다. 그리고 고백의 다양성은 '너'를 인정하며 '우리'가 함께 살아갈 수 있게 합니다. 하나님 안에서 말입니다. 다양한 고백을 묶는 출발점에는 바로 하나님이 있습니다. 의외로 단순한 이 사실이 신약성경의 세계관이기도 합니다. 신약성경의 세계관은 다양한 모든 사람이 하나님의 역사 안에 있다는 관점입니다.

이를 더 구체적으로 풀어 보겠습니다. 성경의 다양성은 역사 속에 있는 다양한 사람으로부터 연유합니다. 그들의 각기 다른 상황과 삶으로부터 말입니다. 그렇다면 이런 다양성을 하나로 묶는 것도 바로 역사로부터 연유하는 것이 마땅합니다. 통일성은 다양한 인간의 삶이 용해된 한 분 하나님의 역사입니다. 우리가 견뎌 내고 만들어 온 역사, 그것은 우리의 역사이며 또한 하나님의 역사입니다. 하나님은 인간의 역사를 주관하며, 그 역사 속으로 개입합니다. 이런 면에서 기독교는 탈역사적이거나 비역사적이지 않습니다. 하나님이 이 세상을 창조했고, 그의 아들이 이 땅에 육체를 입고 오면서 그의 구원이 이 땅에 실현되었기 때문입니다. 기독교의 가장 중요하고 큰 특징은 역사성과 실제성입니다. 지금의 내 삶과 하나님의 역사를 분리시키지 않는 것이 기독교입니다. 그러나 인간의 모든 역사에 하나님의 뜻이 드러나는 것은 아닙니다. 종종 악한 모습을 드러내는 인간의 역사 속에서 하나님에 대한 믿음을 지키는 것은 어렵습니다.

이스라엘 사람들이 경험한 질곡의 역사는 그 모습을 잘 드러냅니다. 어렵사리 나라를 만들었지만 잠깐의 황금기가 있었을 뿐 나라는 곧 분열되고 결국 멸망합니다. 구약성경은 이 곡절 많은 역사를 배경으로 신앙을 지켜 나간 사람들의 모습을 보여 줍니다. 그렇다면 그들은 고난으로 가득 찬 삶 속에서 어떻게 여호와 하나님을 붙잡고 나아갔는지 질문하게 됩니다. 하나님의 역사를 놓치지 않으려는 그들의 역사 인식 말입니다. 구약성경에 나타난 믿음의 이야기는 결국 이스라엘의 역사 인식입니다. 그런데 역사가 변화무쌍했던 만큼 역사 속에서 하나님을 붙잡고 나아가는 방식도 다양했습니다. 나라가 멸망했을 때, 이스라엘은 그것을 죄에 대한 징벌로 여겼고 회개하며 하나님의 새로운 창조를 꿈꿨습니다. 신명기를 바탕으로 하는 이러한 이해를 '신명기적 역사 인식'이라고 하는데, 이러한 인식은 실패한 이스라엘을 일으키는 힘이 되었습니다. 개인적인 절망 속에서, 혹은 나라를 잃고 사라진 희망 속에서, 그들은 회개하며 하나님의 도우심을 간구했고 그렇게 하나님을 붙잡았습니다.

나라를 되찾을 희망이 보이지 않을 때에도 그들은 포기하지 않았습니다. 나라가 대수냐며 나라 없이도 여호와 하나님을 섬기는 것만으로 하나님의 백성으로 남을 수 있다고 생각했습니다. 이것이 바로 역대기 등에 반영된 '역대기적 역사 인식'입니다. 하나님의 백성이라는 자긍심을 가지고 오랜 시간 지속된 떠돌이의 삶 속에서 하나님을 예배하며 믿음을 유지했습니다. 그리고 고난이 깊어지고 희망의 그림자를 찾아볼 수 없을 때가 이르자, 그들은 또 다른 이해를 발전시키며 하나님의 역사에 굳건히 머물렀습니다. 바로 '묵시문학적 역사 인식'입니다. 다양한 시대, 다양한 상황은 다양한 역사 인식을 배태하여 이스라엘을 하나님의 백성으로 묶어 냈습니다. 그리고 이 굵직한 역사 인식들은 구약성경 안에서 크고 작은 부분을 차지하고 있습니다. 그렇게 긴 역사의 이스라엘을 하나로 모으면서 말입니다.

물론 이러한 역사 인식은 신약성경에도 영향을 끼쳤습니다. 구약성경과 신약성경에 나타난 하나님은 동일한 분입니다. 하나님은 동일하지만 상황은 다르기 때문에, 구약성경에는 상대적으로 신명기적 역사 인식과 역대기적 역사 인식이 두드러지게 나타나는 반면, 신약성경에는 묵시문학적 역사 인식이 전면적으로 드러납니다. 물론 신약성경이 다른 역사 인식들을 배제하고 있지 않다는 사실을 함께 기억하는 것이 필요합니다. 묵시문학적 역사 인식이 상대적으로 신약성경에 많이 나타나는 것은, 그 역사 인식을 배태한 상황이 신약성경이 기록된 시기까지 오랫동안 지속되었기 때문입니다. 기원전 6세기 말에서 5세기 초, 이스라엘이 페르시아의 지배 아래 있을 때 묵시문학적 역사 인식이 태동했습니다.

묵시문학적 역사 인식을 설명하는 가장 간단한 문장은 "묵시문학적 역사 인식은 책상에서 만들어지지 않았다"입니다. 묵시문학적 역사 인식은 고난당하는 역사의 현장에서 만들어졌습니다. 오랫동안 다른 나라의 지배를 받아야 하는 상황, 포로로 잡혀갔다가 고향에 돌아와서도 주류의 역사에 끼지 못하는 상황, 하나님의 구원을 희망하는 것이 사치인 절망적 상황, 이러한 극단의 상황 속에서 하나님을 붙잡고 놓지 않았던 사람들이 가졌던 것이 묵시문학적 역사 인식입니다. 그들은 자신들을 고난 속으로 밀어 넣는 자들을 악으로 규정하며 자신들이 속한 고난의 역사가 빨리 끝나기를 바랐습니다. 이 악한 역사가 끝나면 하나님의 역사가 드러날 것이고 믿음을 지킨 자신들은 더 이상 고난 없는 세상에서 하나님의 새로운 통치에 참여할 수 있을 것이라고 믿었습니다.

묵시문학적 역사 인식의 가장 중요한 출발점은 하나님이 역사의 주관자라는 사실입니다. 비록 악이 득세해서 이 세상에 하나님의 뜻이 보이지 않을 때에도, 하나님은 역사의 주인으로 존재하며, 결국에는 악한 세상을 멸하고, 하나님의 궁극적 승리가 역사에 드러날 것이라는 믿음입니다. 그러므로 그들은 악한 세력을 맹렬하게 비난합니다. 그러나 고난받는 힘없는 자들이 지금 세상을 지배하는 자들을 대놓고 비난할 수는 없는 노릇입니다. 그들이 묵시라는 형태를 취하는 것은 이 때문입니다. 묵시는 '무엇인가를 덮어 놓는다'는 의미입니다. 그들은 자신들의 고

34

난과 희망을 상징으로 감싸 은밀하고 강력하게 미래의 승리를 희망합니다. 그러나 아무리 희망을 가지고 있다고 한들 끝날 것 같지 않은 악을 견디는 일이 얼마나 괴롭겠습니까! 그러므로 이러한 역사 인식을 가진 사람들은 악한 자가 통치하는 세상이 빨리 끝나기를 기다립니다.

여기서 묵시문학적 역사 인식에 종말, 곧 세상 끝에 대한 이해가 들어섭니다. 임박한 종말에 대한 사상은 묵시문학적 역사 인식과 어울려서, 현재의 고난을 견디며 하나님의 승리에 대한 희망을 갖게 합니다. 이를 묵시문학적 종말론이라고 부릅니다. 고난의 현장 속에서 소외되고 약한 자들이 하나님을 붙잡는 마음으로 묵시문학적이고 종말론적인 역사 인식을 가졌습니다. 그들은 하나님이 자신들을 위해 싸워 줄 것이며, 자신들을 억누르던 자들을 응징하고 결국은 자신들이 하나님과 함께 승리할 것이라 믿으며 고난을 견뎠습니다. 이러한 종말론적 역사 인식은 고난이 심각할 때는 흥왕하기 마련이지만, 체제가 정비되어 힘을 얻거나 평화로운 시기에는 비주류로 밀려날 수밖에 없는 운명을 가지고 있습니다. 지배 세력을 공격하던 종말론적 역사 인식이 주도권을 갖게 되면, 그 비판적 인식은 불필요한 것이 되기 때문입니다.

기독교가 국가 종교가 되고 박해받는 종교가 아니라 박해하는 종교가 되었을 때, 종말론적 역사 인식은 힘을 잃게 되었습니다. 그렇게 주변부로 밀려난 종말론적 역사 인식은 왜곡되어 종종 기독교를 위협하는 잘못된 요소로 이해되었습니다. 그러다 보니 묵시문학이나 종말론이라는 말을 들으면 이상한 선입견과 함께 오해가 증폭됩니다. 무엇인가 뜬구름을 잡는 것 같기도 하고, 혹세무민하는 혼란을 가중시키는 것 같기도 하고 말입니다. 극단적 고통의 순간이 예견될 때 묵시문학적 종말론이 등장합니다. 이상한 형태로 나타나 받아들일 수 없는 것이 태반이기도 하지만 그것이 올바르고 건강한 본래적 의미의 역사 인식인지 아닌지 반드시 판별해야 합니다.

믿음을 이 세상과 분리하는 것은 성경적인 종말론이 아닙니다. 세상과 분리되어 자신들만의 세계를 형성하는 것도 성경적 종말론과 거리가 멉니다. 자신들의 시간 속에 역사를 고립시키는 것도 성경적 종말론이 아니며, 현실 도피적이고 탈역사적인 것 또한 절대로 성경적 종말론이 아닙니다. 성경적 종말론은 이 땅에서 하나님의 뜻을 잃지 않으려는 사람들의 역사 인식이며, 역사 속에서 하나님의 뜻을 실현하려는 긍정적이고 적극적인 참여에 기반합니다. 그것은 이 세상의 악에 대한 비판으로부터 시작되었지만, 역사의 주인인 하나님을 기억함으로써 이 세상을 변화시키는 역동적인 힘이 되었습니다. 수많은 사람의 현실로부터 신약성경의 다양성이 나왔다면, 통일성은 언제나 인간을 구원하시는 하나님의 신실함으로부터 옵니다. 이것이 신약성경의 다양한 고백이 엮어 내는 세계관입니다.

우리의 믿음

처음 종말론적 역사 인식이 시작되었을 때, 그것은 고난당하는 일부 사람들에게 위로와 희망을 주었습니다. 그러나 고난의 역사는 지속되었고 헬레니즘과 로마의 지배는 끊임없이 유대인들을 괴롭혔습니다. 이스라엘이 자신들의 유대적 정체성을 지키는 일은 점차 어려워졌습니다. 믿음을 지키기 위한 고난은 일부의 사람이 아니라 대부분의 유대인이 직면한 문제가 되었습니다. 고난이 다양해지고 이를 겪어 내야 하는 사람의 수가 늘어나는 만큼 고난을 이기기 위한 종말론적 역사 인식은 널리 확산되었습니다. 이스라엘의 고난이 극심했던 시절, 헬레니즘 세력이 기승을 부리고 로마가 세력을 확장하던 기원전 2세기에서 기원후 2세기의 기간 동안, 무엇보다 유대인들을 사로잡았던 것이 바로 이 종말론적 역사 인식입니다. 이 역사 인식 아래서 우리가 알고 있는 유대교가 형성되었습니다. 구약성경에 나타나는 여호와 신앙이 기원전 2세기에 이르러 신약성경에 나오는 유대교의 형태로 자리 잡게 된 것입니다.

기원전 2세기에 이스라엘은 힘겹고 격정적인 정치적 변화를 겪고 있었습니다. 거대 세력의 지배 아래서 이스라엘이 짧고 아쉬운 독립 국가를 형성했기 때문입니다. 기원전 167년 발생했던 마카비 혁명으로 이스라엘은 기원전 142년에 독립 왕조를 이루었습니다. 그러나 한때 번성했던 그 왕조의 정치적 분열과 갈등은 기원전 63년 로마 제국이 예루살렘에 무혈입성하도록 길을 터주었고, 결국 독립 왕조는 사라졌습니다. 또다시 나라 없는 긴 역사가 이어졌습니다. 이 과정에서 유대적인 것들을 지키기 위한 분투가 일어났고 다양한 분파들이 서로 다른 방식으로 하나님의 백성이라는 유대적 정체성을 지키고자 했습니다.

사두개파는 제사장을 중심으로 한 그룹으로서, 제의를 통해서 유대적 정의를 지키고자 했습니다. 나라 없는 시절, 제사장 그룹은 언제나 정치적 주도권을 가진 지배자들이었습니다. 그러나 정치가 혼란해지자 사두개파에 더 이상 지지를 보낼 수 없게 되었고 새로운 방법으로 유대적 정결을 유지하려는 그룹이 생겼습니다. 그들은 바리새파라 불렸으며 율법을 새롭게 해석하고 삶에서 엄격하게 율법을 지켰습니다. 또 다른 그룹은 더 이상 사람들이 사는 사회적 현실에 희망을 걸지 않았습니다. 그들은 에세네파로서 자신들의 지도자를 따라 사막 한가운데로 나갔고 그곳에서 엄격한 규율과 율법을 준수하며 유대적 거룩을 입증하려고 했습니다. 이들이 기원전 2세기부터 유대교를 형성했던 그룹들이었다면, 기원후 1세기를 전후해서 무력적인 방법으로 유대의 마지막 희망을 불태우려 한 젤롯당(열심당)이 등장했습니다. 악한 세력의 힘이 커질수록 율법에 대한 그들의 열심은 칼과 창이라는 마지막 수단으로 모아졌습니다. 고난이 극심해졌지만 유대인들은 포기하지 않고 자신들의 믿음을 지킬 수 있는 다양한 방법들을 찾았고, 결과적으로 다양한 종파들로 구성된 유대교가 탄생했습니다. 그러나 이들의 다양성은 종말론적 역사 인식 속에 함께 묶일 수 있습니다. 그들은 악한 역사 속에서도 하나님의 주권을 믿으며 그분이 악한 세력을 멸망시킬 마지막 때와 믿음을 지킨 자들의 부활에 대한 소망을 간직했습니다.

물론 사두개파는 그런 희망에서 조금 비껴 나 있기는 했습니다. 그들은 권력을 쥔 자들이었고 악한 세상이라고 한들 그렇게까지 종말을 기다릴 필요가 없었습니다. 종말론적 역사 인식이 고난의 현장에서 만들어졌다는 점을 기억한다면, 사두개파에게 종말론적 역사 인식은 그렇게 흔쾌하지 않았을 것이라고 짐작할 수 있습니다. 그들은 유대교 안에서 점한 위치와 오경을 중심으로 한 성경 해석으로 인해 다른 종파들이 가지고 있던 부활에 대한 소망을 공유하지 않았습니다. 그러나 이미 기원전 2세기 정도에 이르면, 악한 세상을 끝낼 메시아와 하나님의 궁극적 승리에 대한 종말론적 희망은 유대인들의 믿음의 근간으로 자리했습니다. 그들은 모두 하나님의 통치, 곧 하나님 나라를 기다렸습니다. 하나님의 통치는 임박한 미래에 반드시 일어날 일이었습니다. 그 희망으로 그들은 율법을 지키며 고난을 견디고 하나님의 의로운 백성으로 남고자 애썼습니다. 예수가 선포한 하나님 나라는 예수로부터 시작한 것이 아니라, 이미 오래전부터 유대인들이 가지고 있던 희망이었습니다.

그러므로 예수가 세상에 나와 하나님 나라가 가까웠다고 선포했을 때, 사람들은 예수를 유대교의 여타 종파와 구별할 수 없었습니다. 그들은 모두 하나님 나라를 기대한다는 공통점이 있었으니 그럴 만도 합니다. 그러므로 예수와 그의 제자들이 하나님 나라를 말하며 복음을 전할 때, 유대인들은 그들을 '유대교 안의 한 묵시적 소종파'로 받아들였습니다. 하나님 나라라는 종말론적 소망은 당시 예수와 그의 제자들을 유대교 안에서 생겨난 또 다른 작은 그룹으로 이해하게 했습니다. 사두개파와 같이 다른 역사 인식을 가진 자들도 커다란 범주에서 유대교에 속하는 상황에서, 창조주 하나님과 그의 나라를 기다리는 예수와 그의 제자들이 유대교의 한 종파로 이해된 것은 이상할 것이 전혀 없습니다.

그러나 기독교와 유대교는 동일하지 않습니다. 다양한 유대교의 한 소종파로 출발한 예수는 유대교와 다른 차이를 가지고 있었습니다. 그 차이점이 기독교와 유대교가 지닌 각각의 정체성이 될 것입니다. 정체성을 드러내는 여러 요소가 있겠지만, 이 책에서는 그것을 역사 인식으로 봅니다. 하나님과 우리의 관계를 이해하는 역사 인식이 우리의 세계관이며 우리가 누구인지를 드러냅니다. 그렇다면 유대교와 기독교는 같은 역사 인식을 가질 수 없습니다. 그런데도 초기 예수의 무리는 '유대교 안의 묵시적 소종파'라는 정체성을 가지고 있었습니다. 유대교가 가지고 있던 종말론적 역사 인식을 공유했다는 의미입니다. 같은 역사 인식을 공유했지만 그 둘이 서로 다르다면, 답은 하나입니다. 유대교에서 말하는 종말론적 역사 인식과 예수가 말하는 종말론적 역사 인식에 차이가 있다는 말입니다.

아이러니하게도, 종말론적 역사 인식은 유대교와 예수를 가르는 준거 틀입니다. 유대교는 기다리는 종교입니다. 그들은 아직 오지 않은 종말을 기다립니다. 그들은 아직 오지 않은 메시아를 기다립니다. 그들은 아직 오지 않은 하나님 나라를 기다립니다. 그러나 예수는 하나님 나라가 이미 너희 안에 있다고 말합니다. 예수는 하나님 나라를 가지고 온 메시아입니다. 우리가 '예수 그리스도'라고 말할 때, 그것은 "예수는 그리스도입니다"라는 고백입니다. 우리는 다른 이를 메시아로 고백하지 않을 뿐 아니라 다른 이를 기다리지도 않습니다. 우리는 메시아가 이미 왔다고 고백합니다. 그리고 그가 예수라고 믿습니다. 그렇다고 기독교가 종말을 기다리지 않는 것은 아닙니다. 우리는 다시 오실 예수를 기다립니다. 우리는 막연히 누구인지 알지 못한 채 기다리지 않습니다. 기독교는 예수가 이미 그리스도로 왔다는 사실을 믿으며, 다시 오실 예수를 기다립니다. 다시 오실 그분이 아직 오지 않았기 때문입니다.

이것이 유대교와 기독교의 차이입니다. 유대교의 종말론적 역사 인식은 미래적입니다. 그러나 기독교의 종말론적 역사 인식은 현재적이며 또한 미래적입니다. 예수는 유대인들에게 널리 퍼진 종말론적 역사 인식을 받아들이지만, 그것을 또한 변형시킵니다. 그 변형의 중심에는 예수 자신이 있습니다. 예수로 말미암아 이미 하나님 나라가 이 땅에 임했기 때문입니다. 하나님 나라의 현재성은 유대교의 역사 인식과 기독교의 역사 인식을 구별하는 중요한 지점입니다. 신약성경은 현재적이며 미래적인 종말론적 역사 인식이라는 틀 안에 있습니다. 다양성은 이 틀을 벗어나지 않습니다. 그러므로 현재적이며 미래적인 종말론적 역사 인식이라는 틀은 또한 우리의 정체성의 기반이기도 합니다. 신약성경을 읽고 예수를 그리스도로 고백하는 것은, 이미 오신 예수를 믿으며 아직 오지 않은 예수를 기다리는 것을 의미하기 때문입니다.

유대교의 역사 인식이 미래적 종말론이라는 하나의 축만을 가지고 있다면, 기독교의 역사 인식은 현재적 종말론과 미래적 종말론이라는 두 축을 가집니다. 이 두 축의 균형이 깨지면 건강하고 온전한 기독교를 누릴 수 없습니다. 예수가 그리스도임을 고백했으니 예수가 다시 온다거나 마지막 때에 부활이 있다는 것 따위는 믿지 않아도 된다고 생각한다면, 그것은 바르지 않습니다. 다시 올 메시아를 믿기는 하지만 그리스도 예수가 이미 이 땅에 왔다는 것을 믿지 않는다면, 그것은 기독교가 아닙니다. 각 책에 따라 그 정도는 다르지만, 신약성경 27권은 현재적 종말론과 미래적 종말론이라는 두 개의 축을 중심으로 역사를 주관하는 하나님의 구원을 고백합니다. 우리가 성경의 이 고백에 동의한다면, 우리는 그리스도인이 됩니다. 그러므로 성경을 읽는 것은 이 역사 인식에 동참하는 것입니다.

종말론적 역사 인식이 우리에게 낯선 것은 사실입니다. 우리에게 익숙한 역사 인식은 '과거-현재-미래'로 진행되는 시간 이해 속에 있습니다. 역사 책의 도표처럼, 우리의 역사는 과거에서 미래를 향해 나아갑니다. 이렇게 흘러가는 시간을 헬라어로 크로노스라고 합니다. 크로노스는 우리의 일상적이며 일반적인 시간입니다. 그러나 종말론적 역사 인식은 이 크로노스적 흐름을 역행합니다. 종말론적 역사 인식은 종말의 때로부터 거슬러서 우리에게 오는 시간을 바탕으로 합니다. 이는 현실이 아무리 고통스러워도 하나님의 궁극적 승리가 일어나는 종말의 빛 아래서 현재를 보는 것입니다. 우리의 종말론적 역사 인식에서 시간은 미래로 나아가는 것이 아니라 미래에서 현재로 옵니다. 미래에서 오는 승리의 시간이 현재의 나를 변화시키는 일, 그것이 종말론적 역사 인식이 가진 힘의 근원입니다.

성경은 이 낯선 시간 속으로 우리를 데려갑니다. 그러므로 우리는 성경에 나오는 오래전 이야기들에서 미래의 승리를 살아간 사람들의 현재를 만납니다. 그리고 고난을 이겨 낸 그들의 과거는 믿음이라는 이름으로 우리의 삶을 변화시키는 현재적 힘이 되어서 우리를 하나님의 역사로 이끕니다. 종말론적 역사 인식은 이렇듯 우리에게 과거와 현재와 미래가 섞여 있는 놀라운 시간을 선사합니다. 종말론적 역사 인식으로 예수의 구원은 우리에게도 언제나 현재가 되며 또한 미래적 희망이 됩니다. 이 새로운 시간 이해 속에서 예수의 구원은 과거에 일어난 일이 아니라, 지금 우리를 위해서 일어난 현재적 사건으로 고백됩니다. 이미 오신 예수는 지금의 나를 구원했고, 다시 오실 예수는 나를 하나님의 승리로 이끌 것입니다. 나의 현재 속에 예수의 과거와 하나님의 미래가 함께합니다.

우리의 소망

새로운 시간에 대한 이해 속에서, 현재적 종말론과 미래적 종말론이라는 두 축을 일상의 언어로 녹여 낸 사람은 바울입니다. 고린도전서 13장은 사랑에 관한 이야기를 하는데, 바울은 사랑의 필요성을 더 큰 신학적 전망에서 다룹니다. 그 신학적 전망은 바울이 가지고 있는 신학적 틀에서 비롯합니다. 바울은 자신의 이름으로 서신을 썼을 뿐 아니라 기독교 선교사이기도 합니다. 그는 복음을 전하는 데 전념했으며 목숨을 아끼지 않았습니다. 복음을 전하기 위해서 그가 당한 수많은 고난을 생각한다면, 그리고 그가 역경 속에서 일구어 낸 열매들을 생각한다면, 예수를 박해하던 그가 예수를 위해서 목숨을 아까워하지 않는 사람으로 변화된 힘이 무엇이었을지 생각해 보지 않을 수 없습니다.

이스라엘 역사 속에서 수많은 유대인이 바벨론에 포로로 잡혀갔습니다. 이렇게 유대 땅 바깥에서 살게 된 유대인들을 '디아스포라'라고 일컫습니다. 바벨론 이후에도 페르시아, 헬레니즘 세계, 로마의 지배를 받으면서 수많은 유대인이 떠돌이 삶을 살아야 했고, 그들은 유대적인 것 외의 문화에 영향을 받을 수밖에 없었습니다. 로마가 세력을 잡았을 때도, 디아스포라 유대인들은 문화적 측면에서는 헬레니즘의 영향을 벗어날 수 없었습니다. 이렇게 유대인이지만 헬라의 영향을 받은 사람들을 헬라파 유대인이라고 불렀습니다. 반면에 헬라적 영향을 덜 받고 유대적인 것을 강조하는 사람들을 히브리파 유대인이라고 불렀습니다. 다소라는 지역에서 출생하고 자랐으며 예루살렘의 가말리엘 문하에서 공부했던 바울은 유대적인 것과 헬라적인 것을 모두 아우르는 대표적인 헬라파 유대인이었습니다. 그는 로마 시민권도 가지고 있었습니다.

유대인으로서 헬라 세계에 개방적이었던 바울의 정체성은 바울의 신학적 배경이 되었습니다. 이방인의 사도로 이방인들에게 하나님의 새로운 의를 선포할 수 있었던 것은 '헬라파'라는 그의 정체성과 분리될 수 없습니다. 그는 이방인들이 유대적 관습과 율법을 유대인들처럼 지킬 수 없다는 사실을 알았습니다. 율법을 지키는 것만으로는 이방인들이 결코 구원에 이를 수 없다는 것을 말입니다. 그러나 유대인으로서 바울은 하나님이 만물을 창조했으며, 그렇기 때문에 만물의 구원자라는 사실을 알았습니다. 그는 구약성경을 즐겨 인용했으며 하나님의 구원에서 벗어난 사람은 없다고 강조했습니다. 창조주 하나님으로부터 출발한 그의 신학은 만물의 구원을 소망하는 종말론적 역사 인식 속에서 완성됩니다. 바울에게 하나님은 역사의 시작이며 끝이고, 그 역사를 주관하는 분입니다. 하나님의 모든 피조물이 구원받는 것은 바울의 궁극적 소망이었습니다. 이방인의 구원에 대한 새로운 이해는 이 지점에서 드러납니다.

율법으로 할 수 없는 것, 율법이 배제했던 것, 그것을 예수 그리스도가 완성했다고 바울은 말합니다. 하나님이 그의 아들을 세상에 내주었고, 그가 우리를 위해 죽었고, 하나님이 그를 죽음에서 일으켰기 때문입니다. 바울은 모든 사람에게 차별 없이 일어난 하나님의 구원을 말합니다. 예수 그리스도로 말미암은 하나님의 구원은 이방인과 유대인의 모든 차별을 철폐했습니다. 그러므로 바울은 그리스도 예수 안에서 모든 사람을 하나님 앞에 세웁니다. 이러한 바울의 복음은 고린도전서 13장 13절에 나타난 '믿음, 소망, 사랑'이라는 일상적 표현으로 깔끔하게 드러납니다. "그런즉 믿음, 소망, 사랑, 이 세 가지는 항상 있을 것인데 그중의 제일은 사랑이라." 유명한 이 구절은 아름다운 울림이 있습니다. 그러나 이 구절은 갑자기 나온 것이 아닙니다. 바울은 이 문장의 의미가 드러나도록 치밀하게 준비합니다.

고린도전서 13장 1-7절은 사랑의 속성을 이야기합니다. 사랑한다면 이렇게 해야 한다는 은근한 권유를 내포합니다. 그러나 이어지는 8-13절에서 기조가 변합니다. 우선 8절은 사랑의 영원성을 이야기합니다. 사랑의 영원성은 힘들더라도 사랑해야 하는 원인과 동기를 자극하는 것이기도 합니다. 1-7절까지의 사랑을 실천하는 것이 엄두가 나지 않지만 그것만이 영원하다면 견뎌 내야 할 일임이 분명합니다. 그러나 "영원하니 견디라"

라는 말로는 충분하지 않습니다. 그러므로 바울은 9-13절에서 사랑의 당위성을 이야기합니다. 그런데 9-12절은 이러한 사랑의 당위성을 역사적 틀에서 가져옵니다. 9-12절은 현재와 미래를 비교합니다. 바울은 이 현재와 미래를, 부분적으로 알고 예언할 때와 온전한 것이 올 때, 거울로 보는 것과 같이 희미할 때와 얼굴을 맞대고 보는 것처럼 온전할 때로 비교합니다.

그리고 이를 조금 더 쉽게 이해하도록 전자를 어린아이일 때로, 후자를 장성한 어른이 되었을 때로 상상하게 합니다. 이렇듯 비유적 언어가 사용된 9-12절은 예수에게 익숙한 두 축입니다. 현재적 종말론과 미래적 종말론 말입니다. 현재는 이미 예수를 그리스도로 고백하고 있지만 온전한 상태는 아닙니다. 하나님의 궁극적 승리가 드러나고 우리가 구원의 온전함에 참여할 미래를 기다립니다. 이 두 축의 역사 인식을 마무리하면서 13절의 '믿음, 소망, 사랑'이 소개됩니다. 사랑에 대한 이야기를 하다가 갑자기 끼어든 종말론적 역사 인식은 무엇을 의미할까요? 믿음, 소망, 사랑은 바울의 종말론적 역사 인식에서 파생된 것입니다. 모든 믿음은 믿음의 대상, 혹은 내용을 가집니다.

무엇을 믿을 것인가? 바울이 믿음을 언급할 때 그 내용은 그리스도 사건입니다. 그리스도 사건이란 하나님이 우리를 위해 그의 아들을 내주었고, 그 아들이 우리를 위해서 죽었고, 하나님이 그 아들을 죽음에서 일으킨 일입니다. 예수 그리스도를 통한 하나님의 구원은 이렇게 발생합니다. 구원의 주체는 하나님이며 예수는 하나님의 새로운 의로서 모든 사람에게 하나님의 구원이 미치게 합니다. 그리스도 사건이라는 말로 요약될 수 있는 예수의 구원은 바울이 말하는 믿음의 내용이 됩니다. 바울은 이미 일어난 그리스도 사건을 믿습니다. 그러나 바울의 믿음은 그 과거, 이미 일어난 사건에 머물지 않습니다. 그 과거의 사건은 바울을 미래로 이끕니다. 미래에 아직 일어나지 않은 구원의 사건이 있기 때문입니다. 현재의 세상이 악하고 이미 일어난 하나님의 구원도 답답할 정도로 제대로 드러나지 않지만, 그 마지막 때에는 모든 것이 밝히 드러날 것입니다. 그때에는 하나님이 궁극적으로 승리할 것이기 때문입니다. 그때 예수는 다시 오실 것이고, 우리 모두는 부활의 기쁨을 누릴 것입니다.

그것은 아직 이루어지지 않은 일이기에 소망의 영역이지만, 이미 일어난 예수의 부활이 있기에 확증할 수 있는 일이기도 합니다. 미래에 대한 소망의 내용은 마지막 때 일어날 부활입니다. 바울은 부활 이외의 소망을 가지지 않았습니다. 이미 일어난 그리스도 사건에 대한 믿음과 아직 일어나지 않은 부활에 대한 소망은 현재적 종말론과 미래적 종말론을 아우르는 종말론적 역사 인식을 반영합니다. 종말이나 묵시문학적 역사 인식과 같은 묵직한 단어를 사용하지 않고도 바울은 믿음과 소망이라는 말로 그의 신학과 그의 역사 인식을 분명하게 드러냅니다. 그리고 그것을 사랑의 당위로 연결합니다. 바울의 역사 인식은 과거적 틀 속에 그리스도 예수에 대한 믿음을, 미래적 틀 속에 부활에 대한 소망을 넣으면서 현재를 묻습니다. 그렇게 종말론적 역사 인식을 가진 사람들이 어떻게 살아야 할 것인가, 라고 묻는 것이지요.

답은 이미 정해져 있습니다. 그것은 사랑입니다. 사랑의 영원성뿐 아니라, 우리를 구원으로 이끄는 하나님 안에서 사랑은 당위성을 획득합니다. 하나님의 사랑으로, 우리가 예수로부터 값없이 구원을 받았으니, 우리가 사랑하는 것은 당연하지 않겠습니까? 믿음, 소망, 사랑은 바울의 역사 인식을 받치고 있는 삼발이며, 신약성경의 통일성과 다양성을 이해하게 하는 열쇠이기도 합니다. 믿음, 소망, 사랑 중 어느 것 하나라도 빠진다면, 건전하고 바른 신앙으로 나아갈 수 없기 때문입니다. 믿음의 내용을 바꿀 수도 없습니다. 우리가 믿는 것은 창조주 하나님과 우리를 구원하기 위해 자신을 내준 예수 그리스도이기 때문입니다. 소망의 내용도 바꿀 수 없습니다. 소망의 내용을 집과 차, 권력과 명예로 바꾸는 순간 신앙은 사라집니다. 부활 외의 소망은 우리의 것이 될 수 없습니다.

이러한 믿음과 소망이라면, 우리가 행할 다른 것은 이미 남아있지 않습니다. 바울이 덧붙이지 않는다고 해도 말입니다. 그것은 사랑입니다. 어느 것도 빠지지 않는 이 세 가지를 언급하고 바울은 어째서 사랑이 제일이라고 했을까요? 성경은 논문이 아니라는 말, 성경은 각기 다른 상황을 전제한다는 말, 그 말을 기억한다면 문제는 해결됩니다. 믿음, 소망, 사랑은 우리의 신앙적 세계관을 대변하는 매우 중요한 역사 인식이며 신약성경을 형성하는 틀입니다. 그러나 이 세 가지 중 어느 것이 고린도 교회에, 혹은 지금의 나에게 중요한지는 또 다른 문제입니다. 그것은 다양성의 문제이며 상황성의 문제입니다. 바울은 지금 고린도 교회에 필요한 것으로 사랑을 이야기합니다. 이제 성경을 자신의 눈으로 읽고 해석하면서 우리는 다시 물을 수 있습니다. 지금 나에게는 믿음, 소망, 사랑, 그중 제일 필요한 것이 무엇인지 말입니다.

　신약성경의 통일성을 이해하면서, 우리는 우리의 역사 인식을 확인합니다. 그 역사 인식은 이제까지 우리가 세상에서 배운 것과 다릅니다. 그러나 신약성경의 역사 인식을 공유하는 것은 매우 중요합니다. 그것을 공유해야 그들의 세계에 들어가서 그들의 고백을 이해할 수 있기 때문입니다. 역사 인식의 공유는 세계관의 공유입니다. 그 세계관에서 또한 그들이 얼마나 자유롭게 움직이는지, 개개의 상황과 사연에 얼마나 세심하게 귀를 기울이는지 보는 것도 중요합니다. 그들의 삶 속에서 예수가 가졌던 무수한 의미를 찾아내야, 비로소 내 삶에서도 구원의 의미가 드러날 것이기 때문입니다. 신약성경의 역사 인식은 복음의 의미를 깨닫게 하고, 복음은 우리의 삶을 하나님 앞에 세울 것입니다. 그리고 예수 그리스도를 떠날 수 없는 그 삶은 우리가 누구인지, 우리가 어떻게 살아야 하는지를 알려 줄 것입니다. 이를 알기 위해서 우리는 성경을 읽습니다.

우리의 사랑

종말론적 역사 인식을 가지고 산다는 것은 삶의 방향을 전혀 다르게 설정한다는 것을 의미합니다. 이를 설명하기 위해서 시간 이야기를 조금 더 하겠습니다. 신약성경의 틀을 이루는 종말론적 역사 인식은 끝에서부터 출발합니다. 시간은 마지막 때, 하나님의 궁극적 승리가 드러난 때에서부터 오늘의 나에게 다가옵니다. 역사에서 가장 분명한 것은 하나님의 승리이며, 승리하는 하나님은 창조주 하나님이며 구원자 하나님입니다. 역사의 처음에 있었던 사람은 없습니다. 그것을 본 사람이 누구입니까? 그러나 우리가 하나님의 창조를 이야기할 수 있는 것은 하나님의 승리에 대한 확신에서 비롯합니다. 우리는 그렇게 고백합니다. 하나님이 세상을 만들었고 나를 구원했으며 마지막 때에 다시 나를 살릴 것이라고 말입니다. 이것은 세상에서 익힌 역사 인식으로는 불가능합니다. 종말론적 인식만이 우리로 하여금 이렇게 고백하게 하며, 하나님의 미래로부터 나의 현재를 규정하게 합니다. 성경의 시간은 그렇게 미래에서 옵니다.

우리가 믿음의 길을 가기 어려운 것은 이렇듯 시간에 대한 이해가 다르기 때문입니다. 미래로 가는 일상적 시간에서, 현재는 미래를 준비하는 시간입니다. 더 나은 미래를 위해서 현재를 희생하기도 하고 미래의 목표에 따라서 현재적 삶이 조정되기도 합니다. 그것은 우리에게 인과율적 사고를 종용합니다. 과거-현재-미래의 시간이 원인과 결과로 얽혀 있기 때문입니다. 그러나 미래에서 오는 시간은 인과율적 사고를 파괴하며 그것에 도전합니다. 이미 확정된 승리의 빛에서 현재의 모든 것은 전혀 다른 가치를 옷 입기 때문입니다. 현재는 과거의 결과가 아니라 미래의 승리를 입증해 줍니다. 미래의 안락과 평안을 위해서 현재를 소비할 필요가 없습니다. 미래의 승리를 증거하면서 현재의 의미를 재발견할 뿐입니다. 이미 드러난 승리 속에서 지금 나에게 중요한 것은 미래를 지켜 줄 재물이나 권력이 아닌 믿음입니다. 종말론적 역사 인식 속에서만 믿음의 가치가 드러나며 믿음으로 어떻게 살 것인지에 대한 절박한 질문을 던질 수 있습니다.

그때, "믿음은 바라는 것들의 실상이요 보이지 않는 것들의 증거니"라는 히브리서 11장 1절은 우리의 현재를 바르게 이끌 지표가 됩니다. 그것은 믿음의 길을 우리에게 알려 주기 때문입니다. 그러나 안타깝게도 이 구절은 종종 오해됩니다. 믿음이 마치 자신이 바라는 무언가를 이루는 것인 양 말입니다. 그러나 이 구절을 조금 더 풀어서 살펴보면, 그것은 "믿음은 바라진 것들을 드러내는 것이며 보이지 않는 것들을 확신하는 것"입니다. 수동태로 표현된 '바라진 것들'에서 중요한 것은 주체입니다. 누구에 의해서 바라진 것, 곧 누가 바라는 것을 드러내야 바른 믿음인가, 하는 것입니다. 신약성경 전체를 통해서 분명한 것은 믿음은 '내'가 바라는 것을 드러내는 것이 아니라는 사실입니다. 자신이 바라는 것을 드러내고 그것을 실현하려고 노력하는 것은, 인과율적 사슬에서 벗어나지 못한 욕망일 뿐입니다.

'누구'를 파악하는 것은, 히브리서 11장 1절에서는 알 수 없고, 이어지는 문맥 속에서만 가능합니다. 1절 이후에는 구약성경에 나오는 수많은 조상의 믿음이 소개됩니다. 그러나 그들의 믿음은 39-40절에서 매우 슬픈 결말을 맞습니다. 그렇게 대단한 그들의 믿음이 약속된 것을 받지 못했다고 말합니다. 그러니 이 조상들이 '누구'가 될 수는 없습니다. 그들의 믿음은 완전하지 않기 때문입니다. 11장만 보면 도대체 믿음이 무엇인지 믿음의 조상들이 왜 소개되었는지를 정확하게 알 수 없습니다. 그렇다면 그다음을 읽어 보는 수밖에 없습니다. 이것이 문맥의 중요성입니다. 이어지는 구절, "이러므로 우리에게 구름 같이 둘러싼 허다한 증인들이 있으니 모든 무거운 것과 얽매이기 쉬운 죄를 벗어 버리고 인내로써 우리 앞에 당한 경주를 하며 믿음의 주요 또 온전하게 하시는 이인 예수를 바라보자… 십자가를 참으사 부끄러움을 개의치 아니하시더니 하나님 보좌 우편에 앉으셨느니라"(히 12:1-2)가, 비로소 믿음의 실마리를 제공합니다.

이 구절은 우리로 하여금 어떤 장면을 상상하게 하는 그림

언어입니다. 그곳은 로마 시대의 경기장이고, '우리'는 운동장에서 경주를 준비하며 출발선에 있는 모습입니다. 객석에는 수많은 군중이 '우리'를 응원하고 있습니다. 11장에서 12장으로 이어지는 장면들을 연결하면, 11장에 왜 그렇게 많은 사람을 등장시켰는지 알 수 있을 것 같습니다. 11장에 언급된 믿음의 조상들은 12장에서 사라지지 않고 객석에 앉아서, 출발선에 있는 사람들을 응원하기 때문입니다. 그들이 출발선에 있는 '우리'를 응원하는 이유는 분명합니다. '우리'가 이겨야 그들도 이기기 때문입니다. 11장 40절이 "이는 하나님이 우리를 위하여 더 좋은 것을 예비하셨은즉 우리가 아니면 그들로 온전함을 이루지 못하게 하려 하심이라"고 말하고 있는 것으로 보아 그렇습니다.

그렇다면 그들의 응원을 받으며 출발선에 선 사람들이 해야 할 것은 단 한 가지입니다. 그것은 앞을, 목표점을 바라보며 집중하는 것입니다. 출발선에서, 객석에 앉아 있는 누군가를 찾으려고 두리번거리는 선수를 본 적이 있는지요. 그렇다면 그 선수는 무조건 실패입니다. 그것은 정신을 집중한 선수의 모습이 아니기 때문입니다. 12장 2절은 친절하게도 출발선에 있는 선수가 무엇을 보아야 하는지를 명확하게 설명해 줍니다. "믿음의 주요 또 온전하게 하시는 이인 예수를 바라보자…"고 말입니다. 목표점은 예수입니다. 그 예수는 우리를 위해 십자가를 졌고 지금은 하나님 보좌 우편에 앉아 있습니다. 지금은 우리에게 있지 않은 예수, 십자가를 지고 죽은 예수, 그러나 예수의 끝은 그것이 아닙니다. 예수는 지금 하나님과 함께 있으며 또한 우리와 함께 있습니다. 그 예수를 바라보라는 것입니다. 예수를 바라볼 때, 비로소 예수가 바라는 것을 알 수 있게 될 것이기 때문입니다.

믿음이 무엇인지는 이제야 분명해집니다. 우리의 목표점인 '예수가 바라는 것'을 드러내는 것이 믿음입니다. 또한 눈에 '보이지 않는' 예수의 승리를 확신하는 것이 믿음입니다. 그럴 때, 우리 믿음의 대상인 예수는 그의 길을 가는 우리를 온전하게 하실 것입니다. 우리의 믿음은 그렇게 완성됩니다. '내'가 바라는 것이 아니라 '예수'가 바라는 것을 드러내는 곳에, 보이는 것을 과시하는 것이 아니라 '보이지 않는 것'을 확신하는 곳에, 믿음이 있습니다. 믿음은 예수를 이 땅에 드러내며 예수의 뜻을 실천하는 것입니다. 그러므로 믿음은 '나의 욕망'이 아니라 '예수의 십자가'로 우리를 이끕니다. 경기장의 트랙은 꽃길이 아니라 십자가의 길입니다. 상상만으로도 어려운 길이기에 간절한 응원이 있다면 더욱 힘이 날 것입니다. 히브리서 11장에 언급된 수많은 사람의 믿음이 필요한 것이 바로 이 때문입니다. 그들도 하나님의 뜻을 바라보며 믿음의 길을 살았던 사람들이기 때문입니다. 그럼에도 불구하고 그들은 예수로 말미암은 온전한 믿음을 이루지 못했기에 우리의 응원에 혼신을 다합니다.

그들과 함께 우리는 예수의 길을 갑니다. 진정한 믿음은, 객석에 앉은 이들의 믿음에 예수의 십자가를 더함으로써 이루어집니다. 십자가는 우리에 대한 사랑을 드러내는 예수의 목표점이기 때문입니다. 예수의 사랑은 낭만적 감정이 아닙니다. 우리에게 익숙한 '사랑'이란 단어는 헬라어로 '아가페'입니다. 그러나 당시의 사람들이 사랑이라는 단어로 많이 사용한 것은 필리아나 에로스였습니다. 일반적으로 사용되었던 필리아는 우정이나 의리로 번역될 수 있으며 주고받는 사랑을 의미합니다. 에로스는 육체적 사랑을 의미합니다. 아가페는 받을 것을 기대하지 않고 주는 사랑입니다. 그것은 주고받을 수 있는 것이 아니라 그냥 일방적으로 주는 사랑입니다. 아가페는 사랑받을 가치가 없는 대상을 향하고 있기 때문입니다. 그것은 어떤 조건을 내걸지 않으며 무조건적으로 부어집니다. 아가페는 시대에 대한 도전입니다.

아가페를 일반적 사랑의 단어로 사용한 것이 기독교입니다. 신약성경은 예수의 십자가에서 아가페의 절정이 드러났다고 말합니다. 예수 이전까지 십자가는 치욕과 경멸의 상징이었습니다(고전 1:18). 그러나 예수로 말미암아 십자가는 구원의 상징이 되었습니다. 예수의 십자가는 세상의 가치를 뒤엎고 새로운 사랑의 질서를 만들어 냈습니다. 아가페는 '나'를 버리고 '너'를 살리는 사랑이기 때문입니다. 그러므로 우리가 예수에 대한 믿음을 드러내는 길도 다르지 않습니다. 예수가 바라는 것을 드러내는 믿음, 예수를 이 세상에 보이게 하는 믿음은 불가능한 사랑을 행하는 것입니다. 예수처럼 말입니다. 불가능한 사랑은 자신의 욕망을 넘어서서 하나님의 구원을 보여 줄 것이기 때문입니다. 신약성경의 많은 이야기와 수많은 권면은 이렇게 사랑으로 믿음의 삶을 살라고 말합니다.

특히 골로새서와 에베소서는 아가페의 사랑이 어떻게 구체적으로 우리의 삶에서 드러날 수 있는지를 보여 줍니다. 골로새서 3장 18절-4장 1절과 에베소서 5장 22절-6장 9절에는 가정 교훈집이 나옵니다. 당시에 일반적이었던 가정 교훈집은 자유인, 남자, 주인을 중심으로 가정의 질서를 유지하기 위한 것이었습니다. 그것은 일방적으로 힘 있는 자들의 질서를 옹호하며, 힘없는 자들은 그들의 선의를 기대하는 불안한 삶을 당연하게 받아들이게 합니다. 이러한 일방성은 사랑의 이름을 가졌다고 하더라도 폭력적일 수밖에 없습니다. 그러나 성경 속의 가정 교훈집은 당시의 것과 매우 다릅니다. 남편과 아내, 부모와 자녀, 주인과 종의 관계를 '서로 복종'(엡 5:21)이라는 말속에 묶기 때문입니다.

'서로 사랑'은 당시의 세상적 질서에서 볼 때 매우 파격적입니다. 당시의 가부장적 질서 속에서 여자나 종, 아이들은 사람 취급도 못 받고 사랑의 대상에서 제외된다고 항변할 수도 없는 존재들이었기 때문입니다. 성경은 이들을 '서로 복종'의 관계 안에 묶음으로써 가정에 새로운 질서를 가져옵니다. 갚을 것 없는 사람에게 주는 아가페의 사랑을 '서로 복종'과 관련짓는 것은 이 때문입니다. 갚을 것이 없는 사람에게 돌려받을 것을 기대하지 않고 베푸는 아가페는, 사랑받을 자격이 없는 사람은 아무도 없다는 말이기도 합니다. 세상은 사랑을 베풀고 돌려받기를 원하고, 돌려받을 것이 없는 사람에게는 사랑을 베풀지 않습니다. 그들에게 요구되는 것은 복종뿐입니다. 그러나 신약성경은 하나님이 모든 사람을 대가 없이 사랑한다고 말하며 그것이 십자가에서 드러났다고 말합니다. 그러므로 믿음이 있다면, 가정에서부터 새로운 질서가 필요한 것이지요.

남자든 여자든, 주인이든 종이든, 부모든 아이든, 누구도 예외 없이 사랑받아야 한다는 말이 '서로 복종'에 함의되어 있습니다. 여자나 종이나 아이가 사랑받는 것이 당연한 것처럼, 그들에 대한 사랑은 또한 남자나 주인이나 부모에 대한 사랑을 배제하지 않습니다. 그동안 누군가에 의해 일방적으로 행해지던 이름뿐인 사랑은 서로 복종을 통해서 상호성을 회복하고 본래적의미를 되찾습니다. 그러므로 골로새서나 에베소서의 가정 교훈집에 언급된 새로운 질서는 가정을 넘어 모든 인간관계로 확대되어야 합니다. 이 새 질서의 근저에 있는 진리 때문입니다. '서로 복종'은 인종적 이유, 성적 이유, 사회적 이유, 경제적 이유 등, 그 어느 것으로도 사람이 사람에 대해서 절대적이며 일방적인 힘을 주장할 수 없다는 사실을 공고히 합니다.

절대적 권력은 오직 하나님에게만 가능한 일입니다. 어떤 이유로든지 하나님 앞에서 사람이 절대적 힘을 가진다면, 그것은 불신앙이며 악입니다. '서로 복종'으로 시작했던 가정 교훈집은 "상전들아 너희도 그들에게 이와 같이 하고 위협을 그치라. 이는 그들과 너희의 상전이 하늘에 계시고 그에게는 사람을 외모로 취하는 일이 없는 줄 너희가 앎이라"(엡 6:9)로 맺습니다. 하나님의 주권만을 절대적으로 강조하며 사람의 권력을 상대화하는 것, 그것이 믿음이며 그 믿음은 종말론적 역사 인식에서 가능합니다. 종말의 궁극적 승리는 오직 하나님에게만 있기 때문입니다. 그러므로 가정 교훈집은 아가페의 사랑을 어떻게 실천할 수 있는지, 그리스도로 말미암은 새로운 질서가 어떻게 차별과 불평등을 넘어서게 하는지를 보여 줍니다.

누군가에게 힘을 보여 주고 싶은 사람은 아가페의 사랑을 할수 없습니다. 받은 만큼 돌려받지 못하면 자신의 힘이 무시당했다고 생각하니까요. 힘이 있는 사람의 사랑은 언제나 충성심을 요구합니다. 그 충성심이 사람들 사이에 차별과 불평등을 낳습니다. 그러나 우리에게는 예수가 사랑한 이들을 차별하고 배제하며 억압하고 무시할 권리가 없습니다. 믿음은 우리로 하여금 예수의 사랑을 행하게 하고 그것은 우리로 하여금 '서로 복종'하게 합니다. 서로 복종은 우리가 할 수 있는 아가페의 한 면입니다. 누군가를 사랑한다면, 그에게 복종하십시오. 복종은 자신의 힘을 그를 위해 쓰는 것입니다. 그러나 그 복종이 굴종이되지 않으려면, 그가 아니라 오직 예수를 바라보십시오. 누군가가 당신을 사랑하여 복종한다면, 그의 복종을 감사하며 그가 당신이 아니라 예수를 바라볼 수 있도록 하십시오. 그러면 예수의 사랑이 우리를 올바른 복종의 길로 인도할 것입니다. 그렇게 함께 예수를 바라보며 또한 서로에게 예수를 보여 주는 것이 믿음입니다.

믿음으로 우리는 '너'에게 예수가 바라는 것을 드러내며 '너'에게 예수를 보여 주는 행복을 누릴 수 있습니다. 믿음으로 우리는 '너'에게서 예수의 사랑을 보고 '너'에게서 예수가 살아나는 기쁨을 누릴 수 있습니다. 그렇게 믿음 안에서 우리는 '너'의 의미를 발견합니다. '너'의 의미를 발견한다면, 그때 알 것입니다. 우리가 만들어 놓은 차별과 불평등, 편견과 선입견, 경계와 배타가 얼마나 불신앙적인지 말입니다. '네' 안에 있는 생명이 꽃피우는 것을 보면서 '나'의 생명이 얼마나 기뻐하는지, 믿음은 얼마나 즐거운 행복인지 말입니다. 그렇게 우리는 함께 예수에게 가며, 함께 마지막 때의 궁극적인 희망을 확신합니다. 그것이 성경의 모든 증인이 갔던 길이며, 그들이 받았던 약속입니다. 신약성경의 모든 이야기는 그들이 종말의 빛에서 그렇게 믿음의 길을 갔다고 말해 줍니다. 그러니 너희들도 그 길을 따라가면 된다고 말합니다. 그 길을 찾기 위해서 우리는 그들의 고백 속으로 들어갑니다.

2부

예수를 만난
사람들

사
용
설
명
서

1   2부는 사복음서와 그와 관련한 책들을 중심으로 각 권을 다룹니다. 이제부터는
    책을 순서대로 읽지 않아도 됩니다. 관심이 있는 부분을 골라 먼저 읽는다고 해
    서 문제가 되지 않습니다.

2   이제는 이 책을 책꽂이나 책상 위에 놓지 말기를 권합니다. 책을 거실 바닥이나
    식탁, 혹은 화장실에 던져 놓고 언제든지 편한 대로 읽으면 좋겠습니다. 이 책은
    각 권의 이야기가 가지고 있는 서사적 얼개를 보여 주는 데 초점이 있으며, 한
    꼭지를 읽는 데 그렇게 많은 시간이 걸리지 않습니다.

3   예를 들어 이 책의 마가복음 부분을 읽었다면, 마가복음 성경 본문을 반드시 읽
    어 보기를 권합니다. 혹은 마가복음 본문을 먼저 읽고 이 책의 마가복음 부분을
    읽는 것도 좋습니다. 성경 본문을 읽으며 이 책이 제시하는 이야기의 형식과 방
    법을 자신의 생각과 비교해 보는 것은 매우 좋은 방법입니다. 이 책은 각 권의
    내용을 꼼꼼하게 다루지 않기 때문에, 다루지 않는 많은 부분이 책에서 다루는
    주제와 어떠한 관계가 있는지 스스로 생각해야 합니다.

4   각 책의 설명이 끝나면, 간단한 질문들이 제시됩니다. 질문들을 통해서, 각 책의
    의미와 구조를 정리하는 기회를 가지면 좋겠습니다. 혹은 질문들을 먼저 살펴보
    고 설명 부분을 읽으면, 책의 내용을 파악하는 데 도움이 될 것입니다. 그리고 스
    스로 다양한 질문을 만들어서 책의 내용을 되짚어 보는 것도 좋은 방법입니다.

마

마태복음

모두의 왕, 예수

일반적으로 교회에서는 각 복음서의 내용을 구분하기보다 복음서라는 커다란 덩어리 안에서 예수의 모습을 뭉뚱그려 다루곤 합니다. 그러다 보면, 각 복음서의 특징이 사라지고 예수를 다양하게 소개하는 성경의 풍성함도 축소됩니다. 그러나 이 책은 각 복음서의 다양성을 부각하려는 목적을 가지고 있으며, 이를 통해 나타난 예수의 다양한 모습을 보여 주고자 합니다. 이를 위해 이 책에서 성경을 읽어 나가는 방식은 언제나 동일합니다. 서문으로부터 시작해서 이야기의 구조, 문맥의 흐름에 관심을 가지는 것입니다. 이때, 첫머리, 혹은 서문은 앞으로 전개될 이야기의 방향을 정해 주는 역할을 합니다. 이는 서문이 가지고 있는 보통의 기능이기도 합니다. 저자들은 서문 안에 자신이 말하고 싶은 이야기를 대략적으로 숨겨 놓습니다.

신약성경의 각 권의 경우도 다르지 않습니다. 복음서들의 경우, 한 사람 예수에 대한 서로 다른 이야기는 바로 이 서로 다른 서문들로부터 시작합니다. 예수를 소개하는 첫머리는 복음서마다 다르고, 그렇게 소개된 예수가 각각의 복음서에 나타납니다. 그러므로 각 책의 서문에 언급된 내용들을 출발점으로 삼아 이야기를 따라가다 보면 그 책에서 이야기하려는 예수를 만나고 그 책의 목적에도 다다를 수 있으리라 생각합니다. 먼저 서문의 범위부터 생각해 보면 좋겠습니다. 서문을 어디까지로 정하느냐는 매우 유동적입니다. 이야기의 흐름을 파악하는 정도에 따라 서문의 범위가 달라질 수 있기 때문입니다. 마태복음이나 누가복음과 같이 예수의 탄생 이야기가 있는 경우, 탄생 이야기 전체는 서문의 역할을 한다고 볼 수 있습니다. 본격적으로 예수의 이야기를 준비한다는 면에서 그렇습니다.

탄생 이야기는 단순히 예수가 세상에 온 이야기만을 하는 것이 아니라, 예수 탄생의 의미를 드러냄으로써 앞으로 전개될 예수의 모습과 밀접한 관계를 가집니다. 그러므로 마태복음 1-2장의 탄생 이야기는 당연히 훌륭한 서문 역할을 합니다. 그러나 그 안에 많은 이야기가 있기 때문에, 1-2장 안에서도 서문의 범위를 다양하게 조절할 수 있습니다. 예를 들면, 족보 이야기(1:1-17)까지를 서문으로 보아도 무방합니다. 1장 18절부터는 그 서문을 이어서 이야기가 연결되는 것으로 말입니다. 또한 예수의 탄생이 예고되는 1장 25절까지를 서문으로 볼 수도 있습니다. 물론 헤롯으로 인한 고난이 끝나고 나사렛에 정착하는 2장 23절까지를 서문으로 보면, 이야기는 3장부터 본격적으로 시작하게 됩니다. 어디까지를 서문으로 잡는 것이 전체 이야기를 이해하는 데 도움이 되는지 생각해 보는 것은 훌륭한 읽기 방법입니다.

이리저리 서문을 줄이거나 늘리다 보면, 1-2장에 얽혀 있는 여러 이야기를 이끌어 내며 그 이야기들을 통제하는 1장 1절을 발견할 수 있습니다. 1장 1절은 "아브라함과 다윗의 자손 예수 그리스도의 계보라"로 시작합니다. 예수를 나타낼 수 있는 수많은 수식어 가운데, 마태복음은 '아브라함의 자손'이라는 것과 '다윗의 자손'이라는 단어를 택했습니다. 이는 마태복음의 키워드가 될 수 있습니다. 이 두 단어를 키워드로 삼고 마태복음을 읽어 내려가면, 마태복음의 예수를 만날 수 있고, 예수의 이야기가 전개되는 의미도 파악할 수 있습니다. 이러한 맥락에서 1장 1절은 탄생 이야기뿐 아니라 마태복음 전체를 관장하는 서문 역할을 한다고 볼 수 있습니다. 탄생 이야기가 넓은 의미에서 마태복음의 서문이라면, 1장 1절은 좁은 의미에서 마태복음의 서문이라고 할 수 있습니다.

다윗의 자손이라는 호칭은 유대적 배경을 가진 마태복음에서 매우 중요합니다. 종말론적 역사 인식이 한창일 때 유대인들은 그들을 구원해 줄 메시아를 기대했고, 그 메시아가 다윗의 가문에서 나오리라는 것을 의심하지 않았습니다. 아브라함의 자손이라는 호칭은 하나님의 백성으로서 유대인의 정체성을 드러냅니다. 그들은 아브라함을 자신들의 조상으로 여기며 자긍심을 키워 왔습니다. 그러나 이러한 칭호들이 예수에게 적용될 때, 그것은 유대인들에게 매우 큰 도전이었습니다. 예수가 다윗의 자손이라는 것은, 예수의 유대적 정통성을 강조하며 예수가 그들이 기다리던 메시아라는 사실에 문제가 없음을 보여 주기 때문입니다. 예수가 아브라함의 자손이라는 것은, 유대적 배타성이 아니라 확장성을 강조합니다. 아브라함은 여러 민족의 아버지로 부름을 받았으며(창 17:5), 바울은 아브라함이 무할례시에 의롭게 여김을 받았으니 아브라함이 무할례자의 조상도 된다고 항변하기 때문입니다(롬 4:9-12).

다윗의 자손이 유대적 정통성을 강조하는 반면, 아브라함의 자손은 범위를 확대해서 이방인에게로 예수의 계보를 연결합니다. 그러고 보면 "아브라함과 다윗의 자손 예수 그리스도의 계보라"(1:1)는 이 짧은 구절은 은밀하게 유대인의 종말론적 희망을 비꼬며 새로운 역사를 열어젖힙니다. 유대인들이 반대하는 예수를 그들의 메시아로 선포할 뿐 아니라, 그 메시아는 유대인만이 아니라 유대인과 이방인, 곧 모두의 왕이라고 말하고 있기 때문입니다. 이러한 내용은 이어지는 족보 속에서 분명하게 확인할 수 있습니다. 누군가에게 이 족보는 단순히 지루한 타령일 수 있지만, 정신을 차리고 보면 이 족보는 매우 분명한 반전을 드러냅니다. 다윗 왕의 족보에 끼어든 이방인의 흔적을 고스란히 노출하기 때문입니다.

족보에 나오는 유다의 며느리 다말, 가나안 기생 라합, 모압여자 룻, 우리야의 아내를 생각해 보십시오. 유대인의 족보에 당당하게 이름을 올리는 이 여자들은 유대인의 역사 속에 이미 들어 있는 이방인의 역사를 숨기지 않으며, 또한 유대인들의 오욕

69

의 역사도 감추지 않습니다. 유다의 간교함을 기억하게 하며 솔로몬의 어머니로 다른 남자의 아내를 소개하는 족보는 부끄럽기 그지없습니다. 유대인들은 자신의 혈통을 자랑했지만, 마태복음의 족보는 자랑할 것 없는 그들의 혈통을 폭로합니다. 그러나 이 족보는 유대인들을 부끄럽게 하려는 목적이 아니라, 그들의 역사를 넘어서려는 시도입니다. 유대인들이 기다리는 메시아가 그들만의 왕이 될 수 없다는 선전포고이기도 합니다. 이미 이방인들의 땀과 피가 들어가 있는 그들의 역사를 돌아보면, 유대인만을 위한 메시아는 의미가 없습니다. 진정한 메시아는 유대인과 이방인 모두를 위한 왕이어야 합니다.

여러 민족의 아버지인 아브라함의 자손이며 유대인들의 소망인 다윗의 자손 예수 그리스도는 마침내 우리 모두를 위한, 유대인의 기대를 넘어서는, 바로 그 왕입니다. 1장 17절까지의 족보 이야기는 1장 1절을 증명해 줍니다. 족보에 이어지는 본격적인 예수의 탄생 이야기는 1장 1절의 의미를 더욱 분명히 드러내 주며 예수의 이야기가 어떻게 전개될지 감지할 수 있게 합니다. 예수는 헤롯 왕이 유대를 다스리던 때에 태어났습니다. 요한 히르카누스 시절(B.C. 134-105), 유대가 이두매를 지배하고 그 지역을 유대화하면서, 이두매는 이스라엘의 역사에 끼어들게 되었습니다. 이두매 사람 헤롯은 스스로를 유대인으로 내세우면서 로마의 총애를 받았고 결국 유대를 통치하게 되었습니다 (B.C. 40-4). 그는 자신의 권력을 유지하기 위해서 잔인하고 폭력적인 정치를 행했기 때문에 유대인들은 그를 좋아하지 않았습니다. 그가 유대인의 환심을 사기 위해 많은 노력을 했음에도 말입니다.

헤롯 왕은 사망하면서 유대 땅을 그의 세 아들에게 나누어 주었습니다. 헤롯 안티파스, 빌립, 아르켈라오스가 그들입니다. 헤롯 안티파스가 성경에 헤롯으로 나오지만, 헤롯 대왕으로 불리는 그의 아버지 헤롯과 혼동하지 말아야 합니다. 예수는 헤롯 대왕의 마지막 통치 때 태어났고, 그는 예수가 태어나고 얼마 지나지 않아 죽습니다(2:19). 예수가 활동한 때는 분봉왕인 아들 헤롯 때입니다(14:1). 예수가 태어났을 때, 헤롯 대왕은 유대인의 왕을 살려 두고 싶지 않았습니다. 유대인의 왕을 처음으로 찾아낸 사람들은 동방에서 온 박사들이었습니다. 그들은 천문학을 연구하며 하늘의 움직임으로 땅의 일을 탐구하던 이방인들이었습니다. 아브라함과 다윗의 자손이라는 말만큼, 이 탄생 이야기는 아이러니합니다. 기다리던 유대인의 왕을, 유대 왕 헤롯이 죽이려고 하는 반면 낯선 유대 땅까지 별을 따라온 이방인들이 목숨의 위험을 무릅쓰고 경배하기 때문입니다.

예수를 경배한 첫 번째 사람들은 이방인들이었습니다. 이방인들의 경배를 받은 그가 어찌 유대인만의 왕이겠습니까? 그가 유대인의 왕이었다면 이방인들이 굳이 목숨을 담보하며 그를 경배할 일이 무엇이겠습니까? 예수 그리스도는 이방인과 유대인의 왕으로서 그들의 경배를 받습니다. 동방박사들은 예수의 왕 됨을 인정한 첫 번째 그리스도인들입니다. 여기까지를 마태복음의 서문으로 확장시킨다면, 이미 마태복음에서 할 이야기는 분명해집니다. 예수는 인종을 넘어서 모두의 왕으로 왔고, 그를 왕으로 고백하는 일에는 위험이 따릅니다. 그러나 그 위험을 무릅쓰는 것이 믿음입니다.

믿음의 새로운 방식

마태복음, 마가복음, 누가복음은 동일한 관점으로 쓰였다고 해서 공관복음서라고 불립니다. 공관복음서에서 예수는 기본적으로 갈릴리에서 예루살렘으로 이동합니다. 예루살렘 입성 이후의 사건들을 수난 이야기라고 칭합니다. 수난 이야기는 공관복음서들의 결론에 해당합니다. 그러므로 마태복음은 대략 1-2장의 서론과 26-28장의 결론, 그 가운데 3-25장의 본론으로 구분할 수 있습니다. 이렇게 서론, 본론, 결론을 나누었다면 많은 이야기를 담고 있는 본론 부분을 조금 더 세분화하여 나눌 수 있습니다. 물론 전체 이야기의 구조를 어떻게 보느냐는 사람마다 다릅니다. 이야기의 흐름을 파악하는 정도에 따라서 다양한 구조가 가능하지만, 나는 소위 오경적 구조라고 하는 형태로 마태복음의 본론 부분을 나누어 보려고 합니다.

오경적 구조는 마태복음 연구에서 매우 오래된 것이며, 그 후에 구조에 대한 다양한 의견들이 나왔습니다. 그러나 오경적 구조가 마태복음을 이해하는 데 여전히 충분한 도움이 된다고 생각하여 이 책에서 나는 그 구조를 따르려고 합니다. 마태복음을 읽다 보면, 7장 28절의 "예수께서 이 말씀을 마치시매", 11장 1절의 "예수께서 열두 제자에게 명하기를 마치시고", 13장 53절의 "예수께서 이 모든 비유를 마치신 후에", 19장 1절의 "예수께서 이 말씀을 마치시고", 26장 1절의 "예수께서 이 말씀을 다 마치시고"와 같이, 유사한 형태가 반복되는 문장을 볼 수 있습니다. 위의 구절들을 염두에 두고 이야기를 따라가다 보면, 예수는 활동하고 움직이며 그것이 예수의 가르침으로 이어지고, 그 가르침이 끝나면서 예수의 활동이 전개되고, 다시 예수가 가르치고 그것을 마무리하면서 다시 활동하는 형식이 반복됩니다.

그러므로 위에서 언급한 구절들이 나오는 시점을 중심으로 단락을 나누어 보면, 대략적으로 '3-7장, 8-10장, 11-13장, 14-18장, 19-25장'의 다섯 덩어리가 생깁니다. 왜 하필이면 의도적으로 유사한 말을 반복하면서 다섯 덩어리를 만들었을까, 하는 질문이 자연스럽게 나올 수 있을 것입니다. 아마도 마태복음은 유대인들의 모세오경에 필적할 만한 그리스도 공동체의 가르침을 보여 주고 싶었을 것이라는 추측이 가능합니다. 그러므로 이를 오경적 구조라고 부릅니다. 예수의 새로운 가르침이 유대인의 가르침보다 우월하다는 사실을 보여 주기 위해서 그들의 자랑거리를 차용하는 것은 나쁘지 않은 방법이었을 것입니다. 그래서 다섯 덩어리의 가르침을 따라가면서 마태복음에서 예수가 보이는 믿음의 길을 생각해 보려고 합니다.

산상수훈 이야기

마태복음에서 나타난 예수의 행적을 병자를 고치고 귀신을 쫓아내며 복음을 전파하고 사람들을 가르친 일로 요약할 수 있습니다(4:23-24). 다섯 덩어리에 이러한 내용이 각각 들어가 있으며, 덩어리마다 특별한 가르침이 나옵니다. 첫 번째 덩어리에서, 예수는 사람들을 데리고 산으로 올라갑니다. 산에서 가르친 교훈이라고 해서 산상수훈(5-7장)이라는 이름이 붙었습니다. 산상수훈은 팔복으로 시작해서, 여섯 개의 반대명제antithese, 기도나 재물, 그리고 실천에 관한 여러 이야기를 담고 있습니다. 이러한 내용들은 그리스도인들이 어떻게 살아야 할 것인가, 어떤 가치가 그리스도인들을 그리스도인답게 만드는가를 보여 줍니다. 이는 가히 예수의 가르침의 진수라고 할 수 있습니다. 그 복잡한 이야기를 모두 다룰 수는 없지만, 팔복과 반대명제를 통한 예수의 가르침을 살펴보는 것만으로도 그리스도인의 삶이 어떻게 유대인들과 차별화되는지 알 수 있습니다.

　5장 1-11절은 여덟 가지 복에 관한 이야기를 하여서 통상적으로 팔복이라고 불립니다. 팔복은 산상수훈의 첫머리를 장식합니다. 서문의 기능을 이미 설명한 것처럼, 팔복은 산상수훈의 내용들을 충분히 드러내며 산상수훈 전체의 의미를 통제하는 역할을 합니다. 한마디로, 반전 혹은 새로운 가치라고 부를 수 있는 것입니다. '복'으로 번역된 단어는 일반적으로 복뿐 아니라 행복이라는 의미를 가지고 있습니다. 오늘날 우리가 그토록 추구하는 행복에 대한 해법을 찾고 싶다면, 이 팔복이 적절한 답이 될 것입니다. 그러나 팔복은 우리가 기대하는 행복과는 전혀 다른 이야기를 합니다. 팔복의 새로움과 반전은 하나님 나라와 관련이 있습니다. 팔복의 프레임 역할을 하는 첫 번째 행복과 여덟 번째 행복은 '천국이 그들의 것'이라고 선언하기 때문입니다.

예수가 선포한 하나님 나라는 마태복음에서 천국으로 번역됩니다. 하나님이라는 단어를 입에 담기 조심스러워한 유대인들이 하나님 대신 하늘이라는 말을 사용했기 때문입니다. 하나님 나라는 하나님의 통치와 지배를 의미합니다. '하나님 나라가 그들의 것'이라는 말은 그들이 하나님의 지배를 받는 사람들이라는 뜻입니다. 사람의 통치가 아니라 하나님의 통치를 받는다면, 자연스럽게 그들이 따라야 할 가치도 달라질 수밖에 없고, 그들이 가진 행복의 기준도 달라질 것입니다. 팔복은 세상의 행복이 아니라 하나님 나라의 행복과, 하나님 나라에서 행복을 누리는 자들이 해야 할 일들이 무엇인지 보여 줍니다. 팔복은 하나님 나라에 속한 자들에게 무엇이 행복인지를 가르쳐 주며 그들이 새로운 가치에 따라서 진정한 행복과 안식을 누리도록 격려합니다.

'심령이 가난한 자, 애통하는 자, 온유한 자, 의에 주리고 목마른 자, 긍휼히 여기는 자, 마음이 청결한 자, 화평하게 하는 자, 의를 위하여 박해받는 자'는 세상의 가치로 볼 때 결코 행복하지 않습니다. 그러나 하나님 나라에서 그들은 행복합니다. 가치와 기준이 바뀌었기 때문입니다. 무언가를 차지하고 누리고 내세워야 행복이 되는 세상에서 좌절과 슬픔, 손해와 상실, 고난과 위험, 약함과 낮음이 행복일 수 있다는 것은 놀라운 일입니다. 예수는 하나님의 통치를 누리고 그분의 위로를 받을 때 하나님의 약속이 이루어질 것이라고 말합니다. 그러니 즐거워서 기뻐 날뛸 만합니다. 하나님의 은혜를 체험하고 그분의 자녀로 불리는 것, 그것이 바로 행복입니다. 팔복은 성경의 이야기가 우리의 가치와 얼마나 다른지를 깨닫게 하며 우리로 하여금 새로운 방향을 모색하게 합니다.

세상이 실패를 선언하는 그곳에 하나님이 함께하신다는, 이 쌉쌀한 행복은 6장 33절의 가르침으로 연결됩니다. "…너희는 먼저 그의 나라와 그를 의를 구하라…"는 가르침 말입니다. 새로운 행복에 관한 이야기는 이렇듯 하나님 나라와 하나님의 의보다 우선하는 것이 없다는 사실을 가르칩니다. 먹고 마시는 모든 것은 이후에 더해질 것입니다. 그러나 여기서도 주의는 필요합니다. "…그리하면 이 모든 것을 너희에게 더하시리라"는 말은 하나님 나라와 하나님의 의가 세상에서 떵떵거릴 힘을 가져다줄 것이라는 뜻이 아닙니다. 하나님 나라와 의를 구하는 삶 자체는 늘 고단한 시간으로 채워질 것입니다. 그러나 그러한 시간들 속에서 우리의 필요를 채우시는 하나님을 경험할 것이고, 하나님이 함께하신다면 다른 걱정이 무엇이 있겠냐는 의미를 뜻합니다.

그 유명한 7장 7-8절의 말씀도 욕심껏 해석할 수 없습니다.

"구하라, 그리하면 너희에게 주실 것이요. 찾으라, 그리하면 찾아낼 것이요. 문을 두드리라, 그리하면 너희에게 열릴 것이니 구하는 이마다 받을 것이요. 찾는 이는 찾아낼 것이요. 두드리는 이에게는 열릴 것이니라"는 말씀은 믿음 안에서 모든 것을 우리 손안에 넣을 수 있다는 희망찬 이야기를 하려는 것이 아닙니다. 6장 33절과 연결한다면, 우리가 구하고 찾고 두드려야 할 것은 분명합니다. 그것은 하나님 나라와 하나님의 의뿐입니다. 다른 것들은 그 후에 더해질 뿐이니, 우리가 구할 대상이 아닙니다. 팔복에서 시작한 산상수훈의 가르침은 동일한 흐름을 가지고 지속적으로 우리를 하나님 나라와 하나님의 의로 이끌 뿐입니다. 그러므로 이러한 이야기가 황금률이라고 불리는 7장 12절로 마무리되는 것은 당연합니다. "그러므로 무엇이든지 남에게 대접을 받고자 하는 대로 너희도 남을 대접하라…." 구하고 찾고 두드리는 모든 행동은 결국 자신의 욕망이 아니라 다른 이들의 필요를 채워 주는 것으로 귀결됩니다.

이는 우리에게 필요한 모든 것이 하나님으로부터 온다는 믿음에서 출발합니다. 구하고 베푸는 모든 행동은 선순환을 이루며 하나님 나라와 하나님의 의를 구하는 삶으로 이어집니다. 그것이 믿음이며 행복입니다. 그래서인지 새로운 가치를 선포하는 팔복 이야기는 곧바로 새로운 율법에 관한 이야기로 이어집니다. 5장 21-48절에는 소위 여섯 개의 반대명제가 나옵니다. 이는 "옛 사람에게 말한 바…"라는 말을 시작으로 각각 '살인하지 말라, 간음하지 말라, 아내를 버리려거든 이혼 증서를 줄 것이라, 헛 맹세를 하지 말고 네 맹세한 것을 주께 지키라, 눈은 눈으로, 이는 이로 갚으라, 네 이웃을 사랑하고 네 원수를 미워하라'라는 여섯 계명을 상기시킵니다. 그리고 예수는 그들의 오래된 계명을 모두 뒤집어엎습니다. "(그러나) 나는 너희에게 이르노니…"라고 말입니다. 그래서 이를 반대명제라고 부릅니다.

여섯 반대명제는 두 그룹으로 나눌 수 있습니다. 하나는 기존의 율법을 강화하는 것이며 다른 하나는 기존의 율법을 폐기하는 것입니다. '형제를 미워하지 말라는 것, 마음으로도 간음하지 말라는 것, 원수를 사랑하라는 것.' 이 세 가지는 기존의 율법을 강화합니다. '살인하지 않는 것, 간음하지 않는 것, 이웃을 사랑하는 것.' 그것들만으로 충분하지 않으며 의라고 할 수 없습니다. 예수의 새로운 계명들은 겉으로만 드러나는 행위가 아니라 마음으로 사람의 소중함을 생각하도록 가르칩니다. 그리고 나머지 세 가지는 폐기됩니다. 이혼하지 말아야 하며, 맹세하지 말아야 하며, 동일하게 악한 방법으로 악에 대적하지 말아야 합니다. 이는 새로운 삶의 방식으로써 미움이나 악이 아니라 사랑과 선이 우리의 삶을 지배하도록 이끕니다.

그런데 반대명제들에 앞서, 17-20절로 돌아가면, 예수의 새로운 가르침이 무엇을 의미하는지가 분명하게 드러납니다. 예수는 자신이 율법이나 선지자를 폐하려는 것이 아니라 완전하게 한다고 말합니다. 21-48절에서 곧바로 기존의 율법을 강화하거나 폐지하면서 이런 말을 하는 것은 모순처럼 보입니다. 그렇다면 반대명제들을 가르치는 예수와 율법을 완전하게 하는 예수는 어떤 관계가 있는 것일까요? 17-20절의 빛에서 보면, 21-48절의 반대명제들은 율법을 완전하게 합니다. 예수는 율법을 새롭게 해석하면서 율법의 본래적 의를 끄집어내고 그 속에 담긴 하나님의 뜻을 찾아냅니다. 이것이 율법을 완전하게 합니다. 예수는 율법을 문자적으로만 준수하며 율법의 의미를 상실한 사람들에게 경고합니다.

예수는 새로운 계명을 통해 미움으로부터 사람들을 건져 냅니다. 형제를 미워하지 말라고 말합니다. 여자가 단순히 성적 대상으로 전락될 수 없다고 말합니다. 어이없이 집 밖으로 쫓겨나는 억울한 일도 일어나지 말아야 한다고 가르칩니다. 하나님의 이름이 이용당하는 것도 불허합니다. 악한 복수로 악순환이 지속되지 않아야 한다고 말합니다. 선으로 악을 이기라고 말입니다. 그리고 원수조차 사랑하며 미움으로 피폐해지지 말라고 가르칩니다. 새로운 계명들을 실천하는 일은 어렵겠지만, 그것을 행하면 각 사람이 하나님의 귀한 피조물임이 드러날 것입니다. 그것이 율법이 원래 드러내려고 한 것이니, 예수의 가르침은 율법을 완성합니다. 고귀함을 찾은 사람들은 행복할 것입니다.

예수의 이러한 가르침은 자신의 의만을 고집하고 그것을 위해서 다른 사람을 제물로 삼는 사람들을 비판합니다. 예수가 겨냥한 사람들은 바로 서기관과 바리새인입니다. 그러므로 예수는 "…너희 의가 서기관과 바리새인보다 더 낫지 못하면 결코 천국에 들어가지 못하리라"(5:20)고 말합니다. 서기관과 바리새인은 스스로 의롭다고 믿었지만, 예수는 그들의 의로는 천국에 들어갈 수 없다고 말합니다. 서기관과 바리새인들이 천국에 들어갈 수 없다는 위험한 말에 이어서 천국에 들어갈 수 있는 새로운 의가 무엇인지 매우 분명히 드러납니다. 이제 필요한 것은 그들이 들었던 옛 계명이 아니라, 지금 그들이 듣고 있는 새롭고도 놀라운 예수의 가르침입니다. 예수가 선포하는 새로운 의만이 우리를 천국으로 인도할 것입니다.

제자도 이야기

두 번째 덩어리에서, 예수는 자신의 권능을 제자들에게 주며, 그들이 직접 천국 복음을 전할 수 있도록 그들을 파송하며 가르칩니다. 예수는 그들에게 모든 권능을 거저 받았으니 거저 주라고 가르칩니다. 그들은 자신의 선교의 대가로 아무것도 받지 않을 뿐 아니라, 자신들의 선교를 위해서 다른 준비물을 가질 필요도 없습니다. 선교 여행에 필요한 최소한의 돈, 옷, 배낭, 지팡이조차 필요하지 않습니다. 빈털터리로 떠난 여행에서 만나는 사람들의 선의로 밥 한 끼 얻어먹을 수 있을 뿐입니다. 그러나 그들은 다른 이들을 살리며 그들에게 평화를 기원할 권능을 가지고 있습니다. 그들은 자신들의 선교 여행에서 그들을 이끄시는 하나님을 경험할 것입니다.

그러나 중요한 것은, 하나님이 이끄는 삶이라고 해서 풍족함과 평안함이 보장되어 있다고 생각하면 안 된다는 사실입니다.

예수는 안락함보다는 앞으로 그들에게 닥칠 고난과 핍박을 이야기합니다. 그러나 그때, 몸은 죽여도 영혼은 죽이지 못하는 자들이 아니라, 몸과 영혼을 능히 지옥에 멸하실 수 있는 이를 기억해야 합니다. 누군가에게 버림을 받을 때, 이유를 알 수 없는 고난에 직면할 때, 그들은 자신들이 두려워할 자가 누구인지를 분명히 기억하며 그것을 잊지 않고 살아 내야 합니다. 그러므로 이 짧은 선교 여행은 일회적 사건이 아닙니다. 이는 예수의 제자로 살아가는 삶의 여정에 있어서 일종의 표본과 같습니다. 그들은 선교 여행을 하듯 천국 복음을 전파하는 고단한 삶을 살아 내야 할 것입니다. 그것이 제자의 길입니다.

이렇게 제자들이 걸어야 할 길과 삶의 방향을 알려 주면서 예수는 놀라운 이야기를 합니다. 그들에게 "…이방인의 길로도 가지 말고, 사마리아인의 고을에도 들어가지 말고, 오히려 이스라엘 집의 잃어버린 양에게로 가라"(10:5-6)고 말입니다. 1장 1절에서부터 유대인과 이방인의 왕으로 오신 예수의 이야기가 전개될 것을 기대했다면, 10장 5-6절은 놀랍습니다. 어떻게 이렇게 편협할 수 있는가? 예수는 이방인의 왕이기를 포기했는가? 성경을 읽을 때, 중요한 점 중 하나는 전체 흐름을 파악하는 것입니다. 제자들을 보낼 때는 이렇게 배타적으로 이스라엘의 잃어버린 양을 강조했던 예수의 이야기는 15장 21-28절에서 흐름이 바뀝니다. 여기서도 일단, 예수는 귀신 들린 딸을 둔 가나안 여자의 애원을 야멸차게 거절합니다. 그녀의 호소를 모른 척하고, 간절하게 부르짖는 그녀를 돌봐 달라는 제자들의 간

청에도 이스라엘의 잃어버린 양만을 고집합니다. 10장 5-6절을 상기시키면서 말입니다.

마지막에는 "…자녀의 떡을 취하여 개들에게 던짐이 마땅하지 아니하니라"(15:26)며 놀라운 배타성을 보입니다. 그러나 예수의 도전적 반응에, 여자는 더 도전적으로 응수합니다. "…주여 옳소이다마는 개들도 제 주인의 상에서 떨어지는 부스러기를 먹나이다…"(15:27)라고 말입니다. 자신을 개라고 칭하며 배척하는 예수에게 여자는 자신이 개임을 부인하지 않습니다. 그 모욕을 견뎌 내며 그녀는 예수에게 당당하게 주장합니다. 예수가 주인이라면 자녀뿐 아니라 개도 책임지라고 말입니다. 여자는 자신이 양으로 불리든 개로 불리든 괘념하지 않습니다. 귀신들린 딸을 살리는 일만이 그녀에게 중요합니다. 이스라엘이 잃어버린 양이라면, 이방인 여자는 주인을 제대로 찾은 개입니다. 주인을 외면하는 잃어버린 양에 비하면, 주인을 놓지 않는 개의 믿음은 얼마나 대단합니까? 예수는 그녀의 믿음을 칭찬하며 그녀의 딸을 회복시킵니다.

여자가 한 일은 무엇입니까? 그녀는 예수가 자녀와 개의 주인임을 드러냈습니다. 예수가 유대인과 이방인의 왕임을 말입니다. 처음에 예수는 이스라엘의 잃어버린 양에게로 제자들을 보냈지만, 이제 개의 믿음을 칭찬하는 예수는 이방 여자의 소원을 들어주며 그녀의 딸에게 예수의 생명을 나누어 줍니다. 여자로 말미암아 이제 예수가 누구인지 확실해졌습니다. 이것이 믿음이며 제자의 길입니다. 바로 예수를 드러내는 일입니다. 이스라엘의 잃어버린 양에게로의 파송은 한정적입니다. 마태복음은 '양'에게서 '개'에게로 전이되는 믿음의 확장을 보여 주며, 제자들에게 그들이 가야 할 곳을 알려 줍니다. 결국 부활한 예수의 마지막 명령을 보십시오. 28장 19-20절에서 예수는 제자들에게 '모든 민족'을 제자로 삼으라고 명령합니다. 1장 1절에서 아브라함과 다윗의 자손 예수 그리스도로 시작한 마태복음은 잃어버린 양의 이야기와 주인을 찾은 개의 믿음을 변주하면서, 모든 민족의 왕이신 예수를 드러냅니다.

천국 비유 이야기

세 번째와 다섯 번째 덩어리에서, 예수는 천국 비유를 가르칩니다. 이는 13장과 25장에 집중되어 있습니다. 천국은 죽어야만 갈 수 있는 장소가 아니라, 이 땅에서도 누릴 수 있는 실재입니다. 죽어야만 가는 천국이 미래적 종말론이라면, 이 땅에서 누리는 천국은 현재적 종말론입니다. 천국 비유 장이라고 불리는 13장에는 특히 현재적 종말론의 비유가 눈에 띕니다. 13장 24-30절에 나오는 가라지 비유는 마태복음에만 나옵니다. 이 비유는 추수라는 종말론적 개념을 사용하고 있지만, 동시에 추수 이전의 상태도 보여 줍니다. 추수가 이루어지기 전까지의 천국은 곡식과 가라지가 함께 있습니다. 가라지가 없으면 좋겠지만 가라지가 없을 수 없다면, 곡식과 가라지는 함께 살아가야 합니다.

그것이 현재 이 땅에서 누리는 천국입니다. 가라지를 종들이 마음대로 뽑을 수 없는 이유는 자명합니다. 그들에게는 가라지와 곡식을 구분할 능력이 없기 때문입니다. 그것을 구분할 수 있는 이는 주인뿐입니다.

그렇다면 왜 주인은 당장에 가라지를 뽑지 않을까요? 아마도 주인은 기다리고 있는 것 같습니다. 어디서 왔는지 모를 가라지가 언젠가 곡식으로 변할 때를 말입니다. 그렇다면 추수 때까지 중요한 것은 곡식과 가라지가 함께 사는 방법, 곧 공존을 모색하는 것입니다. 13장 47-50절의 그물 비유도 같은 내용입니다. 그물에는 각종 물고기들이 모여 있지만, 거기서 좋은 물고기와 못된 물고기를 가르는 일은 세상 끝에서나 일어납니다. 좋은 것과 못된 것이 구분되는 세상 끝 날까지 좋은 물고기와 못된 물고기는 함께 그물에 있습니다. 13장의 천국 비유는 이렇듯 현재적 천국을 곡식과 가라지, 좋은 물고기와 못된 물고기가 함께 있는 상태로 묘사합니다. 예수가 그리스도로 왔다는 면에서 종말은 실현되었지만, 악한 세상이 여전하다는 면에서 지금은 악과 선이 공존합니다. 이 땅에서 누리는 천국은 제한적이지만, 미래적 종말을 희망하며, 이곳에서의 새로움을 모색해야 합니다.

13장의 비유뿐 아니라, 25장에 나오는 열 처녀 비유, 달란트 비유, 세상 심판 비유도 모두 미래적 종말을 기억하게 하며, 종말의 빛에서 현재를 어떻게 살아가야 할지 고민하게 합니다. 13장과 25장의 비유들의 핵심은 지금 이 땅에서 천국을 살아가는 방법입니다. 지금은 공존을 모색하며 종말을 기다리는 시간이기 때문입니다. 그런데 25장의 비유들이 23-24장과 연결되어 있다는 것은 매우 의미심장합니다. 23장은 서기관과 바리새인에 대한 맹렬한 비판을 담고 있고, 24장은 예루살렘 성전의 멸망을 예언하며 종말을 경고하고 있기 때문입니다. 마지막 이야기 덩어리인 23-25장은 매우 긴밀한 관계를 가지고 마지막 때의 심판에 눈과 귀를 모으게 합니다. 그 종말을 잊지 않아야 현재의 소중함과 의미가 드러나며, 악한 세상 속에서 천국의 행복을 누리는 치열한 새로움만이 종말의 기쁨을 맛보게 할 것이기 때문입니다.

마태복음이 은연중에 이 땅에서의 천국과 교회를 동일시하는 것은 이러한 이유인 듯합니다. 교회는 모든 민족의 왕인 예수를 그리스도로 고백하는 사람들의 모임이며, 하나님의 통치를 받는 공동체이기 때문입니다. 하나님의 백성으로 부르심을 받은 교회는 다른 공동체와 다릅니다. 그러므로 그들의 특별함은 그들의 삶을 통해서 드러나야 합니다. 예수의 새로운 가르침이 그들의 삶에서 드러날 때, 스스로 유대인들을 능가하는 하나님의 백성임을 보여 줄 수 있습니다. 공존이 중요한 것은 이 때문입니다. 예수의 이름으로 모인 곳에도 수많은 문제가 있을 수 있습니다. 그러나 교회가 특별한 이유는 그들이 그 문제를 해결해 나가는 방식과 그들이 이루어 낸 공존의 아름다운 열매 때문입니다. 마태복음의 천국 비유는 교회의 온전함을 통해 유대 공동체와의 차별화를 드러내고 하나님의 뜻을 실천할 수 있는 방법을 가르칩니다.

그렇다면 공존에서 가장 중요한 것은 무엇일까요? 마태복음은 이를 위해 교회 생활 방침을 이야기합니다. 네 번째 덩어리에 그 가르침이 나옵니다. 18장은 천국에서 누가 크냐는 제자들의 질문으로 시작됩니다(18:1). 이에 대해서 예수는 어린아이와 같이 스스로를 낮춘다면 천국에 들어갈 뿐 아니라 천국에서 큰 자가 될 것이라고 말합니다(18:2-3). 예수가 천국에서 필요한 덕목으로 내세우는 것은 겸손입니다. 겸손에 대한 요구는 이어지는 6-10절에서 작은 자에 대한 배려로 이어집니다. 작은 자에 대한 관심은 마태복음에서 특별합니다. 25장에 나오는 세상 심판 비유에서도 예수는 "…여기 내 형제 중에 지극히 작은 자 하나에게 한 것이 곧 내게 한 것…"(25:40)이며 "…이 지극히 작은 자 하나에게 하지 아니한 것이 곧 내게 하지 아니한 것…"(25:45)이라고 말합니다. 작은 자는 별 볼 일 없는 자이며, 어린아이는 대표적으로 작은 자입니다.

그러나 천국은 예수의 이름으로 어린아이를 영접하는 곳이며(18:5), 그들에 대해서 책임을 지는 곳입니다. 별 볼 일 없는 작은 자가 실족하지 않도록 돌보고 보호하는 곳, 그를 실족하게 한 사람에게 책임을 지우는 곳, 그를 귀하게 여기는 곳, 그런 곳이 교회입니다(18:6-10). 겸손하지 않다면 하기 힘든 일들입니다. 겸손하지 않으면, 작은 자를 판단하고, 그를 돌보기보다 그 위에 군림하려고 할 것이며, 자신이 더 큰 자임을 드러내기에

열과 성을 다할 것이기 때문입니다. 세상에서는 작은 자에게 자신을 낮추는 것이 오히려 낯선 일입니다. 그러나 천국은 다릅니다. 그러므로 교회도 달라야 합니다. 천국의 소망을 가진 사람은 스스로를 낮추며 작은 자를 책임지며 함께 믿음의 길을 가야 합니다. 교회는 그런 사람들이 함께 천국을 누리는 곳입니다. 이렇게 겸손과 책임을 강조한 가르침은 용서라는 새로운 주제로 전환됩니다.

18장 15-20절은 공동체에 죄를 범한 형제의 문제를 다룹니다. 일반적으로 유대인들은 문제를 일으킨 당사자에게, 다음으로는 두세 증인과 더불어, 마지막으로 공동체에 이야기를 해서 권고하고, 그래도 말을 듣지 않으면 문제를 일으킨 그 사람을 공동체에서 쫓아냅니다. 세 번의 기회를 주는 셈입니다. 그러므로 15-17절의 말씀을 유대적인 방식에 따라서 이해하면서, 우리도 17절의 "…이방인과 세리와 같이 여기라"를 자연스럽게 교회에서 내쫓으라는 의미로 받아들입니다. 그러나 다시 한번 살펴보십시오. 12-14절은 잃은 양 비유를 말하면서, "…이 작은 자 중의 하나라도 잃는 것은 하늘에 계신 너희 아버지의 뜻이 아니니라"(14절)고 말합니다. 14절과 17절의 "…이방인과 세리와 같이…" 여겨서 쫓아내라는 말은 배치됩니다. 쫓아내는 것은 아버지의 뜻이 아닌 것 같습니다. 그러므로 "…이방인과 세리와 같이 여기라"는 의미를 알기 위해서는 조금 더 문맥을 살펴볼 필요가 있습니다.

이어지는 18절은 "…너희가 땅에서 매면 하늘에서도 매일 것이요 무엇이든지 땅에서 풀면 하늘에서도 풀리리라"고 말합니다. 이는 놀라운 말입니다. 예수가 베드로에게 한 축복, "…네가 땅에서 무엇이든지 매면 하늘에서도 매일 것이요 네가 땅에서 무엇이든지 풀면 하늘에서도 풀리리라…"(16:19)를 상기한다면 말입니다. 18장 18절은 베드로(너)의 놀라운 권세를 교회 구성원 모두(너희)에게로 확장시킵니다. 각 사람이 그러한 권세를 가지고 있다면, 누군가를 그렇게 함부로 내칠 수 없습니다. 내가 나의 권세를 가지고 무자비하게 내친 그 사람은 땅에서 무엇이든지 맬 수 있는 권세를 가진 사람이기 때문입니다. 권세는 나만 가지고 있는 것이 아닙니다. 이어지는 18장 19절을 직역하면 "너희 중에 두 사람이, 그 둘이 요구하는 모든 것에 관하여 땅에서 합의하면, 하늘에 계신 내 아버지에 의해 그것이 그들을 위해서 이루어지리라"입니다.

18절이 각 사람이 권세를 가졌다는 사실을 기억하게 한다면, 19절은 그러니 어떻게든 합의하라고 말합니다. 둘 사이가 땅에서 풀려야 하늘에서도 풀릴 것이기 때문입니다. 그리고 "두세 사람이 내 이름으로 모인 곳에는 나도 그들 중에 있느니라"(18:20)는 말이 이어집니다. 두세 사람이 예수의 이름으로 모여서 서로 쫓아내는 곳에는 예수가 없습니다. 두세 사람이 모여 합의한 곳에, 유대적인 방식으로 만족하는 것이 아니라, 어떤 방식으로라도 그들을 실족하지 않게 하는 방법이 모색되는 곳에, 예수가 있습니다. 그러므로 "…이방인과 세리와 같이 여기라"는 말은 유대적 방식이 아니라 새로운 방식을 강구하라는 의미일 것입니다. 이미 개와 같은 가나안 여자의 믿음도 칭찬한 예수가 갑자기 이방인과 세리를 바깥사람 취급할 리가 없습니다. "이방인과 세리와 같이 여기라"는 그들에게 적당한 새로운 방식일 것이고, 유대인들이 할 수 없는 무엇일 것입니다. 교회의 특성이 드러나는 무엇 말입니다.

베드로는 이 말뜻을 알아들은 것 같습니다. 그래서 "…주여 형제가 내게 죄를 범하면 몇 번이나 용서하여 주리이까 일곱 번까지 하오리이까"(18:21)라고 묻습니다. 베드로는 자신들에게 익숙한 세 번의 과정이 충분하지 않다는 것을 눈치챘습니다. 세 번에 비하면 일곱 번은 대단한 발전이지만, 예수는 "…일곱 번뿐 아니라 일곱 번을 일흔 번까지라도 할지니라"(18:22)고 대답합니다. 일곱 번씩 일흔 번이란 무한정을 뜻합니다. 교회에서 하나님의 뜻을 실천하는 길은 쉽지 않습니다. 그것은 스스로를 낮추어야 하며, 작은 자를 귀히 여겨야 하고, 끝없이 용서해야 합니다. 이렇게 해야 공존이 이루어지며, 공동체는 예수의 이름으로 하나가 됩니다. 어려운 길이지만, 이를 통해 유대교와 다른 모습의 교회가 드러납니다.

18장은 마지막으로 비유를 더해서 이 어려운 길을 갈 수 있는 방법을 상기시킵니다. 이는 자신이 탕감받은 만 달란트를 잊지 말라는 것입니다. 자기는 만 달란트를 탕감받고도 백 데나리온 빚진 자의 멱살을 잡는 것이 우리의 모습입니다. 그러나 우리가 하나님으로부터 받은 은혜를 기억한다면, 우리에게 빚진 많은 사람을 용서하는 것은 어쩌면 당연한 일입니다. 하나님 앞에 겸손하고 작은 자에 대한 책임을 잊지 않는다면, 용서는 불가능하지 않습니다. 문제는 하나님을 기억하는 일입니다. 그것이 믿음입니다. 그러니 한편으로 겸손하지 못하고, 다른 사람에 대해 책임지지 않으며, 용서하지 못하는 사람은 하나님의 은혜를 기억하지 못하는 사람이며 불신앙의 사람입니다.

왕의 이야기를 전파하라

예수가 예루살렘에 들어간 이야기는 21장에 나옵니다. 예루살렘에 입성한 예수는 성전을 정화합니다. 성전 안에서 매매하는 사람들과 돈 바꾸는 사람들을 내쫓음으로써 성전의 불의를 타파합니다. 그것은 장사하는 사람을 넘어서, 제의를 빌미로 성전을 장터로 만든 사람들을 겨냥합니다. 그들은 대제사장들을 비롯한 유대의 종교 지도자들입니다. 그러나 마태복음은 성전 정화에 더하여 재미있는 이야기를 추가합니다. 성전을 깨끗하게 한 후에, 예수는 성전에서 시각 장애인과 몸 불편한 이들을 고쳐 줍니다. 그리고 어린아이들은 성전에서 "호산나 다윗의 자손이여"라며 소리를 지릅니다. 이 얼마나 놀라운 일입니까? 예수는 유대인의 중심인 예루살렘 성전에서 그들이 기다리던 메시아로 추앙받습니다. 1장 1절에서 소개된 다윗의 자손이라는 예수의 호칭이 이제 성전 안에서 크게 울려 퍼지고 있는 것입니다. 대제사장들과 서기관들에게는 무척 기분 나쁜 일입니다.

예수는 계속해서 지도자들과 논쟁하며 자신의 권세를 드러내고 그들을 비판하고 성전 멸망을 예고합니다. 예루살렘 입성후, 예수의 모든 행위와 가르침은 유대인들을 향한 비판으로 날이 서 있습니다. 죽음을 앞둔 예수는 자신의 권세와, 자신을 죽이려는 자들의 불의를 분명하게 드러냅니다. 그리고 제자들과의 마지막 만찬 후, 예수는 잡혀서 공회에 넘겨집니다. 십자가에서 예수의 머리 위에 붙여진 죄패, 곧 유대인의 왕은 아이러니입니다. 마태복음은 예수가 죽음에 이르기까지 그를 유대인과 이방인의 왕이라고 이야기하기 때문입니다. 하지만 예수의 죄패에 기록된 유대인의 왕은 예수를 온전히 드러내지 못합니다. 죄명이 틀렸다는 것은 예수를 죽이려는 자들의 무지와 불의를 드러낼 뿐입니다.

대제사장들과 서기관들과 장로들의 희롱도 마찬가지입니다. 그들은 예수에게 "…이스라엘의 왕이로다. 지금 십자가에서 내려올지어다. 그리하면 우리가 믿겠노라"(27:42)고 조롱합니다. 자신들의 왕일 뿐 아니라, 자신들이 생각한 것보다 훨씬 큰 이를 알아보지도 못한 사람들이 지도자라고 하니, 유대교의 앞날은 참으로 암울합니다. 그들이 그렇게 모욕하며 예수를 십자가에 못 박았지만, 예수의 십자가 죽음은 장엄하고 웅장하게 그들의 불의를 드러낼 뿐입니다. 27장 52-54절은 예수가 받은 모욕과 대조되며 왕인 예수의 죽음에 빛을 더합니다. 그리고 부활한 예수는 제자들을 파송하며 그들에게 가서 모든 민족으로 제자를 삼고 아버지와 아들과 성령의 이름으로 세례를 베풀고 예수가 분부한 모든 것을 가르쳐 지키게 하라고 명령합니다(28:19-20).

아브라함과 다윗의 자손인 예수 그리스도는 아버지로부터 모든 권세를 받은 자이며 모든 민족의 왕입니다. 마태복음은 그 왕의 가르침을 통해 믿음의 길을 보여 줍니다. 이제 제자들은, 예수의 가르침을 전하고 그들이 제자로 삼은 사람들이 그 가르침대로 살도록 하면서 믿음을 이어 나갈 것입니다. 예수의 가르침을 전해 듣고 그것을 지키는 모든 사람은 그렇게 예수의 제자가 될 것입니다. 예수의 가르침대로 사는 삶은 힘들지만 가능합니다. 예수가 언제나 함께할 것이기 때문입니다. 예수의 가르침대로 사는 삶은 힘들지만 반드시 해내야 합니다. 그것이 예수의 제자임을 드러내는 길이기 때문입니다.

마태복음 안에 머물기

1 1장 1-17절의 족보를 읽고 그 의미를 묵상해 봅시다. 1장 6절을 읽으면서 어떤 느낌을 받으셨나요? 족보를 통해 도전하려고 했던 것은 무엇일까요?

2 5장 1-11절의 팔복을 묵상해 봅시다. 당신에게 행복은 무엇인가요? 팔복이 말하는 가치들로 행복할 수 있겠습니까? 하나님 나라가 주는 새로운 행복이 왜 우리의 행복과 다른지 생각해 볼까요?

3 13장과 25장의 하나님 나라 비유를 묵상해 봅시다. 우리가 누리는 믿음의 공동체가 하나님 나라라면, 지금 여기서 하나님 나라를 누린다는 것은 어떤 의미일까요? 하나님 나라 안에서 우리가 해야 할 일, 혹은 기대하는 일은 무엇인가요?

4 15장 21-28절에 나오는 가나안 여자 이야기를 묵상해 봅시다. 딸을 살릴 수 있었던 근원은 무엇이라고 생각하시나요? 여자의 이야기에서 제자가 된다는 것의 의미를 어떻게 찾아볼 수 있을까요?

5 18장 15-20절을 묵상해 봅시다. 우리 모두가 천국의 열쇠를 쥐고 있다는 사실이 우리의 삶을 변화시킬 수 있을까요? '나'는 '너'에게 어떤 의미가 있을까요?

마
가
복
음

죽음을 향하는 하나님의 아들

마가복음은 "하나님의 아들 예수 그리스도의 복음의 시작이라"(1:1)는 말로 시작합니다. 서문이라 할 수 있는 이 첫 구절은 마가복음에서 소개하고자 하는 예수 그리스도를 하나님의 아들로 규정하며 앞으로 전개될 하나님의 아들의 복음이 어떤 내용일지에 관심을 기울이게 합니다. 그런데 여기에 '복음의 시작'이라는 말이 있는 것을 보면, 1절은 하나님의 아들의 복음 전체가 아니라, 복음이 전파되던 처음으로 관심을 집중시키려고 하는 것 같습니다. 그렇다면 먼저 마가복음에서 예수 그리스도의 복음의 처음은 어디인가, 하는 질문을 던질 수 있습니다. 그것은 예수가 갈릴리에 등장하는 15절까지일 수 있습니다. 그렇다면 1장 1절의 서문은 1장 1-15절까지로 확장될 수 있습니다. 그러나 예수의 사역이 결코 혼자서 이루어지지 않기 때문에, 제자를 부르며 처음 사람들과 만나는 것까지로 서문을 확장할 수 있습니다. 그렇다면 서문을 1장 1-45절로 확장할 수 있습니다. 여기에는 제자를 부르고 가르치고 귀신을 쫓아내고 병자를 고치는 예수의 모든 행동이 담겨 있습니다. 그 행동들은 예수의 복음의 내용을 규정합니다.

그러나 조금 더 살펴보면, 예수의 이러한 행동이 유발한 결과가 마가복음에서는 매우 빠르게 등장합니다. 예수가 가르치고 병자를 고치는 각각의 과정에서 바리새인들의 날선 반응들이 노골적으로 드러나기 때문입니다. 그 반응의 절정에는 3장 6절, "바리새인들이 나가서 곧 헤롯당과 함께 어떻게 하여 예수를 죽일까 의논하니라"가 나옵니다. 약간 충격적입니다. 예수의 이야기가 아직 본격적으로 시작되지도 않았는데 죽음의 그림자가 드리워져 있기 때문입니다. 예수의 복음과 예수의 죽음이 하나인 것처럼 말입니다. 이를 강조하고 싶다면, 마가복음의 서문을 1장 1절-3장 6절까지로 확장할 수 있습니다. 마가복음에서 서문을 1장 1-15절, 혹은 1장 1-45절이나, 1장 1절-3장 6절로 확장할 수 있는 것은, 그 모두가 이야기의 흐름과 연관이 있기 때문입니다.

다시 1장 1-15절을 살펴보면, 여기에는 요한 이야기, 예수의 세례 이야기, 예수의 광야 이야기, 마지막으로 갈릴리에 온 예수의 이야기가 이어져 있습니다. 예수가 마침내 갈릴리에 등장하는 14-15절은 요한 이야기와 예수의 이야기를 연결하며 예수의 시작을 알려 줍니다. 한마디로 하면, "예수는 그렇게 갈릴리로 왔다"는 것입니다. 어떻게요? "요한처럼!"입니다. 예수의 복음의 시작을 말하겠다면서, 예수가 아니라 요한 이야기로 시작한 이유는 이것인 듯합니다. 14절은 "요한이 잡힌 후 예수께서 갈릴리에 오셔서…"라고 말합니다. 그리고 15절은 예수께서 "… 때가 찼고 하나님의 나라가 가까이 왔으니 회개하고 복음을 믿으라…"며 복음을 전파했다고 합니다. 예수의 등장과 요한의 잡힘은 매우 분명하게 연결되어 있고, 예수가 전한 복음의 내용은 회개의 세례를 전한 요한의 선포(1:4)와 맥을 같이합니다.

그렇다면 이때 물을 수 있습니다. 비슷한 내용을 전해서 요한이 잡혔는데, 이제 예수가 와서 다시 그러한 복음을 전한다면, 예수는 어떻게 되는 것인가, 이러다가 예수도 잡히는 것이 아닌가, 하고 말입니다. 1장 1-15절을 서문으로 본다면, 이 서문은 마가복음에 매우 암울한 그림자를 드리웁니다. 하나님의 아들 예수 그리스도의 복음의 길에는 요한과 같은 죽음이 기다리고 있을 것 같기 때문입니다. 그리고 1장 45절까지 이 서문을 확장한다면, 그러한 그림자는 더욱 뚜렷해집니다. 예수의 가르침이 권위 있는 자와 같고 서기관과 같지 않다는 찬사가 이어지고 그의 능력에 대한 소문이 퍼져 나가기 시작하기 때문입니다(1:21-28). 이 모든 것이 불길합니다. 어째서 사람들은 예수를 서기관과 비교하는 것일까?

1장에서 예수의 능력이 드러나고 사람들이 모여들 때, 혹시 모를 예수의 고난 때문에 불안은 증폭됩니다. 그리고 예수가 병자를 고치며 제자들과 함께 다닐 때, 유대인들의 반대는 점차로 분명하게 드러납니다. 예수가 중풍병자에게 "…네 죄 사함을 받았느니라…"(2:5)고 했을 때, 서기관들은 예수가 신성모독을 한다고 생각했습니다(2:6-7). 하나님만 할 수 있는 일을 예수가 선포했기 때문에 놀랐지만, 그들은 아직 드러내 놓고 말하지 못합니다. 다만 속으로만 끙끙 앓고 있습니다. 그러다 예수가 레위의 집에서 밥을 먹는 것을 보자, 이제는 예수의 제자들에게 다가가 예수가 세리와 죄인과 밥을 먹는다고 비난합니다(2:16). 아직 예수에게 직접 항변할 용기는 없지만 제자들을 다그칠 정도로 용기를 얻은 것 같습니다. 그리고 다음에는 요한의 제자들과 바리새인들의 금식을 들먹이며 예수의 제자는 왜 금식하지 않냐며 예수에게 직접 따져 묻습니다(2:18). 예수의 제자들이 안식일에 밀 이삭을 자른 것을 보고 제자들을 비난할 때도 마찬가지입니다(2:24).

아직은 제자들의 문제를 시빗거리로 삼았지만, 이 과정은 매우 정밀하게 예수를 겨냥해서 들어오고 있습니다. 1장 15절에서 혹시나 근심했던 예수의 고난은, 이렇듯 서기관이나 바리새인의 비난을 통해서 점차 확실시됩니다. 그리고 마침내 안식일에 예수가 회당에서 손 마른 사람을 고치자, 바리새인들은 호재를 잡습니다. 그들은 나가서 헤롯당과 함께 어떻게 하면 예수를 죽일까 의논했습니다(3:6). 3장 6절은 1장 15절의 근심이 기우가 아니라는 것을 분명하게 보여 줍니다. 바리새인들은 예수를 죽이려고 작정했고, 자신들에게 없는 정치적 힘을 구하기 위해서 헤롯당과 연합하기를 주저하지 않았습니다. 이제 종교적 힘과 정치적 힘이 불온한 작당을 하였으니, 예수를 죽이려는 그들의 계획은 확실하게 이루어질 것입니다. 예수는 죽을 것입니다.

예수의 죽음은 결론에 이르러서야 나오는 것이 아니라, 예수의 복음이 시작되는 그곳에 이미 확정되어 있습니다. 1장 1-15절, 1장 1-45절, 1장 1절-3장 6절, 중 무엇을 서문으로 보든, 하나님의 아들의 복음과 예수의 죽음은 일관되게 동일시됩니다. 예수의 복음은 그렇게 시작되었습니다. 마가복음은 이 서문들에 나타난 예수의 모습을 보여 줄 것입니다. 그것은 죽음을 향해 걸어 들어가는 하나님의 아들의 모습입니다. 그러면 이렇게 죽음을 향하는 예수의 모습을 강조하는 이유는 무엇일까요? 그것은 읽는 이로 하여금 하나님의 아들의 길이 무엇인지를 생각하게 하려는 것입니다. 예수가 죽음의 길을 마다하지 않는 것, 그럼에도 복음을 전하는 것, 그것이 하나님의 아들의 길이라면, 예수를 믿는 사람들도 그 죽음의 길을 가야 한다는 말을, 마가복음은 전하고 싶어 합니다.

그러므로 이제 마가복음은 이야기를 전개하면서 예수의 길과 예수를 따르는 제자들의 길이 어떻게 죽음을 향하는지 보여 줍니다. 예수는 당연히 그 길을 잘 갈 것이지만, 제자들도 과연 그 길을 잘 갈 것인지에 대한 관심은 마가복음을 읽는 포인트이기도 합니다. 소小묵시장이라고 불리는 13장은 제자의 길을 보여 줍니다. 13장에는 성전 멸망에 관한 예고와 마지막 때에 관한 이야기가 나옵니다. 종말에 사람들은 제자들을 공회에 넘겨주고 회당에서 매질할 것입니다(13:9). 그러한 고난들 속에서 중요한 것은, 만국에 복음이 전파되는 것입니다(13:10). 그러므로 모든 고난 속에서 끝까지 견디는 사람은 구원을 받을 것입니다(13:13). 고난을 당할 때 피하거나 물러서지 않고 언제든지 복음을 전하는 것이 제자이며 그때 제자들에게 구원이 임할 것이라는 사실, 마가복음이 제자들에게 가르치고 싶은 것은 바로 이것입니다. 요한의 잡힘에도 불구하고, 예수가 갈릴리로 왔던 이유도 이것입니다.

예수는 복음의 처음에서부터 고난에 굽히지 않고 복음을 전합니다. 그러니 이제 예수의 죽음과 극심한 고난에도 불구하고, 제자들은 나와서 복음을 전해야 합니다. 예수처럼 말입니다. 구원이 그곳에 있습니다. 이러한 맥락에서 마가복음 전체를 다음과 같이 도식화할 수 있습니다.

세례 요한	나오다	–	전파하다	–	잡히다
예수	나오다	–	전파하다	–	잡히다
제자들	나오다	–	전파하다	–	잡히다

고난을 대하는 자세

제자들의 자세

마가복음은 잡힘과 죽음으로 이어지는 요한과 예수의 길을 보여 주며, 또한 제자들이 예수의 길을 따라갔던 모습을 보여 줍니다. 제자들은 1장 16-20절, 예수가 본격적으로 복음을 전하기 시작할 때부터 등장하며, 3장 13-19절에서는 소위 열둘의 명단, 그리고 그들의 사명과 능력이 언급됩니다. 그들은 예수의 사역 내내 예수와 함께 동행하며 예수의 가르침을 받고 예수가 병자를 고치고 귀신을 내쫓는 것을 보았습니다. 그러나 그들은 예수를 제대로 알지 못한 것 같습니다. 3장 7절-8장 26절까지는 예수에 대한 제자들의 무지가 두드러지게 나타납니다. 그리고 이런 무지는 8장 27절-10장 52절에 나오는 예수에 대한 오해로 이어집니다. 그들은 예수가 누구인지, 어떤 길을 가고 있는지 모를 뿐 아니라, 자기들 마음대로 생각합니다. 예수가 죽음을 앞두고 예루살렘에 들어갔을 때(11:1-15:47), 제자들에게 남은 것은 배반뿐입니다.

이미 예수의 많은 능력을 보았지만, 제자들은 여전히 예수의 능력에 놀랍니다. 예수가 광풍을 진압할 때를 보십시오(4:35-41). 예수와 배를 타고 가던 중 광풍이 일자 제자들은 놀라서 자고 있던 예수를 깨웁니다. 그들은 예수가 죽게 된 자신들을 돌보지 않는다고 불평합니다. 그들의 요구에 예수는 바다를 잔잔하게 합니다. 그러나 이 이야기의 의미는 이제부터입니다. 예수는 제자들의 요구대로 바다를 잔잔하게 했지만, 제자들에게 "…어찌하여 이렇게 무서워하느냐, 너희가 어찌 믿음이 없느냐…"(4:40)라며 꾸짖습니다. 예수의 꾸지람은 무엇을 의미합니까? 광풍이 분다고 제자들이 그렇게 호들갑을 떨 필요는 없었다는 것입니다. 그들이 예수와 함께 있다면 말입니다. 예수는 그들을 믿음 없는 자들이라고 말합니다.

그런데도 예수의 꾸중에 대한 제자들의 반응은 더욱 놀랍습니다. 그들은 "…그가 누구이기에 바람과 바다도 순종하는가…"라며 서로에게 묻습니다(4:41). 그들은 여전히 예수가 누구인지 모르고 있습니다. 이미 그렇게 많은 가르침을 듣고 그렇게 많은 예수의 능력을 보았는데도 말입니다. 제자들의 무지에도 예수의 행보는 계속됩니다. 예수는 귀신 들린 사람을 고치고 야이로의 죽은 딸을 살려 내고 각종 병든 자들을 치료합니다. 그리고 떡 다섯 개와 물고기 두 마리로 오천 명을 먹이고도 열두 바구니를 남깁니다(6:30-44). 그런데 놀라운 것은 유사한 상황이 반복된다는 것입니다. 8장 1-10절을 보면, 예수에게 온 많은 사람에게 또다시 배고픈 상황이 발생했습니다. 예수는 떡 일곱 개를 가지고 사천 명을 먹이고 일곱 광주리를 남겼습니다.

그러나 제자들은 제대로 깨닫지 못한 것 같습니다. 예수와 배를 타고 가다가 그들은 자신들에게 떡이 하나밖에 없다는 사실을 알아차렸습니다(8:14). 그들은 또다시 떡이 없다고 서로 수군거리며 근심했습니다. 예수는 그들의 수군거림을 듣고 대단히 강하게 야단칩니다(8:17-18). 예수가 떡 다섯 개로 오천 명을 먹이고 열두 바구니를 남겼다는 것과 일곱 개로 사천 명을 먹이고 일곱 광주리를 남겼다는 것을 알았다고 하더라도, 그들은 예수가 누구인지 깨닫지 못한 자들입니다. 예수에 대한 정보를 가지고 있는 것과 예수가 누구인지를 믿는 것은 다릅니다. 그런 무지한 자들을 데리고 예루살렘으로 가면서 예수는 제자들에게 묻습니다. "…너희는 나를 누구라 하느냐…"(8:29). 예수가 무엇을 하는지는 보았지만 예수가 누구인지는 모르는 제자들에게, 그들이 진정으로 제자인지 아닌지, 보고 듣는 것을 깨달은 자인지 아닌지를 가늠할 수 있는 중요한 질문입니다.

베드로는 "…주는 그리스도시니이다…"(8:29)라고 대답합니다. 이에 예수는 자신의 죽음을 예고합니다(8:31). 그러나 이후에 반전이 일어납니다. 예수가 누구인지 제대로 대답한 베드로지만, 예수의 죽음에 대해서는 격렬하게 반응하고 예수는 그런 베드로를 꾸짖습니다. 그가 하나님의 일이 아니라 사람의 일을 생각한다고 말입니다(8:33). 무슨 상황입니까? 예수를 그리스도로 고백했음에도 불구하고, 베드로는 예수의 길을 알지 못했습니다. 그는 고난당하는 그리스도를 생각해 본 적이 없습니다. 예수의 능력이라면 고난을 당할 일이 없으리라 생각한 듯합니다. 그리스도라는 고백이 허무해지는 순간입니다. 그리고 두 번째 예고가 나옵니다(9:30-32). 그러나 여기서도 제자들은 예수의 죽음을 이해하지 못합니다. 그 이야기를 듣고 오는 길에 누가 큰 자인지를 논쟁할 뿐입니다(9:33-37). 제자들의 관심은 예수의 죽음이 아니라 자신들의 높은 지위에 있었습니다.

마침내 예루살렘이 가까웠을 때, 예수는 마지막으로 죽음을 예고합니다(10:32-34). 이때도 제자들의 관심은 높은 자리에 있을 뿐입니다. 세베대의 두 아들이 요구한 것은 예수가 영광을 받을 때, 좌우편에 하나씩 자기 자리를 차지하는 것이었습니다. 제자들은 죽음이 아니라 영광으로 예수를 이해했습니다. 그러나 오해였습니다. 예수는 영광이 아니라 죽음을 향하고 있기 때문입니다. 예수를 그리스도로 고백하는 것만이 능사가 아닙니다. 그리스도와 고난의 길을 연결하지 못한다면, 그 고백은 무효합니다. 그것은 예수를 알지 못하는 것과 동일합니다. 그리고 예루살렘에서 예수는 사두개인과 바리새인과 논쟁하며 점차로 죽음의 길로 들어섭니다.

마지막 만찬 후에 겟세마네에 기도하러 올라가면서 이야기는 절정에 이릅니다. 제자들은 기도하라는 예수의 마지막 요구에도 응하지 못합니다. 예수가 잡히는 순간에 제자들은 다 도망갑니다(14:50). 예수가 공회에서 심문을 받을 때, 베드로는 세

번씩이나 예수를 모른다고 부인합니다(14:66-72). 예수가 십자가에 달릴 때, 예수가 무덤에 묻힐 때, 제자들의 모습은 보이지 않습니다. 예루살렘, 예수의 고난이 정점에 달하고 예수의 죽음이 눈앞에 온 순간, 예수의 복음의 시작과 함께 있던 그 제자들은 보이지 않습니다. 그들은 예수를 떠났습니다. 배반입니다. 예수가 그렇게 많은 기적을 행할 때도 그를 몰랐으니, 예수가 고난받을 때 제자들이 모두 떠난 것이 어쩌면 당연한 것이지도 모르겠습니다. 눈에 보이는 것만 쫓다가 예수를 보지 못했나, 하는 생각이 듭니다.

예수의 자세

복음의 시작부터 죽음의 그림자는 예수에게서 떠나지 않았습니다. 하지만 제자들은 십자가에 이르기까지 예수가 걸어간 죽음의 길을 따르지 못합니다. 제자들은 예수와 함께 먹고 그의 말씀을 들었습니다. 그리고 예수의 능력을 보았지만, 그들은 복음의 길에서 예수와 같은 마음을 갖지는 못했습니다. 예수를 그리스도라고 고백하면서도 그들은 그렇게 예수의 길에서 벗어났습니다. 그러나 예수는 한결같이 죽음의 길을 갑니다. 그 걸음은 예루살렘 성전에서 더욱 극대화됩니다(11:15-19). 소위 성전 정화라고 불리는 사건은 사복음서에 모두 담겨 있습니다. 그러나 마가복음은 매우 다른 강조점을 지닙니다. 11장 16절 때문입니다. 매매하는 상인들을 내쫓는 일 외에, 예수는 아무나 물건을 가지고 성전 안으로 지나다니는 것을 허락하지 않았습니다. 여기서 '물건'으로 번역된 단어는 일반적인 물건이 아니라 제의 용품을 의미합니다. 성전에서 제의 용품을 들고 다니지 못하게 했다는 것은 무엇을 의미하는 것일까요?

성전에서 제의 용품을 들고 다니지 못한다면, 결국 제의를 드리지 못하게 되는 것이니, 예수의 말은 제의 자체를 금하는 것입니다. 이는 매우 과격한 요구입니다. 다른 복음서들에 나오는 성전 정화 사건을 마가복음은 성전 무효화로 그리고 있습니다. 예수는 단순히 성전을 정결하게 하는 작업을 한 것이 아니라, 제의를 드리는 성전의 기능을 제거합니다. 그리고 그곳을 모든 사람이 기도하는 집으로 천명합니다. 유대인들에게 가장 중요한 성전의 종교적 기능을 무효화하면서, 예수는 성전의 공간적 의미를 축소합니다. 성전에 대한 이러한 비판은 이 이야기의 구조를 통해서도 분명하게 드러납니다. 15-19절의 성전 무효화 이야기는 12-14절과 20-21절의 무화과나무 이야기로 둘러싸여 있기 때문입니다. 12-14절에서, 무화과나무는 예수에게 열매를 주지 못했고, 예수는 그 나무를 저주했습니다. 그리고 20-21절을 보니, 무화과나무가 뿌리째 말랐습니다.

성전 무효화라는 중차대한 선포를 앞둔 상황에서 배고픔을 참지 못하고 무화과나무를 저주하는 예수의 모습은 이상합니다. 더욱이 아직 무화과나무의 때가 아닌데도 말입니다(11:13). 그러나 여기서 무화과나무가 구약성경에서 유대인이나 종교 지도자들을 상징한다는 것과 무화과나무의 '때'에 사용된 '카이로스'라는 단어를 생각하면, 이 사건의 의미를 다시 짚어 볼 수 있습니다. 복음의 시작을 알리는 1장 15절에서 예수는 "때가 찼고…회개하고 복음을 믿으라…"고 선포합니다. 여기서도 때는 카이로스입니다. 카이로스는 하나님의 시간이며 하나님의 간섭을 의미합니다. 하나님의 때를 선포하면서 시작된 예수의 복음은 이제 11장 13절에서 하나님의 때를 떠난 유대교를 저주합니다. 하나님의 때가 도래했고 이제 유대인들의 시간은 끝났습니다. 그것은 성전 무효화로 극대화되며, 결국 더 이상 회생 불능하게 뿌리째 마른 무화과나무로 마무리됩니다.

예수는 성전으로 상징되는 공간의 종교를 끝내고 새로운 때의 종교를 시작합니다. 성전 제의를 통해서가 아니라 예수와 함께 있으면 언제 어디든 하나님 나라를 경험할 수 있는 그런 종교 말입니다. 이렇게 유대교를 비판하는 이야기가 겹겹이 싸여 있으니 이것이 예수를 죽음으로 이끌 것은 빤합니다. 그리고 종교 지도자들에 대한 예수의 비판은 포도원 농부 비유(12:1-12), 가이사에게 세금을 바치는 문제(12:13-17), 부활 논쟁(12:18-27) 등을 통해서 전방위적으로 확산되며, 결국 13장에서는 성전 멸망을 예고합니다. 예수가 죽음에서 빠져나갈 길은 사방에서 막혀 갈 뿐입니다. 결국 예수를 따르던 무리는 대제사장의 회유에 말려들어 예수를 죽이고 바라바를 내놓으라고 소리칩니다.

그렇게 버림받고 조롱당하며 예수는 십자가에서 절규합니

다. "…나의 하나님, 나의 하나님 어찌하여 나를 버리셨나이까?…"(15:34)라고 말입니다. 마가복음에는 많은 기적 이야기가 나오지만, 예수가 죽음의 길을 가며 십자가를 마다하지 않는 시간에는 기적이 없습니다. 그렇기에, 예수의 절규는 하나님에게 조차 버림받은 것처럼 처참하기도 하지만, 한편으로 그가 복음의 시작에 있던 죽음의 길을 흔들리지 않고 지나왔으며 그 길이 틀리지 않았다는 사실도 말해 줍니다. 그 십자가에 하나님이 함께했다는 것은 분명하니까요. 1장 14절에 드리웠던 죽음의 두려움은 마침내 십자가로 확증되었습니다.

믿음의 고백

예수가 걸어온 십자가의 길이 틀리지 않았음을 증명해 주는 것은 물론 부활입니다. 사람들은 예수를 비난하고 조롱하며 급기야 그를 죽이면서 자신들이 옳았으며 승리했다고 생각했을 것입니다. 그러나 하나님은 그들이 죽인 예수를 죽음에서 일으켰습니다. 이 부활 사건은 하나님이 예수와 함께한다는 사실, 예수가 옳았다는 사실을 드러냅니다. 결국 이긴 자는 예수이지 그들이 아니었습니다. 그러나 아직 부활이 일어나기도 전에, 예수가 옳다고 고백한 사람들이 있습니다. 예수가 십자가에서 너무도 무력하게 죽어 가던 그때, 백부장은 예수의 모습을 보고, "…이 사람은 진실로 하나님의 아들이었도다…"(15:39)라고 고백합니다. 이 고백은 놀랍습니다. 1장 1절에서 예수는 하나님의 아들로 소개됩니다. 그러나 예수의 이야기가 진행되는 동안, 그 누구도 예수를 하나님의 아들이라고 고백하지 않습니다. 단지, 하늘로부터의 소리(1:11; 9:7)나 귀신들(3:11; 5:7)만이 예수를 하나님의 아들로 고백할 뿐이었습니다.

그러므로 백부장의 고백은 1장 1절에서 예수를 하나님의 아들로 소개할 때, 어떤 하나님의 아들을 말하려고 하는지를 분명하게 보여 줍니다. 그것은 '고난당하는 하나님의 아들'입니다. 당시에 누구도 하나님의 아들이 고난당하는 것을 상상할 수 없었습니다. 하나님의 아들이라는 정체와 능력을 생각한다면, 상상할 수도 없는 일입니다. 그러나 백부장의 고백을 통해서, 마가복음은 하나님의 아들이란 이렇듯 고난당하는 자임을 보여 주고자 합니다. 복음의 시작에 죽음의 그림자가 있었던 것도 바로 이 고난당하는 하나님 아들을 말하기 위함이었을 것입니다. 예수를 단순히 하나님의 아들로 고백하는 것만으로는 충분하지 않은 것도 이 때문입니다.

어떤 순간에, 무엇 때문에 예수를 하나님의 아들로 고백하는가, 하는 것이 중요합니다. 일이 잘되고 영광으로 넘쳐 나는 순간이 아니라 고난 중에서 예수를 하나님의 아들이라고 고백하는 것, 그러므로 죽기까지 예수를 따르는 것, 그것이 바로 믿음입니다. 14장을 살펴보면, 이는 더욱 두드러집니다. 14장에는 예수가 제자들과 마지막 만찬을 하고 겟세마네에서 잡히는 이야기가 나옵니다. 제자들이 전부 도망가는 이야기 말입니다. 그런데 14장 3-9절에는 이런 제자들과 대조되는 한 여자의 이야기가 소개됩니다. 향유 부은 여자의 이야기입니다. 이 여자의 이름은 모릅니다. 그저 한 여자로 소개될 뿐입니다. 그 여자는 예수의 머리에 값비싼 향유를 붓습니다. 향유를 머리에 붓는 행위는 발에 붓는 행위와 다릅니다. 발에 붓는 것은 방문객에 대한 환대의 의미이지만, 머리에 붓는 것은 일종의 예언자적 행위이 기 때문입니다.

이 여자의 예언자적 행위는 "그는 힘을 다하여 내 몸에 향유 를 부어 내 장례를 미리 준비하였느니라"(14:8)라는 예수의 말 에 의해서 확증됩니다. 여자의 행위는 예수의 죽음을 준비하며 그 죽음에 참여하는 것으로 선포됩니다. 여자는 예수의 죽음의 길을 준비하지도, 참여하지도 못한 제자들과 대조됩니다. 그러 므로 이 여자에 대한 예수의 칭찬, "내가 진실로 너희에게 이르 노니 온 천하에 어디서든지 복음이 전파되는 곳에는 이 여자가 행한 일도 말하여 그를 기억하리라…"(14:9)는 결코 과하지 않 습니다. 이 여자는 예수가 가려던 그 길을 함께하고 있기 때문 입니다. 여자의 행위는 죽음을 앞두고라도 예수를 떠나지 않겠 다는 고백입니다. 이러한 고백은 예수의 십자가의 길을 따라가 던 여자들이나, 예수의 무덤을 찾았던 여자들에게도 동일하게 나타납니다.

그 여자들의 이름은 알지 못하지만, 그들의 믿음은 알 수 있 습니다. 그것은 영광이 아니라 죽음 속에서 예수의 길을 발견한 참 제자의 모습입니다. 마가복음 내내 예수와 같은 길을 가지는 못했지만, 16장에서 부활한 예수를 만난 제자들도 결국은 이 길 을 깨달았을 것입니다. 그들이 따라야 할 길이 어떠한 것인지 말입니다. 마가복음은 이렇게 고난의 길을 간 예수를 하나님의 아들로 고백하며, 예수처럼 고난 속에서 복음을 전파하는 사람을 가리켜 제자라고 부릅니다. 제자는 더 이상 도망치거나 숨지 않습니다. 이것이 믿음의 본질입니다. 예수가 죽음을 세 번째 예고할 때, 세베대의 아들들은 영광의 자리를 요구합니다. 그때 예수는 그들에게 "…내가 마시는 잔을 너희가 마실 수 있으며 내가 받는 세례를 너희가 받을 수 있느냐?"고 묻습니다(10:38). 여기서 잔과 세례는 예수의 죽음을 의미합니다. 그들은 자신 있게 그렇다고 말합니다.

결국 그들이 전부 도망간 일을 생각하면 그들의 당당한 대답은 거짓이었고, 예수가 말한 것처럼, 그들은 자신들이 구하는 것을 알지 못했던 것입니다. 그렇게 자신도 모르는 소리를 하는 제자들에게 예수는 그들이 예수의 잔과 세례를 받는다고 하더라도, 예수의 좌우편에 앉는 것은 예수가 줄 수 있는 것이 아니라고 말합니다(10:39-40). 예수의 말은 무엇을 의미합니까? 예수를 위해서 고난을 당하며 죽음에 이를 수도 있지만, 그것이 그들이 원하는 자리를 보장해 주지 않는다는 것입니다. 그들의 어떤 행위도 그들에게 예수의 좌우편 자리를 보증하지 못합니다. 그 무엇도 보장되어 있지 않더라도, 예수는 자신의 죽음에 동참할 수 있는지를 묻고 있는 것입니다. 그것이 바로 믿음이기 때문입니다. 믿음은 "이렇게 할 터이니, 이것을 주십시오"라고 말하는 것이 아닙니다. 믿음은 자신이 원하는 것을 얻지 못할지라도, 단지 예수를 위해서 그의 길을 함께 걷는 것입니다.

자신이 원하는 것을 얻고자 믿음을 보인다면, 그것은 믿음이 아니라 거래이며 홍정입니다. 홍정은 장터에서나 하는 것이지 믿음의 길에서는 가능하지 않습니다. 더군다나 예수와 흥정할 수는 없습니다. 세베대의 아들들이 원하는 자리를 줄 수 있는 존재는 하나님뿐입니다. 그것은 하나님의 은혜입니다. 무엇을 해서가 아니라, 하나님이 그것을 준비하셨고 예기치 않은 때에 그것을 주시기 때문입니다. 모든 것을 자신의 계획 속에 넣고 그 계획에 하나님마저 맞추려고 하는 마음은 믿음이 아니라고, 예수는 단호하게 말합니다. 세베대의 아들들의 요구가 불신앙인 이유가 바로 여기에 있습니다. 믿음으로 은혜를 기대할 수 있지만 은혜를 요구할 수는 없습니다.

어떤 보상도 없이 고난과 고통이 끝난다고 하더라도, 그 길을 갈 수 있다면, 그것이 믿음입니다. 그렇게 고난 속에서 지쳐 갈때, 왜 모른 척하냐며 하나님에게 절규할 때, 아무것도 기대할 수 없을 때, 그때 무언가 일어난다면, 그것은 하나님의 은혜입니다. 죽음에서 하나님이 예수를 살리면서 부활이 일어났던 것처럼 말입니다. 하나님의 은혜는 당연한 것이 아닙니다. 그러나 그 은혜를 기대하며 믿음의 길을 가는 것도 맞습니다. 그것만이 고난을 두려워하지 않고 예수가 걸었던 죽음의 길을 따를 수 있게 하기 때문입니다. 하나님의 은혜가 자신이 원하는 때에, 자신이 원하는 방식으로 일어나지 않는다고 하더라도, 그저 그렇게 예수의 길에 삶을 던지는 것이 믿음입니다.

마가복음 안에 머물기

1 1장 1절을 읽으면서 하나님의 아들에 대해 생각해 봅시다. 지금 생각한 것들을 잘 기억하면서, 우리의 기대가 마가복음에 나타난 하나님 아들의 모습과 어떤 차이가 있는지를 생각해 볼까요?

2 4장 35-41절에 나오는 광풍 진압 이야기를 묵상해 봅시다. 제자들의 잘못은 무엇이라고 생각하시나요? 어떻게 해야 제자들이 예수님의 책망을 받지 않을 수 있었을까요? 예수님을 따르는 제자의 길은 어떠해야 한다고 생각하시나요?

3 8장 27-38절에 나오는 베드로의 고백과 예수님의 반응, 15장 33-41절에 나오는 백부장의 고백을 비교해 봅시다. 예수님의 책망을 받은 베드로의 고백과 예수님의 죽음을 목도한 백부장의 고백에는 어떤 차이가 있나요?

4 11장 12-26절의 성전 무효화 사건을 묵상해 봅시다. 무화과나무를
   저주한 예수님의 모습이 어떤가요? 공간이 아니라 때를 강조하는
   예수님의 선포는 오늘날 우리에게 어떤 믿음을 요구한다고 생각하
   시나요?

5 14장 3-9절에 나오는 향유 부은 여자의 이야기를 묵상해 봅시다.
   이 여자가 한 일을 기억해야 하는 이유는 무엇일까요? 마가복음에
   서 유일하게 칭찬을 받은 이 여자의 행위와 제자들의 차이는 무엇
   인가요?

누가복음

새로운 의로 가는 길

누가-행전

누가복음의 짧은 서문은 1장 1-4절입니다. 다른 복음서들과 비교해 보면 이 서문은 매우 독특합니다. 여기에는 복음서를 쓰게 된 목적과 수신인의 이름이 나와 있습니다. 누가복음은 데오빌로라는 사람에게 그가 "알고 있는 바를 더 확실하게" 하려는 목적으로 쓰였습니다. 그런데 이 데오빌로라는 이름은 사도행전 1장 1-2절의 서문에도 언급됩니다. "데오빌로여 내가 먼저 쓴 글에는 무릇 예수께서 행하시며 가르치시기를 시작하심부터 그가 택하신 사도들에게 성령으로 명하시고 승천하신 날까지의 일을 기록하였노라"고 말입니다. 데오빌로라는 동일한 사람을 대상으로 하는 점이나, 먼저 썼다는 글의 내용으로 보아서 그것이 누가복음을 지칭한다는 사실을 추측할 수 있습니다. 더욱이 갈릴리에서 예루살렘으로 진행되는 누가복음의 이야기가 예루살렘에서 로마로 진행되는 사도행전의 공간적 확장과 이어지는 점도 두 책의 연관성을 추측할 수 있게 합니다.

특히 누가복음은 특별한 구조를 통해서 갈릴리에서 예루살렘으로 이야기가 진행됩니다. 예수는 누가복음 9장 51절에서 예루살렘을 향해 올라가기로 결심합니다. 그러나 실제로 예수가 예루살렘에 들어가는 일은 19장 28절 이후에나 나옵니다. 9장 51절-19장 27절은 예수가 예루살렘으로 이동하는 이야기입니다. 이러한 이동은 여행이라는 움직임과 예루살렘이라는 장소를 동시에 강조하며 사도행전에서도 고스란히 이어집니다. 사도행전은 예수의 제자들과 바울이 복음을 전파하기 위해 여행하는 이야기입니다. 제자들과 바울은 끊임없이 움직입니다. 그리고 그들의 여행도 예루살렘을 중심으로 이어집니다. 제자들은 예루살렘으로부터 복음을 전파하기 시작하며(행 1:8), 바울은 그의 전도 여행을 예루살렘에서 마칩니다(행 21:17). 복음이 이방에 전파되는 이야기 속에서도, 하나님의 구원이 시작된 예루살렘은 중심적 위치를 잃지 않습니다.

누가복음과 사도행전은 이렇듯 갈릴리에서 시작된 복음이 예루살렘을 중심으로 로마까지 전파되는 과정을 보여 줍니다. 이 과정은 하나님의 구원 역사의 일면을 드러내 줍니다. 누가복음의 족보(3:23-38)는 하나님으로부터 시작되는 역사를 예수와 연결하며, 예수의 역사는 제자들을 통해서 모든 민족의 구원을 향해 지속될 것이기 때문입니다(21:34). 이렇게 지속적인 구원의 역사를 가능하게 하는 것은 성령입니다. 예수로부터 시작된 복음을 이끄는 힘은 성령입니다. 성령은 누가복음에서도 매우 강조되며(4:1, 14, 18; 10:21; 11:13; 12:10, 12), 성령의 임재로부터 시작된 사도행전은 제자들의 움직임이 아니라 성령의 움직임을 보여 줍니다(행 1:8, 16; 2:4; 4:8, 31; 5:32; 6:5; 7:55; 8:17, 29; 9:17; 10:38; 11:24; 13:9; 16:6; 20:22; 28:25). 제자들이 어떤 상황에서라도 두려워할 이유가 없는 것은 이 때문입니다. 그들이 도망치지 않고 복음을 전한다면, 성령은 그들과 함께할 것입니다.

구조적이며 내용적인 일관성으로 인해서, 누가복음과 사도행전은 동일한 저자에 의해서 쓰인 일련의 연속적인 글로 이해할 수 있습니다. 마치 1부와 2부처럼 말입니다. 그러므로 이 두 책을 묶어서 '누가-행전'이라고 칭하곤 합니다. 그렇기 때문에 이 책에서는 애초에 누가복음 다음에 사도행전을 배치했습니다. 독자들이 이 두 책을 한 번에 읽어 내려가면서 그 장엄한 여정을 따라갔으면 합니다. 이렇듯 갈릴리 촌구석에서 시작된 복음이 제국의 한가운데까지 전파되는 누가-행전의 목적은 독자로 하여금 이 복음 전파에 참여하게 하는 데 있습니다. 누가-행전을 읽는 사람들이 성령의 힘을 믿고 선교의 사명을 감당한다면, 그들은 하나님의 역사에 속한 사람이 될 것입니다. 제자들처럼 말입니다. 온갖 고난과 죽음의 위협이 있을 것이지만, 그 무엇도 복음의 길을 막을 수는 없습니다.

누가복음의 서문부터 따라가 보겠습니다. 누가복음 1장 1-4절을 짧은 서문이라고 한다면, 1-2장에 나오는 탄생 이야기는 누가복음 전체 이야기의 흐름을 파악할 수 있는 넓은 서문 역할을 합니다. 1장은 요한의 탄생 이야기(1:5-25)와 예수의 탄생 이야기(1:26-38)로 구성되어 있습니다. 제사장인 요한의 아버지 사가랴가 성전에서 직분을 행하고 있을 때, 부인인 엘리사벳에게 아들이 있을 것이라는 천사의 예언을 듣습니다. 의인이었던 사가랴와 엘리사벳 사이에는 아이가 없었던 터라 기쁜 일이었습니다. 하지만 둘은 이미 너무 고령이었기 때문에 사가랴는 천사의 말을 믿을 수 없었습니다. 그의 불신앙에 대한 징표로 그는 아이가 나올 때까지 말을 할 수 없었습니다. 말을 할 수 없었던 사가랴는 제사장의 직분도 완수할 수 없어서 성전 밖에서 기다리고 있던 사람들에게 축복 기도도 하지 못했습니다. 그것은 제사장으로서 응당해야 하는 일이었는데 말입니다.

그러나 천사가 마리아를 찾아왔을 때, 마리아의 반응은 사가랴와 달랐습니다. 요셉과 정혼한 마리아가 처녀의 몸으로 아이를 낳을 것이라는 천사의 말을 들었을 때, 그녀는 놀라는 와중에도 "…주의 여종이오니 말씀대로 내게 이루어지이다…"(1:38)라고 응답합니다. 제사장이며 남자인 사가랴와 비천한 종에 불과한 마리아가 하나님의 소리에 응답한 모습은 매우 대조적입니다. 더욱이 마리아는 1장 46-55절의 찬가에서, 하나님이 일하는 방식을 고백하며 자신에게 일어난 놀라운 일을 찬양합니다. 하나님은 마음의 생각이 교만한 자들을 흩으시고 권세 있는 자를 그 위에서 내리치고 비천한 자를 높이시고 주리는 자를 배불리시며 부자를 빈 손으로 보내신다고 말입니다(1:51-53). 찬가는 비천한 여종을 통해서 구유에서 탄생한 구세주 예수가 하나님의 구원의 표적이라고 찬양합니다(2:11-12).

구유에서 태어난 구세주는 하나님의 어떤 사건보다도 놀라운 반전을 보여 줍니다. 그렇게 비참한 모습으로 시작된 그리스도의 역사는 들어 본 적이 없기 때문입니다. 누가복음의 탄생 이야기는 이렇게 사가랴의 성전에서 예수의 구유로, 제사장 남자에게서 비천한 여자로 옮겨 가며, 지금까지의 의의 구조를 변화시킵니다. 그것은 이제까지 유대인들이 알던 의가 아니라 예수로 말미암아 시작된 새로운 의를 이야기합니다. 1-2장의 탄생 이야기에 나타난 반전은 예수의 사역 내내 진행됩니다. 비천하고 더러운 구유에서 시작한 예수는 그렇게 비천하고 더러운 사람들과 함께 먹으며 그들에게 새로운 의를 전파합니다. 마리아가 예수로 말미암아 일어날 하나님의 역사를 노래했다면, 예수는 처음 사역을 시작하면서 자신이 어떤 일을 할 것인지를 분명하게 말합니다.

그것을 나사렛 설교 혹은 취임 설교라고 부릅니다(4:16-30). 예수는 이사야서의 구절, "주의 성령이 내게 임하셨으니 이는 가난한 자에게 복음을 전하게 하시려고 내게 기름을 부으시고 나를 보내사 포로 된 자에게 자유를, 눈 먼 자에게 다시 보게 함

124

을 전파하며 눌린 자를 자유롭게 하고 주의 은혜의 해를 전파하게 하려 하심이라…"(4:18-19)를 인용하면서 자신이 해야 할 일을 선포합니다. 그는 비천한 자들에게 구원을 선포하는 새로운 의입니다. 물론 이러한 파격적인 행보가 결국 예수를 죽음에 이르게 하지만, 복음서 내내 예수는 가난하고 천한 죄인들과 함께하며 그들에게 생명을 주는 것이 자신의 일임을 숨기지 않습니다(7:22; 14:12-13).

경계를 넘어선 새로움

성전의 새로운 주인

성전에서 제의를 집행하는 제사장의 의가 천사의 예언도 믿지 못하는 정도임을 폭로한 누가복음은 성전의 주가 누구인지를 보여 줍니다. 성전 정화의 경우, 누가복음에서 중요한 것은 단지 성전을 깨끗하게 했다는 것이 아니라, 예수가 그 성전에서 날마다 가르쳤다는 사실입니다(19:47). 대제사장들과 서기관들은 예수가 날마다 성전에서 가르치는 것을 보고 예수를 죽이려고 작당합니다. 성전을 깨끗하게 한 후, 예수는 그 성전을 차지했습니다. 이 얼마나 분노할 만한 일입니까! 그들이 주도권을 쥐고 있어야 하는 성전에서 예수의 가르침이 날마다 울려 퍼지고, 백성은 종교 지도자들의 말이 아니라 예수의 말을 더 듣고 싶어 하니 말입니다. 물론 '날마다'가 얼마나 오랜 기간인지는 알 수 없지만, 그 말은 예수가 성전을 차지했다는 사실을 은유적으로 강조합니다. 이제 성전의 주인은 그들이 아니라 예수입니다.

이전에는 성전이 대제사장들과 서기관들을 백성과 연결해 주는 역할을 했습니다. 성전 정화가 일회적 사건인 반면, 날마다 가르치는 반복적 행위는 예수와 성전, 그리고 말씀을 듣는 백성을 하나로 이어 주며 새로운 시대를 열어 놓았습니다. 그러므로 종교 지도자들이 예수와 백성의 연결 고리를 끊을 수 있는 방법은 예수를 죽이는 것 말고는 없었을 것입니다. 예수가 이렇게 날마다 성전에서 가르칠 때, 대제사장들과 서기관들, 그리고 장로들이 나와서 무슨 권위로 이런 일을 하냐고 묻습니다(20:1-2). 권위에 대한 논쟁은 성전을 둘러싼 예수와 그들의 힘겨루기를 드러냅니다. 누가 성전의 주인인지 말입니다. 그들은 성전에서 가르칠 권한이 예수에게 없다고 생각합니다. 그러나 이 논쟁에서 드러나는 것은 예수의 권세와 종교 지도자들의 악함입니다(20:1-19).

예수를 함정에 빠뜨리려고 그들이 제안한 가이사의 세금 문제도 결국 그들의 불신앙만 드러냈습니다(20:20-26). 그리고 이어지는 사두개인들의 부활 논쟁도 마찬가지로 그들의 무지를 드러냅니다(20:27-40). 이 모든 논쟁은 예수의 가르침을 듣고 있던 백성 앞에서 일어납니다(20:45-47). 백성이 성전에서 누구의 권위를 따라야 하는지는 더 이상 물을 필요가 없습니다. 그럼에도 대제사장들과 서기관들이 성전에서의 권위를 고집한다면, 방법은 하나뿐입니다. 그것은 성전이 없어지는 것입니다. 21장에서 예수는 성전의 아름다움을 말하는 사람들에게 성전 멸망을 예언합니다(21:5-6). 사람들이 칭송하는 그곳, 대제사장들과 서기관들이 권력을 누리며 자신들의 것이라 우겨 대는 그곳은 멸망할 것입니다. 성전은 더 이상 하나님이 임재하는 장소가 아니기 때문입니다. 그곳에 하나님이 임재하지 않는다는 사실은 과부의 마지막 헌금을 통해서 분명하게 드러납니다(21:1-4).

예수는 과부가 자신의 생활비 전부인 두 렙돈을 헌금함에 넣는 것을 봅니다. 그녀의 마지막 전부인 두 렙돈은 그녀가 더 이상 생명을 유지할 수 없고, 과부와 고아를 돌보며 공동체를 유지하라는 하나님의 명령이 당시 사회에서 이행되지 않고 있었음을 보여 줍니다. 이 이야기는 헌금을 많이 하라고 독려하는 것이 아니라, 과부의 비참한 마지막을 좀 보라고 애원하는 메시지를 담고 있습니다. 21장 3절은 과부가 '모든 사람보다' 헌금을 많이 넣었다고 말하며, 그 모든 사람은 4절에서 '풍족한 중에 헌금을 넣은 사람'으로 구체화됩니다. 고대 사회에서 '넉넉하고 풍족한' 상태는 필요 이상의 것에 대한 소유를 의미합니다. 자신이 가져야 할 것 이상, 곧 다른 사람의 것까지 가진 상태가 '풍족한' 상태입니다. 이 풍족은 여자의 비참하고 핍절한 두 렙돈과 대비됩니다. 넘치는 사람과 모자란 사람의 헌금으로 성전은 유지됩니다.

그러나 성전이 모자란 사람의 필요를 채워 줄 수 없다면, 성전이 과부의 마지막 두 렙돈마저 아무렇지 않게 삼킬 수 있다면, 그곳에 임재한 하나님은 누구의 하나님입니까? 과부의 두 렙돈은 곧바로 아름다운 돌과 헌물로 꾸며진 성전에 대한 찬양으로 이어지지만, 예수는 매몰차게 말합니다. 돌 위에 돌 하나 남지 않을 것이라고 말입니다(21:5-6). 그토록 성전에서 권위를 누리고자 했던 사람들은 더 이상 욕망을 이루지 못할 것입니다. 성전이 사라질 것이기 때문입니다. 과부의 아픔을 보듬어 주지 못할 사람들이라면 진즉에 성전을 떠나야 했지만, 그들은 이제 성전의 주인인 예수조차 죽이려고 합니다. 그러나 예수의 죽음은 그들 마음대로 이루어지지 않습니다. 그들이 예수를 죽였다고 환호하는 순간, 하나님이 예수를 죽음에서 일으켰기 때문입니다. 그리고 누가복음은 다시 살아난 예수가 하늘로 올라가는 승천 이야기까지 우리에게 전합니다(24:50-51).

제자들 앞에서 승천하는 예수의 마지막은 제자들을 향한 축복입니다. 그런데 이 축복은 매우 긴밀하게 1-2장의 탄생 이야기와 연결됩니다. 1장에서 사가랴가 성전에서 직분을 행하다 천사를 만난 이야기를 상기해 보십시오. 아쉽게도 사가랴는 불신앙으로 말을 할 수 없었습니다. 성전 안에서 직분을 마친 제사장은 나와서 성전 밖에서 기다리고 있는 사람들을 축복함으로써, 자신의 임무를 끝내야 하는데 말입니다. 밖에서 제사장을 기다리던 백성은 말을 하지 못하는 사가랴를 보고 그가 성전에서 환상을 보았음을 감지했습니다(1:21-22). 의인이라고 하면서도 천사의 말을 믿지 못한 사가랴에 비하면, 말 못하는 사가랴를 보고 무언가를 눈치챈 백성의 모습은 흥미롭습니다.

대제사장들과 서기관들이 예수를 그렇게 죽이려고 하는데도 백성이 예수를 따르며 그의 가르침을 들은 것은, 그들이 하나님의 말씀에 더욱 민감했기 때문인지도 모르겠습니다. 이제 승천하면서 이루어진 예수의 축복은 1장에서 미완으로 끝난 사가랴의 직무를 마무리하는 듯 보입니다. 그렇게 누가복음은 1-2장의 서문과 19-24장의 결론을 성전으로 마무리하며, 기존의 성전과 기존의 의를 완벽하게 예수로 대치합니다. 그러므로 이제 제자들은 예루살렘으로 돌아가 성전에서 늘 하나님을 찬송합니다(24:52-53). 예수가 주인이었던 그곳에 언제나 제자들의 찬송 소리가 들리는 것은 이상하지 않습니다.

맛있는 식탁

새로운 의가 드러나는 곳은 예수의 식탁입니다. 성전 이야기라는 틀을 가지고 있는 3-19장의 이야기는 예수의 식탁 이야기로 채워집니다. 나사렛에서의 취임 설교 후, 예수의 본격적인 행보가 시작됩니다. 그것은 제자들을 부르고 귀신을 쫓아내고 병자를 고치는 사역입니다. 예수가 부른 제자 레위는 모든 것을 버리고 예수를 따르면서 자신의 집에서 예수를 위한 잔치를 벌입니다(5:27-29). 바리새인들은 이제 그들의 정결법에 따라 예수의 꼬투리를 잡기 시작합니다. 대제사장들에게 성전의 주도권이 중요했다면, 바리새인들에게는 일상에서의 정결법이 중요했습니다. 그들은 율법에 대한 해석을 통해서 일상에서 성결을 실천하고자 했습니다. 식탁의 경우, 언제, 어디서, 누구와, 무엇을, 어떻게 먹는가, 하는 것이 매우 중요했습니다. 더러운 사람과 더러운 방식으로 더러운 것을 먹으면, 그들은 부정한 죄인이 되기 때문입니다.

　세리 또는 죄인과 같은 사람들과 먹고 마시는 예수가 바리새인들의 눈에 못마땅한 것은 당연했습니다. 그들은 죄인들과 밥을 먹는 예수의 행위를 비판했습니다. 그러자 예수는 "…건강한 자에게는 의사가 쓸 데 없고 병든 자에게라야 쓸 데 있나니 내가 의인을 부르러 온 것이 아니요 죄인을 불러 회개시키러 왔노라"(5:31-32)고 말합니다. 구유에 오신 예수의 사역은 죄인을 불러 그들을 하나님 앞에 서게 하는 것이었으며, 식탁은 그 상징입니다. 예수는 성전이 아니라, 식탁에서 죄인들과 먹고 마시며 새로운 의를 보입니다. 또한 그들과 그렇게 먹어도 더럽혀지지 않는다는 사실을 보여 줍니다. 더럽혀지기는커녕 예수와 함께하는 자들이 의롭게 되는 기적이 예수의 식탁에서 일어납니다. 그렇게 레위의 잔치로 시작한 이야기는 예수가 예루살렘에 들어가기 전 삭개오의 잔치로 마무리됩니다.

　예수는 세리장이며 부자이기 때문에 동네에서 따돌림을 받을 수밖에 없었던 삭개오와 만납니다(19:2-10). 그리고 그의 집에 들어가서 묵겠다고 말합니다. 그의 집에서 먹고 마시며 머물겠다는 말입니다. 동네 사람들이 수군거리는 것도 당연합니다. 그 많은 사람 중에 하필 죄인의 집에 들어간다니 말입니다. 그러자 삭개오는 자신이 다른 사람에게 끼친 손해를 모두 배상하겠다고 말하며 흔쾌히 예수를 자신의 집으로 불러들입니다. 예수는 삭개오에게 구원을 선포하며 그를 아브라함의 자손이라고 천명합니다. 구원은 그렇게 일어납니다. 예수가 삭개오의 집에서 먹고 마실 때 구원이 일어났습니다. 삭개오의 구원은 그 집의 식탁에서 떠들썩하게 드러납니다. 짐승의 먹이통으로 온 예수는 그렇게 죄인들, 낮은 자들과 먹고 마시며 구원을 보여 줍니다. 잃은 자를 찾았다고 기뻐하면서 말입니다.

그러므로 예수는 "잔치를 베풀거든 차라리 가난한 자들과 몸 불편한 자들과 저는 자들과 맹인들을 청하라"(14:13)고 가르치며 가난한 자들과 더러운 자들과 함께 밥 먹는 비유를 통해서 하나님 나라를 설명하기도 합니다. 큰 잔치 비유를 베푼 주인은 결국 시내의 거리와 골목으로 나가서 가난한 자들과 몸 불편한 자들과 청각 장애인들과 저는 자들로 잔치 자리를 채우고 그래도 남는 자리는 길과 산울타리까지 나가서라도 데려오게 합니다(14:21-23). 이렇게 얼떨결에 잔치에 끌려온 사람들의 면면은 더럽다는 공통점 외에 다른 것은 없을 것입니다. 그들의 정결 상태를 점검할 시간도 방법도 없었을 테니 말입니다. 그러나 예수는 하나님 나라가 그들의 것이라고 말합니다. 그들을 더럽다고 하지 않고 잔치를 즐기게 하는 것을 구원이라고 말합니다.

부자와 나사로 비유도 마찬가지입니다(16:19-31). 나사로처럼 더러운 사람이 어디 있습니까? 부자의 집에서 먹고 남은 부스러기나 구걸하던 자였으니 말입니다. 그러나 아브라함의 품에 안긴 것은 날마다 즐거운 잔치를 하던 부자가 아니라 나사로

였습니다. 자신만 즐기던 잔치, 나사로에게 부스러기 한 조각 떨어뜨려 주지 못한 식탁, 그것은 구원을 보장해 주지 못했습니다. 예수의 더러운 식탁에 비하면 부자의 식탁은 깨끗하고 풍족했을 것이지만, 부자는 하나님 나라의 식탁에 참여하지 못했습니다. 음부의 고통 중에서 물 한 방울도 입에 댈 수 없었습니다. 예수의 식탁은 경계가 없었던 반면, 부자의 식탁은 경계가 분명했습니다. 경계를 없앤 예수의 식탁은 치유와 회복의 상징이지만, 경계에 갇힌 행복한 식탁은 구원의 상징이 될 수 없습니다. 예수가 구원을 성전에서 식탁으로 옮긴 것은 이 때문일지 모릅니다. 성전은 끊임없이 거룩함을 구획하고 죄인을 배제하지만, 예수의 식탁은 언제나 열려 있기 때문입니다.

부자의 닫힌 식탁은 예수의 열린 식탁과 대조되며, 예수의 구원은 예수의 식탁처럼 개방되고 확장됩니다. 잘 알려진 세 가지 비유, 잃어버린 양을 찾는 비유(15:3-7), 잃어버린 동전을 찾는 비유(15:8-10), 잃어버린 아들들을 찾는 비유(15:11-32)도 식탁의 의미를 말하고 있습니다. 이 비유들은 바리새인들과 서기관들이 예수가 죄인을 영접하고 그들과 음식을 먹는다고 불평하자(15:1-2), 그에 대한 답으로 나온 것입니다. 예수의 식탁은 잃었던 것을 찾은 기쁨을 드러내는 곳입니다. 그러니 사람들을 불러 모아 모두 함께 기뻐하는 것은 당연합니다. 그 식탁에 초대받았다면, 무조건 참여하는 것이 맞습니다. 같은 기쁨을 나누는 것이 같은 믿음을 드러내는 것이기 때문입니다. 하나님 나라는 그렇게 옵니다. 닫힌 성전이 아니라 열린 식탁으로 말입니다.

누가복음의 예수는 배제되고 소외된 사람들을 불러 모았습니다. 이방인, 여자, 가난한 자, 죄인이라고 불리는 자들이 모두 예수에게 환대를 받았습니다. 예수는 그들을 자신의 식탁으로 초대했으며 그들의 식탁에 주저 없이 참여했습니다. 심지어 자신을 비난하는 바리새인의 집에 가는 것도 마다하지 않았습니다 (7:36-50). 적과 동지, 죄인과 의인의 구분 없이, 예수는 그 누구도 구원의 대상에서 제외시키지 않습니다. 그런데 바리새인의 집에 들어갔을 때, 죄인인 한 여자가 와서 예수의 발에 향유를 부었습니다. 바리새인은 자신의 집에 들어온 죄인인 여자와 그녀의 행위가 마음에 들지 않았을 뿐 아니라, 그녀를 내버려두는 예수도 이해할 수 없었습니다. 그러나 예수는 오히려 바리새인의 불만을 지적하며 그 여자의 행위를 칭찬합니다. 그리고 그녀가 이미 죄 사함을 받았다고 말합니다(7:48).

여기서 '죄 사함을 받았다'는 말의 과거완료형은 흥미를 유발합니다. 과거완료형은 그 여자의 죄 사함이 그녀가 바리새인의 집에 들어오기 전에 일어났음을 알려 주기 때문입니다. 그녀는 죄 사함을 받았고 이에 대한 감사를 예수에게 표한 것입니다. 그러나 바리새인은 그녀가 죄 사함을 받았다는 것도, 예수가 죄를 사할 수 있는 존재라는 것도 알지 못했습니다. 바리새인에게 여자는 언제나 죄인이며 예수는 선지자 정도일 뿐입니다. 그렇게 자신의 선입견에 사로잡힌 무지한 바리새인은 결국 예수에게 감사를 표하지 못했습니다. 그럼에도 그가 자신의 의를 자랑한다면, 그것이 위선이 아니고 무엇이겠습니까? 향유를 부은 여자는 용서받았으며 바리새인에게 손가락질을 받을 이유가 없는 존재입니다. 예수는 바리새인의 집에서 그렇게 그녀를 새로운 의인으로 소개합니다.

그녀뿐이 아닙니다. 7장에는 아들을 잃은 나인성 과부의 이야기도 나옵니다(7:11-17). 남편도 없고 아들과 함께 살던 어떤 어머니가 그 아들마저 잃었습니다. 예수는 그 어머니를 불쌍히 여겼고 그 아들을 살려 냅니다. 당시에 여자는 세 기둥 뒤에 있는 존재였습니다. 아버지라는 기둥, 남편이라는 기둥, 그리고 아들이라는 기둥입니다. 아들을 잃은 나인성 과부는 모든 기둥을 잃은 사람입니다. 그런데 예수가 아들을 다시 살려 낸 것입니다. 어머니의 기둥이 다시 생긴 것입니다. 기둥 없는 여자의 삶을 생각해 보십시오. 2,000년 전의 사회를 상상하면서 말입니다. 아들마저 죽음으로써 나인성 과부는 사회적 죽음을 경험합니다. 그녀의 처참함은 말로는 부족합니다. 예수가 그녀를 불쌍히 여긴 것은 이 때문입니다. 그러나 이제 아들이 살아났으니, 어머니도 같이 살아날 것입니다. 그녀의 집은 이제 생명으로 충만할 것입니다.

예수는 이렇게 소외되고 의미 없는 삶을 강요받는 여자들을 하나님 나라로 불러 모읍니다. 여자들이 하나님 앞에서 그들의 존재를 누릴 수 있도록 말입니다. 여자들에게 기둥을 만들어 주는 것이 중요하지만, 아마도 기둥 없이 사는 법을 알려 주는 것도 예수에게는 중요했을 것입니다. 그래서인지 예수는 자신을 초대하는 마르다의 집에 서슴없이 들어갑니다(10:38-42). 그곳에서 말씀을 가르칠 때, 마리아는 예수의 말씀에 집중했습니다. 흔하지 않은 일입니다. 여자에게 말씀이나 율법은 금지되었기 때문입니다. 마리아의 이러한 행동은 예수의 식탁을 준비하느라 분주한 마르다를 자극했습니다. 마르다는 예수에게 마리아가 자신을 돕게 해 달라고 청했습니다. 그러나 예수는 약간 매몰차게 대답합니다. 마르다가 여러 가지 일로 마음이 바쁘다면 일을 줄이면 될 일이라고 말합니다.

그리고 "…마리아는 이 좋은 편을 택하였으니 빼앗기지 아니하리라…"(10:42)고 말합니다. 마리아가 택한 '이 좋은 편'은 말씀을 듣는 일이었습니다. 그러나 그 선택이 좋았더라면 예수가 마르다에게도 그 일을 택하라고 말하지 않은 이유는 무엇일까요? 아마도 '이 좋은 편'과 함께 있는 '택하다'라는 말 때문인 듯합니다. 당시에 선택하고 결정할 수 있는 것은 기둥들뿐이었습니다. 남자 자유인이었지요. 여자는 기둥 뒤에서 기둥의 선택에 따라서 움직이는 존재일 뿐입니다. 여자뿐 아니라 어린아이나, 종도 마찬가지입니다. 그런데 예수는 지금 마리아의 선택을 인정하고 있습니다. 더욱이 마리아가 선택한 '이 좋은 편'은 남자들에게만 허용된 '말씀을 듣는 일'이었습니다. 마리아의 행동은 금기를 넘어섭니다. 그러나 마리아가 무엇을 선택했든 그것을 '이 좋은 편'이라고 말했을 예수는 마리아의 무모한 선택을 지지합니다.

마리아의 선택을 지지하기 때문에, 예수는 마르다에게 어떤 강요도 하지 않습니다. 매정한 듯 보이는 예수의 말씀은, 일을 줄이든지 말든지, 혹은 마리아처럼 말씀을 듣든지 말든지, 마르다 좋은 대로 하라고 권합니다. 여자에게 강요되었던 일들을 하고 금지되었던 것을 시도해 보지 않은 마르다는 이제 선택의 기로에 섰습니다. 예수는 마르다와 마리아를 가리고 있던 기둥을 없애고 그녀들이 좋은 것을 각각 선택하라고 독려합니다. 이것은 매우 새롭고 획기적입니다. 이 집이 '마르다의 집'이었다는 사실을 기억해야 합니다. 아버지의 집에서 아버지 마음대로 하는 것이 가부장적 질서라면, 예수는 마르다의 집에서 마르다 마음대로 하지 말라고 말합니다. 마리아는 마리아가 좋은 편을, 마르다는 마르다가 좋은 편을 택할 수 있습니다. 자신이 좋은 편을 선택할 수 있는 집, 그 선택을 지지하며 함께 살 수 있는 집, 그 집에서는 어떤 이유로든 차별이나 배제가 없을 것입니다. 그 것이 구원입니다.

함께함의 구원

가난하고 소외된 자들에 대한 이러한 관심 때문에, 누가복음은
종종 가난한 사람을 위한 복음서라고 불립니다. 그러나 이러한
별칭이 때때로 오해를 불러일으킵니다. 누가복음이 가난한 사
람이나 소외된 사람만을 위한 복음서라는 오해입니다. 누가복
음은 어느 특정한 부류의 구원을 이야기하는 것이 아니라 모두
의 구원을 이야기합니다. 하나님의 피조물 모두가 구원을 받는
이야기입니다. 그러나 '모두'를 이야기하기 위해서 어디서부터
출발할 것인가, 그 출발점은 일반적인 관점과 다릅니다. 예수는
모두의 구원을 위해서 아래로부터 시작합니다. 예수는 가난한
자, 소외된 자, 약한 자, 여자 등 사회적, 경제적, 정치적, 인종적
으로 불리한 위치에 있는 사람들, 구원이나 하나님의 백성이라
는 의미에서 유대인들의 눈 밖에 있는 사람들과 함께, 또한 그
들로부터 시작합니다. 예수가 가난한 자, 포로 된 자, 시각 장애
인, 눌린 자, 지체 장애인, 피부 질환자, 청각 장애인(4:18; 7:22;

14:13)들을 부르고 그들을 고치며 먹이고 살린 것은 이 때문입니다.

위로부터, 곧 가진 자로부터 시작하는 관점은 밑에서 고통당하고 어려움에 처한 사람들을 보지 못하게 합니다. 가진 자들은 자신들의 욕구가 충족되면 그것으로 끝이라고 생각합니다. 그것이 세상의 관점입니다. 그러나 누가복음은 이미 마리아 찬가에서부터 하나님의 일하는 방식이 세상과 다르다고 이야기합니다(1:51-53). 이는 높은 자들의 것을 빼앗아 낮은 자들을 높게 만들겠다는 것이 아닙니다. 그렇게 끝없이 이어지는 높고 낮음과 배부름과 비천함을 무한으로 반복하려는 것이 아닙니다. 가진 자들은 조금 더 낮아지고 가지지 못한 자들은 조금 더 높아져서 그들이 모두 함께 살 수 있는 방법을 모색하는 것입니다. 부자와 나사로 비유에서 나사로가 원했던 것은 그저 부자의 상에서 떨어지는 부스러기 조각이었습니다(16:19-31).

사마리아인의 비유에서도, 강도 만난 사람에게 필요한 것은 대단한 조치가 아니었습니다(10:25-37). 그에게 필요한 것은 생명을 유지할 수 있는 최소한의 것이었습니다. 제사장과 레위인은 위험에 처한 사람을 보고도 피해 가며 최소한의 것을 해주지 않았습니다. 그러나 사마리아인은 그를 불쌍히 여기는 마음으로 상처를 싸매 주었습니다. 그를 자신의 짐승 위에 태우고 주막으로 데려가서 돌보며 두 데나리온의 비용을 내준 것은 예상치 못한 호사였을 것입니다. 그러나 사마리아인의 불쌍히 여기는 마음으로, 강도 만난 사람은 물론 사마리아인도 함께 구원을 경험합니다. 그저 피해 갔을 뿐인데 구원을 놓친 제사장과 레위인은 생각지도 못한 일입니다. 함께 구원을 경험하게 하는 것은 다른 사람에 대한 관심과 사랑이며 하나님의 창조성에 대한 믿음입니다. 하나님이 만드신 피조물 중 우리가 선별해서 차별할 수 있는 존재는 없습니다. 누가복음의 족보가 하나님으로 시작하는 것은 이를 분명히 하기 위해서인 듯합니다.

이렇게 하나님으로부터 시작된 구원의 역사는 예수의 십자가에서도 이어집니다. 마태복음이 십자가에 달린 강도들이 모두 예수에게 욕을 했다고 말하는 반면(마 27:44), 누가복음에서, 한쪽 강도는 십자가에서 하나님을 두려워하며 예수의 무고성을 고백합니다(눅 23:39-43). 자신을 십자가에 못 박는 사람들을 용서해 달라고 아버지께 간구한 예수는 십자가 위에서 돌이키는 죄인에게까지 구원을 선포합니다(23:34-43). 예수의 구원은 누구에게나 열려 있고, 무엇보다 구원이 절실한 사람들을 향합니다. 그들 스스로 구원이 필요한지 알지 못할지라도 말입니다. 낮은 자들, 소외된 자들을 돌보는 예수의 구원은 모든 사람에 대한 보편적 구원을 지향합니다. 가난한 자의 구원은 부자의 구원을 위함이며, 여자의 구원은 남자의 구원을 위함이고, 이방인의 구원은 유대인의 구원을 위함입니다.

이 보편적 구원을 통해서 비로소 예수의 평화가 이루어집니다. 천군 천사들은 "지극히 높은 곳에서는 하나님께 영광이요 땅에서는 하나님이 기뻐하신 사람들 중에 평화로다…"(2:14)라며 예수의 탄생을 찬양합니다. 예수는 이 땅에 온 평화입니다. 평화의 헬라어인 '에이레네'는 다른 사람의 필요를 채워 주는 것을 의미합니다. 평화라는 말은 근본적으로 개인적 개념이 아니라 공동체적 개념입니다. 자신에게 문제가 없고 스스로 만족한 삶을 산다고 평화로운 것이 아니라, 다른 사람의 곤고함을 없애 주어야 함께 평화로울 수 있습니다. 예수가 세리와 죄인의 치료자로 나선 것은 이 때문입니다. 그들의 곤고함과 핍절함이 채워지고 그들이 하나님 앞에 설 수 있는 새로운 의의 시대에만, 하나님의 평화가 가능합니다.

배부른 누군가가 자신의 의를 기뻐하며 다른 이들의 고통을 돌보지 않는 로마의 평화는 진정한 평화가 될 수 없습니다. 그러므로 예수는 "내가 세상에 화평을 주려고 온 줄로 아느냐 내가 너희에게 이르노니 아니라 도리어 분쟁하게 하려 함이로라"(12:51)는 놀라운 말씀을 합니다. 예수는 진정한 평화를 위해서 가짜와의 전쟁을 선포합니다. 분쟁은 예수의 궁극이 아닙니다. 예수의 궁극은 평화입니다. 이 궁극을 위해서 예수는 세상에 불을 던지며(12:49) 우리가 예수의 진짜 평화를 위해서 싸우고 대립하게 합니다. 예수의 불은 끊임없이 죄인을 만들며 누군가를 소외시키고 배제하는 세상을 향합니다. 그리고 새로운 의를 선포하며 함께 하나님의 평화를 누리게 합니다. 누가복음은 그렇게 잃어버린 사람들을 찾아 나선 예수의 이야기를 통해서 하나님의 구원사를 전하며, 그것은 예수의 제자들을 통해서 변함없이 이어집니다.

누가복음 안에 머물기

1 1장 46-55절의 마리아 찬가에 대해 생각해 봅시다. 이 찬가의 주요 내용은 무엇인가요? 하나님은 이 땅에서 어떤 방식으로 역사하시나요? 하나님의 일과 사람의 일은 어떻게 다른 걸까요?

2 5장 27-32절에서 레위를 부르고 그와 함께 식사하는 예수님의 모습을 상상해 봅시다. 죄인과 나누는 예수님의 식탁은 어떤 의미가 있을까요? 또한 예수님의 새로운 의는 어떠한 의미일까요?

3 10장 38-42절에 나오는 마리아와 마르다의 이야기를 묵상해 봅시다. 예수님이 인정하신 마리아의 권리가 당시의 여자들에게 어떤 의미였을까요? 당시의 여자들에게 선택권이 배제되었던 것처럼, 오늘날도 선택의 자유를 보장받지 못한 사람들이 있다고 생각하시나요? 우리에게 선택의 자유는 어떤 삶을 요구하나요?

4 16장 1-13절, 19-31절에 나오는 두 부자의 이야기를 묵상해 봅시다. 불의한 청지기를 칭찬한 부자 주인과 아브라함의 품에 들지 못한 부자는 어떤 차이가 있나요? 불의한 청지기가 칭찬받은 이유와 나사로가 아브라함의 품에 안긴 이유를 생각해 보면 좋겠습니다.

5 18장 1-8절에 나오는 과부의 기도에 대해 생각해 봅시다. 기도가 자신의 요구를 이루는 것으로 끝난다고 생각하시나요? 여전히 불의한 재판관이 있는 곳에서 과부의 기도는 어떠해야 비로소 인자가 믿음을 볼 수 있을까요?

행

사
도
행
전

성령과 함께하는 제자들

사도행전은 예수께서 행하시고 승천하신 이전의 기록(누가복음)을 데오빌로에게 언급하며 시작합니다(1:1-2). 사도행전 1장 3-11절은 부활에서 승천 때까지의 이야기로 누가복음에 나오지 않는 내용이지만, 누가복음 24장과는 시기적으로 겹칩니다. 예수의 승천 이후의 사건들을 다루는 사도행전은 승천하기 전 예수가 제자들에게 한 마지막 명령으로부터 시작합니다. 이는 제자들의 활동이 예수의 명령을 이어 가는 것임을 상기시키려는 것입니다. "오직 성령이 너희에게 임하시면 너희가 권능을 받고 예루살렘과 온 유대와 사마리아와 땅끝까지 이르러 내 증인이 되리라"(행 1:8)는 명령은 사도행전에서 가장 중요한 구절이며 가장 분명한 서문이라고 할 수 있습니다. 이 구절이 앞으로 사도행전이 어떻게 진행될 것인지를 알려 주기 때문입니다.

사도행전 1장 8절의 명령은 예루살렘에서의 복음 전도(1-7장), 유대와 사마리아에서의 복음 전도(8-12장), 땅끝까지 도달하는 복음 전도(13-28장)를 통해 이루어질 것입니다. 당시 세상의 중심이었던 로마는 세상의 모든 것, 세상의 끝으로 인식되었기 때문입니다. 그러므로 1장 1-11절은 가장 짧은 범위의 서문에 해당합니다. 그러나 제자들의 모든 행위는 성령의 임재로 가능한 것이기에 성령이 임하는 사건 자체가 사도행전의 출발점이라고 한다면, 서문은 1장 1절-2장 13절로 확대됩니다. 예수 승천과 성령 강림 사이의 기간에 제자들은 예수의 죽음 이후 흩어졌던 공동체를 정비합니다. 공동체의 정비는 기도로 시작되며 열둘을 충원하는 것으로 이루어집니다(1:12-26). 베드로는 유다의 빈자리를 대신해서 새로운 사도를 뽑습니다. 맛디아가 그 자리에 들어갔습니다.

그런데 아마도 맛디아라는 사람 자체는 그렇게 중요한 것 같지 않습니다. 맛디아가 무슨 일을 했는지 언급되지 않는 것으로 보아 그렇습니다. 여기서 중요한 것은 맛디아가 아니라 사도가 다시 열둘로 완성되었다는 사실입니다. 예루살렘이 하나님의 구원의 출발점으로 누가-행전에서 중요한 위치를 차지하고 있는 것처럼, 열둘은 유대인들에게 매우 상징적인 숫자이며 예수 사역의 출발점입니다. 누가-행전에서 중요한 예루살렘과 열둘로부터 교회는 시작합니다. 교회는 유대적인 것을 배제한 채 이방 세계로 나가지 않습니다. 누가-행전의 보편적 구원은 이방인과 유대인 모두를 하나님 앞으로 불러 모으는 것이기 때문입니다. 시므온이 성전에서 아기 예수를 안고 "내 눈이 주의 구원을 보았사오니 이는 만민 앞에 예비하신 것이요 이방을 비추는 빛이요 주의 백성 이스라엘의 영광이니이다…"(눅 2:30-32)라고 찬송한 것처럼 말입니다.

예루살렘에서 성령을 기다리며 열둘을 정비한 제자들은 유대인과 이방인에게 전파될 복음의 담지자들입니다. 그런데 여기서 하나 유의할 것이 있습니다. 맛디아를 사도로 뽑는 과정에서 베드로는 사도의 요건을 언급합니다. 부활의 증인이 될 수 있는 사람은 "…요한의 세례로부터 우리 가운데서 올려져 가신 날까지 주 예수께서 우리 가운데 출입하실 때에 항상 우리와 함께 다니던 사람 중에 하나…"(행 1:21-22)여야 했습니다. 사실 이러한 요건으로 보자면 바울은 사도로 불릴 자격이 없습니다. 바울은 예수와 함께 있지 않았으니까요. 그래서인지 사도행전 13-28장까지 매우 많은 분량을 할애해서 바울을 다루지만, 바울에게 사도라는 말은 잘 사용되지 않습니다. 바울과 바나바를 두 사도라고 지칭하는 구절(13:43; 14:1, 3-5, 14, 26)이 전부입니다. 1-12장까지는 열두 사도의 이야기이며 13-28장은 사도로 불리지 못하는 바울의 이야기이지만, 이들의 이야기가 '사도행전'으로 묶인 것은 조금 아이러니합니다.

그런데 사도와 바울을 모두 아우를 수 있는 단어가 있기는 합니다. 그것은 '제자'입니다. 사도가 가지고 있는 배타성은 보편적 구원을 지향하는 누가-행전에서 제자로 확대됩니다. 예수는 제자들 중 열둘을 택하여 사도라고 불렀습니다(눅 6:13). 넓은 제자군이 있었기 때문에 예수는 열둘을 파송할 뿐 아니라 칠십을 따로 세워 보낼 수 있었습니다(눅 10:1). 사도든 바울이든 누가-

행전에서 그들은 모두 복음을 전하는 사명을 받은 제자들입니다. 그리고 베드로는 제자들 중에서 집사를 뽑았습니다(행 6:2-4). 전도자나 집사(21:8)는 모두 복음을 전파할 제자들입니다. 단지 각각 맡은 일들이 다를 뿐입니다. 누가-행전은 이렇듯 이름도 드러나지 않은 수많은 제자를 통해 복음이 전파되는 이야기를 보여 줍니다. 특정 몇몇 사람이 아니라, 제자들이 이렇게 예수의 일을 할 수 있는 이유는 분명합니다. 성령이 그들과 함께하기 때문입니다. 사도행전 2장 1-13절은 이를 보여 줍니다.

오순절에 한 곳에 모여 있던 각 사람 위에 성령이 임재했습니다(2:3). 진정으로 놀라운 사건입니다. 구약성경에서 성령은 특별한 사람에게 특정한 시기에 임했으며, 그것으로 권위를 부여받았습니다. 그러나 예수의 승천 후 일어난 성령의 임재는 남녀노소의 구별도 없이, 인종적 사회적 차별도 없이 모든 사람에게 일어났으며, 그들을 하나님의 사람으로 만들었습니다. 예수의 부재는 성령으로 말미암아 새로운 시대를 열게 되었습니다. 모든 사람에게 복음이 전파되고 그들이 하나님의 사람이 되는 시대 말입니다. 각기 다른 방언으로 하나님의 큰 일을 말하면서, 복음이 전파되고 성령의 능력이 드러납니다. 이것이 성령의 목적이며, 또한 교회의 목적이기도 합니다. 모든 사람을 복음으로 묶는 것 말입니다. 비천한 계집종의 결단으로부터 예수의 구원이 시작된 것처럼, 그렇게 성령의 임재를 경험한 비천한 갈릴리 사람들로부터 교회가 시작되었습니다. 의로운 사가랴가 실패했던 성전이 있는 그곳, 예루살렘에서 말입니다.

예수의 복음으로 세우는 교회

평화의 공동체

우리가 늘 그리는 초대 교회의 모습은 사도행전 2장과 4장에서 언급됩니다. 초대 교회의 그리스도인들은 물건을 서로 나누고 각 사람의 필요를 채워 주었습니다. 그러므로 그들의 모임에는 가난한 사람이 없었습니다. 그들은 날마다 성전에 모이기도 했지만 집에서 떡을 나누며 하나님을 찬송했습니다. 간단하게 요약된 초대 교회의 모습은 당시의 상황에서 보자면 놀랍습니다. 그때는 로마의 평화Pax Romana라 불렸던 시기입니다. 아우구스투스로부터 마르쿠스 아우렐리우스 황제까지 약 200여 년의 기간을 그렇게 부릅니다. 그러나 로마의 평화가 실제로 사람들에게 평화로운 삶을 가져온 것은 아니었습니다. 평화는 단순히 전쟁이 없는 상태를 의미하지 않기 때문입니다. 진정한 평화는 '나의 평화'가 아니라 '너의 평화'를 통해서 '우리의 평화'를 이루는 것입니다.

로마는 빵과 곡예(검투사들의 경기)로 자신들이 누리는 평화를 입증하고 싶어 했지만, 당시에 가난은 풍토병처럼 퍼져 있었고 로마의 불안전한 정의는 시한폭탄처럼 사람들의 삶을 둘러싸고 있었습니다. 로마의 평화는 되는 것도 없고 안 되는 것도 없는 시절이었습니다. 아마도 힘이 있는 사람들에게는 안 되는 것이 없었을 것이고 힘이 없는 사람들에게는 되는 것이 없었을 것입니다. 부정과 부패는 황제가 손을 댈 수 없을 정도였던 그 시절, 평화는 마치 고무줄과 같았기 때문입니다. 자신에게 당겨 가져다 댈 수 있는 사람에게만 가능한 것이었습니다. 그런 척박한 평화의 시대에, 사람들은 초대 교회의 모습을 보았고 그들을 칭송했습니다. 교회는 사람들이 경험하지 못한 새로운 평화를 드러내며 사람들에게 놀라움을 선사했습니다.

초대 교회의 모습은 단순히 공동생활이라는 말로 축소될 수 없습니다. 교회는 로마의 평화가 아니라 예수의 평화를 누리는 모임이었고, 그 공동체 안에서 사람들은 새로운 질서를 만들었기 때문입니다. 그들이 공유한 재물은 아마도 충분하지 않았을 것이지만, 그들은 그것으로 충분히 행복했을 것입니다. 지금까지 누려 보지 못한 평화로운 공동체를 누릴 수 있었던 것이지요. 초대 교회가 드러내고 지향하는 모습은 바로 이 평화입니다. 그것은 성전에서의 모임뿐 아니라 집에서의 일상을 통해서 실현되었습니다. 그러나 새로운 것이 낡은 것을 대체하는 일이 그렇게 쉽게 일어나지는 않습니다. 아나니아와 삽비라의 이야기

(5:1-11)는 함께 나누며 서로의 필요를 채워 주는 일이 얼마나 어려운 것인지를 보여 줍니다. 아나니아와 삽비라는 다른 사람의 필요를 채워 주는 일에 실패했고, 결국 공동체를 속이고 성령을 속이고 말았습니다.

이것이 어찌 그들만의 이야기겠습니까? 자신의 것을 나누고 손해를 감수해야 하는 것, 그것을 일상화하는 것은 쉽지 않습니다. 그렇게까지 하지 않아도 별문제 없이 살았던 과거가 있기 때문입니다. 새 옷에 낡은 옷을 붙이지 말고, 새 포도주를 낡은 가죽 부대에 넣지 말라는 이유는, 낡은 옷이 새 옷에 찢어지고 새 포도주가 낡은 부대조차 못 쓰게 만들 것이기 때문입니다(눅 5:36-37). 아마도 아나니아와 삽비라는 새 것과 헌 것을 적당하게 짜깁기한 것 같습니다. 자신들에게 편한 정도로 말입니다. 그러나 새로운 시대로 가기 위해서는, 처절하고 단호한 태도가 필요합니다. 그렇지 않으면 오히려 갈등과 불화만 남을 것입니다. 아나니아와 삽비라의 이야기는 새로운 가치와 평화를 정착시키기는 것의 어려움을 드러내며, 결국 교회의 분열로 이어집니다.

사도행전 6장에 이르면 초대 교회에 갈등이 발생합니다. 과부들에게 나누어 주는 구제 때문에, 헬라파 유대인과 히브리파 유대인들 사이에 문제가 생긴 것입니다(6:1-7). 서로의 필요를 채워 주던 공동체의 분열은 아나니아와 삽비라와 같이 개인적인 믿음뿐 아니라 공동체 구성원들의 사회적 배경과도 연결되어 있습니다. 교회의 정체성을 나타냈던 구제의 이면에 복잡한 요소들이 얽힌 것입니다. 헬라파 유대인은 예배 시에 헬라어를 사용하는 사람들로서, 상대적으로 이방적 특색이 드러나는 사람들이었습니다. 히브리파 유대인은 예배 시에 히브리어를 사용하는 사람들로서, 상대적으로 유대적 특색이 드러나는 사람들이었습니다. 문화와 언어가 서로 다른 사람들이 하나의 공동체 안에 있다 보니 그들 사이에 문제가 발생했고, 그것이 결국 구제와 연결되었던 것입니다.

이를 해결하는 방법으로 사도들은 일곱 명의 집사를 선출해서 그들이 구제를 담당하게 했습니다. 그러나 선출된 집사의 직무가 구제에 한정되지 않는다는 사실은, 이어지는 스데반 집사의 설교에서 알 수 있습니다(7:1-53). 집사는 구제를 담당하고 사도는 말씀을 담당한다는 것은 표면적으로 나타난 것일 뿐입니다. 집사와 사도의 구분은 역할의 구분에 있는 것이 아니라, 그들이 담당하는 대상의 구분에 있었을 것입니다. 아마도 집사들은 헬라파 유대인들을, 사도들은 히브리파 유대인들을 대상으로, 더욱 효율적으로 구제를 담당하고 복음을 전파했을 것입니다. 집사와 사도의 구분은, 누가복음에서 파송된 열두 사도와 칠십 인과 유사합니다(눅 9:1-6; 10:1-24). 그들이 각각 유대인들과 이방인들에게 보내졌다고 상정한다면 말입니다. 이렇게 구제의 문제로 촉발된 갈등은 봉합되었습니다. 그러나 갈등 이면에 있는 보다 근본적인 문제들이 드러나기 시작했으며, 이것은 복음이 이방에 전파되면서 더욱 깊어질 수밖에 없었습니다.

집사의 선출로 초대 교회가 복음을 전하는 방식이 세분화되기 시작했습니다. 은혜와 권능이 충만하여 큰 기사와 표적을 행했던 스데반 집사는 유대인들을 두려워하지 않고 그들의 믿음을 비난했고 결국 순교했습니다. 스데반의 순교는 바울이 하나님의 역사에 등장하는 배경이 됩니다(8:1). 바울은 스데반의 죽음을 당연한 것으로 받아들였고 그때부터 예루살렘에 있는 교회는 큰 박해에 직면했습니다. 이 박해로 말미암아 예루살렘에는 사도들만 남고, 다른 사람들은 유대와 사마리아로 흩어지게 되었습니다(8:2). 박해는 예루살렘 교회에 고난을 주었지만, 고난은 복음이 예루살렘을 넘어 전파되는 기회이기도 했습니다. 사도행전 1장 8절에서 예수가 명령했던 대로 말입니다. 집사인 빌립은 사마리아에 복음을 전했고(8:4-13), 에디오피아 관리인 내시를 전도했습니다(8:26-40). 집사는 이렇듯 복음이 예루살렘을 넘어가는 데 교두보 역할을 했습니다.

그러나 복음이 확장되는 일은 집사들의 역할만으로 충분하지 않았습니다. 스데반의 죽음을 마땅하게 여겼던 바울이 예수 믿는 사람들을 잡으러 가던 중 다메섹에서 예수를 만나 변화됩니다(9:1-19; 22:6-16; 26:12-18). 그는 예수를 박해하는 자가 아니라 주의 이름을 이방인과 임금들, 그리고 이스라엘 자손에게 전하기 위하여 택함을 받은, 예수의 이름을 위하여 고난받은 사람이 되었습니다(9:15-16). 바울의 전도 사역은 13장 이후에 본격적으로 나오면서 복음은 더욱 이방 세계로 전파됩니다. 그러나 집사들이나 바울과 같은 새로운 전도자들만이 복음의 확장을 담당한 것은 아닙니다. 사도이며 예루살렘 교회의 지도자인 베드로도 복음이 이방 세계로 전파되는 데 결정적인 역할을 합니다. 그 이야기는 10장에 나옵니다. 베드로는 로마 군대의 백부장인 고넬료의 집에 가서 복음을 전합니다.

베드로는 자신에게 큰절을 하는 고넬료에게 "…일어서라. 나도 사람이라…"(10:26)고 말하며 그를 일으켜 세웁니다. 이는 유대인인 베드로가 복음으로 말미암아 유대인과 이방인의 장벽을 허무는 중요한 장면입니다. 베드로는 이방인과 유대인 사이에 어떤 차별도 없다는 예수의 복음을 실천합니다. 그러므로 베드로는 고넬료의 집에 모여 있던 사람들에게 복음을 전하고 그들은 유대인들에게 임했던 것과 동일한 성령을 받았습니다. 고넬료의 집은 놀라운 장소가 됩니다. 성전에서 선포되던 구원이 이방인 고넬료의 집에서 드러났기 때문입니다. "…지극히 높으신 이는 손으로 지은 곳에 계시지 아니하시나니…"(7:48)라는 스데반의 말씀이 입증되었습니다. 성전이 아닌 곳에 성령이 임했고, 그곳에서 하나님의 임재와 구원이 드러났습니다.

사도행전에서 드러나는 성령의 자유로운 움직임은 예루살렘 성전의 고정성과 배타성을 벗어나며, 세상 모든 곳을 하나님의 성전으로 만듭니다. 구유에 오신 예수의 구원이 베드로를 통해서 이방인의 집에서도 거칠 것 없이 드러난 것입니다. 그러나 이제 이방인과 유대인의 갈등은 더욱 노골적으로 드러나기 시작합니다. 예루살렘에 있던 다른 사도들은 이방인 고넬료의 집에서 일어난 구원을 쉽게 받아들일 수 없었습니다. 그들은 이방인의 집에 들어가 함께 먹으며 복음을 전했다고 베드로를 비난했습니다(11:1-3). 베드로가 그들에게 여러 가지 설명을 해야 했던 것을 보면(11:4-18), 그들의 생각이 쉽게 바뀌지 않았던 것 같습니다. 복음은 성령을 따라 유대인의 장벽을 넘어선 지 오래되었지만, 사람들에게 차별의 장벽은 여전히 높기만 했습니다.

바울이 일으킨 것들

스데반의 죽음 이후에 일어난 박해로 흩어졌던 사람들 중 일부가 안디옥에 있는 이방인들에게 복음을 전했습니다. 예루살렘 교회에서 파송받은 바나바는 안디옥 교회를 세우는 데 힘을 보탰으며 바울을 그곳에 합류시켰습니다(11:19-26). 바나바와 바울로 말미암아 안디옥 교회가 성장하면서, 사람들은 제자들을 그리스도인이라고 불렀습니다. 안디옥 교회의 사람들이 그리스도인이라는 새로운 이름을 얻었다는 것은 사람들에게 칭송받았던 초대 교회의 모습을 상기시킵니다. 자신들과 다른 그들의 삶에 붙여 줄 마땅한 이름으로 '그리스도를 믿는 사람들' 외에 다른 것이 없었을 것입니다. 그렇게 인종적, 지역적, 사회적, 문화적, 성적 장벽을 넘어서 그리스도인의 모임이 이방 지역에 생겨나기 시작했습니다. 그리고 이들은 흉년으로 고생하는 유

대 지역의 가난한 형제들을 위하여 기꺼이 부조를 보냈습니다
(11:27-30).

이 일을 맡은 이들은 바나바와 바울이었습니다. 유대인과 이
방인이라는 이전의 불편한 관계는 주 안에서 서로의 필요를 채
워 주는 관계로 새롭게 태어났습니다. 이방 교회가 유대 교회에
복음의 빚을 지고 있다면, 이방 교회는 유대 교회의 핍절함을
메워 주며 서로 하나로 연결되었습니다. 안디옥 교회가 이렇게
성장하고 있을 때, 예루살렘 교회는 여전히 고난 중에 있었습니
다. 야고보 사도가 헤롯 아그립바 1세에 의해서 순교했고(12:1-
2), 베드로는 옥에 갇혔습니다(12:3-4). 주의 도움으로 베드로
가 옥에서 나오고(12:5-19), 아그립바 1세가 갑작스러운 죽음을
맞이했지만(12:20-23) 교회의 고난은 끝나지 않았습니다. 역사
는 교회가 지속적으로 어려움을 겪은 사실을 보여 줍니다. 그러
나 사도행전 12장 24절의 말씀처럼, 고난에도 불구하고 하나님
의 말씀은 흥왕할 것입니다. 예수의 죽음에서 부활이 일어났던
것처럼, 복음은 고난과 죽음을 뚫고 솟구치는 생명력을 가지고
있기 때문입니다.

예루살렘에 부조를 전달하고 안디옥으로 돌아오면서 복음을
위한 바울의 행적이 본격적으로 시작됩니다. 그런데 이때 바울
과 바나바뿐 아니라 마가라고 하는 요한도 함께 안디옥으로 왔
습니다. 안디옥으로 돌아온 이들은 이제 안디옥을 거점으로 선
교 여행을 시작합니다. 제1차 선교 여행 이야기는 13장 3절-14
장 28절에 담겨 있습니다. 바울 일행은 구브로 → 바보 → 밤빌

리아 → 비시디아 안디옥 → 이고니온 → 루스드라 → 비시디아 → 밤빌리아 → 앗달리아 → 안디옥에 이릅니다. 요한은 바울 일행을 수행하며 함께 선교 여행을 떠났지만, 밤빌리아에서 예루살렘으로 돌아가고 제1차 선교 여행은 바울과 바나바를 중심으로 그들과 동행하는 일행과 함께 이루어집니다. 바울의 선교 여행의 특징 중 하나는 바울이 항상 그 지역의 회당에서 선교를 시작한다는 사실입니다. 바울은 이방인들만을 목적으로 선교하지 않습니다.

바울은 일차적으로 이방 세계에 흩어져 있는 디아스포라 유대인들에게로 향합니다. 그리고 이들과 함께 회당에 있는 하나님을 경외하는 사람들이 바울의 선교 대상입니다(13:16). 하나님을 경외하는 사람들은 이방인이지만 유대인들에게 호의를 가지고 있는 사람들입니다. 이방인이 유대인처럼 율법을 지키는 일은 어려웠습니다. 그러나 그들은 유대 종교의 높은 도덕성을 좋아했으며 하나님을 사랑했습니다. 바울의 이방 선교에서 이들은 가장 좋은 수혜자가 되었습니다. 바울은 율법과 할례를 거스르는 복음을 전하며, 하나님의 구원을 알지 못하고 예수를 죽인 유대인들을 비난했습니다. 바울의 말씀을 듣고 회개한 유대인들과 하나님을 경외하는 사람들로 인해서, 유대인들은 바울의 선교에 반기를 들고 그를 박해했습니다(13:13-52). 이방 선교를 하면서 바울은 유대인들로부터 많은 고난을 받았고, 결국 예루살렘에는 율법에 열성을 가진 유대인들이 바울을 죽이겠다고 벼르는 일이 생겼습니다(21:1-16).

그러나 복음에 대한 바울의 열정은 멈추지 않았습니다. 회당에서 유대인들이 바울 일행을 받아들이지 않으면 그들은 "…발의 티끌을 떨어 버리고…"(13:51), 곧 그들과 결별하고, 이방인에게 복음을 전했습니다. 그러나 이러한 결별은 영원한 것은 아닙니다. 바울은 언제라도 다시 회당으로 가서 복음을 전했습니다. 자신을 박대하는 사람들에게도 언제든지 몇 번이라도 찾아가는 바울의 모습은 늘 열린 결말을 선사합니다. 바울의 선교에서 이방인이든 유대인이든, 어느 도시든 배제되지 않는다는 사실은 분명합니다. 또한 바울이 이방 선교에서 만나는 마술사에 대한 이해도 필요합니다(13:6; 19:13). 당시에 마술사는 오늘날의 마술사와 다릅니다. 그들은 단순히 신기한 재주를 보이는 것이 아니라 하늘의 이치를 이 땅에 드러내며 종교적 능력을 행사했습니다. 그들은 두려움의 대상이며 또한 공경의 대상이기도 했습니다. 그들이 하나님의 복음을 전하는 바울과 대립하는 것은 이러한 상황을 배경으로 합니다.

그들은 자신들이 가진 능력으로 힘과 이득을 얻었습니다. 바울로 말미암아 자신들이 손해를 보게 되자 그들이 유대인들과 힘을 합쳐 바울을 박해하는 일이 다반사로 일어났습니다. 그럼에도 불구하고 성령의 인도를 받은 바울 일행의 첫 번째 선교는 성공적이었고 그들은 안디옥으로 돌아왔습니다. 그러나 바울 일행의 선교가 예루살렘 교회에 있는 사람들에게는 그렇게 즐거운 일만은 아니었습니다. 아무 조건 없이 이방인을 받아들인다는 것이 그들에게 쉬운 일이 아니었기 때문입니다. 이 문제를 논의하기 위해서 바울과 바나바가 예루살렘으로 올라갑니다 (15:1-21). 예루살렘의 사도들과 장로들, 바울과 바나바가 모인 이 자리를 사도 회의라고 부릅니다. 이 회의의 주도권은 베드로 보다는 주의 형제 야고보에게 있었던 것 같습니다. 야고보는 예루살렘 교회에서 지도력을 발휘하고 있었는데, 이방인과 유대인의 문제를 해결하는 최소한의 요건을 제시합니다.

야고보는 "…이방인 중에서 하나님께로 돌아오는 자들을 괴롭게 하지 말고 다만 우상의 더러운 것과 음행과 목매어 죽인 것과 피를 멀리하라…"(15:19-20)고 이방 교회에 편지하는 정도로 문제를 마무리했습니다. 이 편지를 사도 칙령이라고 부릅니다. 사도 회의는 사도행전에서 베드로가 등장하는 마지막 장면이기도 합니다. 또한 사도 칙령의 조건이 붙기는 했지만, 이제 이방인과 유대인 사이에 차별이 불가능하다는 사실이 분명해졌습니다. 사도 회의를 통해서 바울의 복음이 공식적으로 인정을 받게 된 것입니다. 바울의 계속적인 선교에 거칠 것이 없어졌으며, 안디옥으로 돌아온 바울 일행은 두 번째 선교를 준비했습니다. 그러나 제2차 선교 여행에 요한을 대동하는 문제로 바울과 바나바 사이에 갈등이 발생합니다(15:37). 바울은 첫 번째 선교 여행을 중도에 포기한 요한이 마음에 들지 않았고, 결국 바울은 실라와 제2차 선교 여행을 떠납니다(15:38-40). 이번 여행에는 디모데도 동행합니다(16:1-3).

제2차 선교 여행은 15장 36절-18장 22절에 담겨 있습니다. 빌립보 → 암비볼리 → 아볼로니아 → 데살로니가 → 베뢰아 →

아덴 → 고린도 → 겐그레아 → 가이사랴로 이어지는 여정은 다시 안디옥으로 돌아오면서 끝이 납니다(18:22). 성령은 바울 일행을 마게도냐로 이끌었고 그들은 빌립보에 이릅니다(16:6-15). 바울과 실라를 가둔 옥문이 열리는 사건도 이때 일어납니다(16:16-40). 유대인들의 박해가 점차 노골화되지만, 바울은 헬라 도시의 중심이라고 할 수 있는 아덴에서도 거침없이 복음을 전합니다. 창조주 하나님과 구원자 예수에 대한 바울의 복음은 사람들의 마음을 움직이며 그들을 하나님에게로 돌아오게 합니다. 고린도에서는 회당장 그리스보를 비롯한 많은 사람이 예수를 믿었으며 1년 6개월 동안이나 머물며 말씀을 전했습니다. 안디옥에 돌아온 얼마 뒤에 바울은 다시 선교 여행을 준비합니다.

제3차 선교 여행 이야기는 18장 23절-21장 16절에 담겨 있습니다. 이 여정은 갈라디아 → 브루기아 → 에베소 → 마게도냐 → 드로아 → 밀레도를 거쳐 예루살렘에 이릅니다. 안디옥이 아니라 예루살렘을 종착지로 하는 바울의 제3차 선교 여행은 바울의 이방 선교와 예루살렘 교회를 하나의 끈으로 묶어 줍니다. 바울은 이방 선교를 통한 자신의 모든 성과를 가지고 예루살렘에 들어갑니다. 그곳에서 자신을 기다리고 있는 것이 죽음이라는 사실을 알면서도 말입니다. 18장 24절-20장 1절은 에베소에서의 일들로 채워지는데, 유대의 제사장 스게와의 일곱 아들이나 아데미 신상을 만들던 데메드리오로 말미암은 소동들은 모두 그들이 신을 믿는 이유가 무엇인지를 돌아보게 합니다.

그들은 신의 이름으로 자신의 이익을 추구하는 데만 관심을 가지며, 자신들에게 손해를 끼친 바울을 비방합니다. 진리가 무엇이며 참답게 사는 것이 무엇인지에 대해서는 관심이 없습니다. 바울은 그들 앞에서 하나님의 구원을 이야기할 뿐 아니라, 하나님을 믿는 참된 삶의 의미를 드러냅니다. 그 참된 삶은 복음을 위해서 죽음을 불사하는 바울의 삶을 통해서 나타납니다. 세 차례에 걸친 선교 여행은 바울이 어떻게 복음대로 사는지를 보여 줍니다. 복음을 전하기 위해서 어떻게 고난을 견디며 성령의 음성에 순종하는지 말입니다. 그러므로 바울의 최종 목적지는 로마이지만(19:21), 바울이 예루살렘으로 가는 위험천만한 결정을 한 것도 자신의 사명 때문입니다.

바울은 자신이 이방 세계에서 이룩한 결과들을 가지고 예루살렘에 가서 이방 교회와 유대 교회를 연결하는 것을 사명으로 여겼습니다. 그는 자신의 사명을 위해서 생명을 아끼지 않으며 에베소 장로들에게도 사명을 부여합니다. 교회를 든든히 세우라고 말입니다(20:17-38). 두로에서 7일을 지내면서 제자들을 만나고, 가이사랴에서 일곱 집사 중 하나였던 전도자 빌립과 예언하는 그의 딸들과 선지자 아가보를 만나는 것도 같은 이유였을 것입니다. 바울이 마지막으로 만난 제자들과 아가보는 모두 바울이 예루살렘으로 가는 것을 막았지만, 바울은 자신이 죽음에 노출될수록 교회를 지킬 사람들이 더욱 절실했을 것입니다. 그렇게 바울은 언제나 그의 복음이 가리키는 곳을 따라가며, 그와 함께한 예수의 제자들이 복음에 굳게 서서 교회를 이끌기를 독려합니다.

땅끝까지 전해지는 복음

예루살렘에서 바울을 맞이한 사람은 예루살렘 교회의 지도자
인 야고보였습니다(21:17-22). 그는 예루살렘에 퍼진 바울에 대
한 흉흉한 소문 때문에 바울이 위험하다는 사실을 알고 있었습
니다. 그러므로 야고보는 바울에게 "…서원한 네 사람이 우리에
게 있으니 그들을 데리고 함께 결례를 행하고 그들을 위하여 비
용을 내어 머리를 깎게 하라.… 그대도 율법을 지켜 행하는 줄
로 알 것이라"(21:23-24)고 조언합니다. 일종의 유화 정책을 제
시한 것입니다. 그러나 야고보의 조언은 유대인들의 분노를 가
라앉히지 못했습니다. 유대인들은 바울이 성전을 더럽혔다고
비난하며 바울을 성전 문밖으로 끌어냈습니다. 그리고 성전 문
이 닫혔습니다(21:30). 예수가 날마다 가르치던 성전, 제자들이
날마다 기도하던 성전, 초대 교회 사람들이 날마다 모였던 성전,
그 성전 문이 닫혔고 사도행전에서 다시 그 문은 열리지 않습니
다.

163

초대 교회 그리스도인들이 날마다 성전에 모이고 집에서 떡을 떼었다면, 이제 그들이 갈 수 있는 곳은 집뿐입니다. 사람이 만든 곳에 계시지 않는 하나님은 거칠 것 없이 자유롭게 누군가의 집, 누군가의 식탁에서 예수의 구원을 드러내실 것입니다. 성전 밖으로 쫓겨난 유대인 바울은 이제 백성에게 소명할 기회를 얻습니다. 그나마 그가 다소의 시민이기 때문에 가능한 일이었습니다(21:39). 그는 유대인들을 향하여 히브리어로 설교합니다(22:1-21). 예수로 말미암은 변화로부터 자신의 사명에 이르기까지 말입니다. 유대인들의 비난으로 그의 설교는 중단되지만, 군인들은 로마 시민권을 가진 바울을 함부로 대할 수 없었습니다(22:22-29). 바울은 공회에서 다시 자신을 소명할 기회를 얻고, 그것이 바리새인의 지지를 받았지만(22:30-23:11), 바울의 처지를 바꾸지는 못합니다.

그리고 바울은 로마의 총독인 벨릭스 앞에서 자신을 소명할 기회를 얻습니다(24:1-27). 벨릭스는 부패한 사람이었고 바울의 목숨보다는 유대인의 마음을 얻는 것이 더 중요했던 사람입니다. 바울을 구류시켜 놓은 채, 벨릭스는 베스도에게 자신의 자리를 내주어야 했습니다. 유대인의 비위를 건드리고 싶지 않았던 베스도 앞에서, 바울은 자신의 무죄를 증명하기 위해서 가이사에게 상소합니다(25:1-12). 그리고 베스도를 문안하러 온 아그립바 2세 앞에서 소명할 마지막 기회를 얻습니다. 아그립바 2세는 야고보를 처형한 아그립바 1세의 아들로서 유대 왕으로 불렸습니다. 그는 아버지의 영토를 물려받았지만 실질적으로 정치적 힘은 없었습니다. 아그립바가 바울의 설교를 듣고, 바울이 가이사에게 상소하지 않았다면 자신이 그를 석방할 수 있었을 것처럼 말하지만(26:32), 그 말은 확실히 믿을 것이 못 됩니다. 로마와 유대인의 눈치를 두루 살펴야 했던 힘없는 아그립바에게 기대하기 어려운 일일 것 같기 때문입니다.

예루살렘에서 바울은 수많은 사람 앞에서 자신을 변호합니다. 그러나 그것은 자신의 살 방도를 찾기 위함이 아니었습니다. 바울의 변호는 복음을 전파하는 수단이었으며 예수 그리스도를 통한 하나님의 구원을 드러내는 방도였습니다. 바울이 가이사에게 상소한 것은 그가 자신을 살려 줄 것이라는 기대 때문이 아니었습니다. 복음이 로마로 가야 한다면, 복음의 길을 따르는 것 외에, 바울은 다른 길을 선택하는 것을 상상할 수조차 없었을 것입니다. 그 길에는 "…담대하라. 네가 예루살렘에서 나의 일을 증언한 것같이 로마에서도 증언하여야 하리라…"(23:11)는 성령의 음성이 함께했습니다. 결국 바울은 로마에 도착했습니다. 로마는 사도행전 1장 8절이 지시한 마지막 장소로, 성령이 이끌어 온 종착지이기도 합니다.

로마에 도착한 바울은 가택 연금 상태였습니다(28:16). 집 밖으로 나갈 수 없는 상황에 놓입니다. 그러나 바울이 움직이지 못한다고 성령도 움직이지 않는 것은 아닙니다. 성령은 움직이지 못하는 바울에게 사람들을 불러들였습니다. 많은 유대인이 바울을 찾아왔고 바울은 2년 동안 그곳에서 하나님 나라를 전파하며 주 예수 그리스도에 관한 모든 것을 담대하고 거침없이 가르쳤습니다(28:30-31). 물론 그를 찾아온 모든 사람이 바울의 복음을 받아들인 것은 아니었습니다. 누군가는 믿었지만 누군가는 믿지 않았습니다. 그러나 바울에게 그것은 중요하지 않습니다. 지금 믿지 않는 사람도 언젠가 믿을 수 있기 때문입니다. 유대인들이 믿지 않아서 구원이 이방인에게 전해졌으니 그것도 좋은 일입니다. 그렇다고 유대인에게 구원의 문이 닫힌 것도 아니기 때문입니다.

로마는 복음이 닿는 역사의 종착지이자 시작점입니다. 누가-행전 내내, 갈릴리에서 예루살렘을 거쳐 로마로 이어지는 복음의 여정을 달려왔다면, 사도행전의 마지막은 로마로부터 새롭게 시작하는 복음의 여정을 위해 열려 있습니다. 모든 사람이 구원을 받을 그때까지 말입니다. 그래서인지 불현듯 끝나는 사도행전의 결말은 무엇인가 새로운 역사를 기대하게 합니다. 아직 글로 기록되지 않은 복음의 미래가 있습니다. 이 열린 역사에 참여하는 사람들이 누가-행전의 3부를 이어 갈 것입니다. 사도들처럼, 바울처럼, 고난을 이겨 내면서 말입니다. 그러므로 사도행전은 아직 닫혀 있는 수많은 문을 열고 복음을 외칠 자가 누구인지, 하나님의 구원 역사에서 지금 사도행전을 읽은 '당신'은 무엇을 할 것인지를 묻고 있습니다.

사도행전 안에 머물기

1   2장 1-13절의 성령 강림에 대해 생각해 봅시다. 성령의 오심은 초
    대 교회 그리스도인들에게 어떤 의미였을까요? 모든 사람이 성
    령을 받고 각기 다른 말로 하나님의 일을 말한다는 것은 어떤 의
    미일까요?

2   2장 43-47절, 4장 32-37절에 나오는 초대 교회의 모습과 5장
    1-11절에 나오는 아나니아와 삽비라의 이야기를 묵상해 봅시다.
    공동체 안에 핍절한 사람이 없었다는 것은 어떤 삶을 말하는 것일
    까요? 아나니아와 삽비라에게 문제가 되었던 것은 무엇일까요?
    오늘날 교회의 모습과 우리가 돌아가고 싶어 하는 초대 교회의 모
    습에는 어떤 차이가 있나요?

3   9장 1-19절, 22장 6-21절, 26장 9-18절에 나오는 바울의 부르심
    을 생각해 봅시다. 각 구절은 바울의 부르심을 조금씩 다르게 표
    현하고 있습니다. 각 구절은 어떤 차이가 있고 왜 이런 차이가 나
    타난다고 생각하시나요? 바울의 고백과 변호에 비추어 볼 때, 우

리가 누군가에게 우리의 삶을 고백할 때, 놓치지 말아야 할 것은 무엇이라고 생각하시나요?

4 10장 1-48절에서 고넬료의 집에 복음이 전파된 사건과 15장 1-21절의 사도 회의에 대해 생각해 봅시다. 이방인에게 복음이 전파된다는 것은 어떤 의미였을까요? 복음이 의미하는 가장 중요한 것은 무엇이라고 생각하시나요?

5 25장 1-12절에서 바울이 가이사에게 상고한 일을 생각해 봅시다. 바울이 굳이 가이사에게 상고한 이유는 무엇이었을까요? 바울의 상고와 바울의 로마행은 초대 교회의 역사에서 어떤 의미를 가질까요? 오늘날 우리의 고난, 권리, 하나님의 뜻에 어떤 상관관계가 있다고 생각하시나요?

요

요
한
복
음

하나님과 그분의 자녀

공관복음서(마태, 마가, 누가)는 지리적으로 갈릴리에서 예루살렘으로 움직이며, 형식적으로는 단화들의 연결로 구성됩니다. 반면 요한복음에서 예수는 갈릴리와 예루살렘 사이를 오갑니다. 요한복음은 예수가 절기에 따라 예루살렘에 세 번 올라갔다고 기록합니다(2:13; 5:1; 12:12). 이를 바탕으로 예수의 공생애 기간이 3년이라는 이해가 생긴 것입니다. 이야기의 형식도 요한복음은 장문의 형식이 주를 이룹니다. 이야기가 길어지는 것은 사건과 담화가 이어져 있기 때문입니다. 담화들은 사건의 의미를 드러내며 예수가 누구인지도 알려 줍니다. 공관복음서의 특징인 하나님 나라 비유는 요한복음에 나타나지 않습니다. 대신에 요한복음에서는 예수의 정체와 의미를 드러내는 '에고 에이미'(나는~입니다)가 중요한 기능을 합니다. 공관복음서와 차이가 있는 요한복음의 이런 대략적 특징을 염두에 두면, 요한복음의 낯선 형식에 조금 더 쉽게 다가갈 수 있을 것입니다.

요한복음의 서문은 1장 1-18절입니다. 1-18절은 매우 독립적으로 구성된 찬가인데, 1절에 언급된 '말씀'(로고스)이라는 단어로 인해 '로고스 찬가'라고 부릅니다. 요한복음의 전체 흐름을 알 수 있는 찬가가 앞부분에 나와 있다 보니 서문의 범위를 따로 언급할 필요는 없습니다. 하지만 1-18절의 찬가를 읽어 내는 방식은 다양할 수 있습니다. 요한복음 서문은 두 가지 방식으로 읽을 수 있습니다. 하나는 1-5절/6-15절/16-18절의 구조를 따라가는 것이며, 다른 하나는 소위 교차대칭 구조를 파악하며 읽는 것입니다. 교차대칭 구조는 앞부분과 뒷부분을 서로 연결하면서 점점 내부로 들어오는 읽기로서 일명 일곱 촛대 구조라고도 합니다. 이에 따라서 서문을 1-5절(a)/6-8절(b)/9-11절(c)/12-13절(d)/14절(c′)/15절(b′)/16-18절(a′)로 분석할 수 있습니다. 이렇게 서로 다른 방식으로 읽는 것이 서문의 의미를 어떻게 강조하는지를 살펴보면, 요한복음에서 드러내고자 하는 의미를 찾을 수 있습니다.

서문을 1-5절/6-15절/16-18절의 흐름에 따라 읽어 봅시다. 1-5절은 예수가 하나님과 있었던 태초의 때로 우리를 데려가며, 예수가 말씀이고 생명이자 빛이라고 말합니다. 예수의 이러한 신적 지위는 요한복음 내내 강조되는 예수의 정체입니다. 그러나 예수의 정체를 드러내면서 이미 5절에서 하늘의 빛을 알아보지 못하는 사람들의 어둠을 배경으로 깔아 놓고, 이를 6-15절로 연결합니다. 6-15절이 예수를 받아들이지 않는 땅의 무지를 드러내기 때문에, 5절은 예수의 신적 지위에도 불구하고 불

171

온한 위험을 감지하게 합니다. 이렇게 예수의 이야기를 하는 서문에서 6-8절은 갑작스럽습니다. 세례 요한의 이야기가 튀어나오기 때문입니다. 아마도 요한이 제아무리 뛰어난 일을 한다고 하더라도 '사람'이라는 말을 하려는 목적 같습니다. 예수가 하늘의 존재인 반면, 요한은 땅의 존재라고 말입니다.

요한복음은 하늘과 땅, 빛과 어둠과 같은 이분법적 표현을 자주 사용합니다. 이러한 이분법적 표현은 예수와 세상을 대립시키며, 예수를 알지 못하는 자들의 불의와 무지를 폭로합니다. 10-15절에서 세상의 어둠이 빛인 예수를 거부했다고 말하는 것처럼 말입니다. 요한복음에서 세상은 주로 유대인을 지칭합니다. 그러나 16-18절에서, 유대인들이 거부한 예수가 우리에게 오신 하나님이라는 사실이 선포됩니다. 찬가는 유대인들의 믿음과 예상을 뛰어넘고 예수가 누구인지를 알려 줍니다. 하나님이 이 땅에 오셨다는 것, 하나님을 눈으로 볼 수 있다는 것, 예수가 하나님이라는 것, 이 모든 것은 유일신을 믿는 유대인들에게 불가능한 것이지만, 예수는 독생하신 하나님입니다.

그러나 이는 유대인들만이 아니라 헬라적 사고를 가지고 있는 사람들도 이해할 수 없는 주장이었습니다. 헬라인들에게는 하늘에 있는 구원자가 이 땅에 내려와서 사람들을 구하고 다시 하늘로 올라간다는 사상이 있었습니다. 그런데 하늘에 속한 것은 선하고 땅에 속한 것은 악하기 때문에 구원자가 이 땅에 와서 사람의 모양을 입을 수는 없습니다. 그것은 악하고 불결하기 때문입니다. 그러니 이 땅에 온 구원자는 가짜로 육신을 입고 사람 행세를 합니다. 이것을 '가현설Docetism'이라고 칭합니다. 그런데 요한복음 1장 14절은 말씀이 육신이 되어 우리 가운데 거하신다고 말합니다. 그리고 19장 34절은 십자가에 달린 예수의 옆구리를 창으로 찌르니 피와 물이 나왔다고 말합니다. 이 모든 증언은 '육신'을 입은 예수를 강조합니다.

요한복음은 가현설적 구원자의 모습을 전면적으로 반박하며, 예수를 이 땅에 육신을 입고 온 하나님으로 소개합니다. 요한복음은 이분법적 표현을 사용하지만, 이분법적 사고를 넘어섭니다. 하늘과 땅, 영적인 것과 물질적인 것의 대립은 육으로 오신 하나님인 예수 안에서 무용해집니다. 이렇게 예수가 누구인지가 드러나면, 예수를 거부한 자들이 누구인지, 예수를 따르는 자들이 누구인지도 드러납니다. 예수를 받아들이는 자의 정체는 교차대칭 구조를 통해서 더욱 확실하게 부각됩니다. 1-5절(a)/6-8절(b)/9-11절(c)/12-13절(d)/14절(c′)/15절(b′)/16-18절(a′)의 구조에서 강조점은 가운데 있는 '12-13절(d)'입니다. "영접하는 자 곧 그 이름을 믿는 자들에게는 하나님의 자녀가 되는 권세를 주셨으니 이는 혈통으로나 육정으로나 사람의 뜻으로 나지 아니하고 오직 하나님께로부터 난 자들이니라"에 집중됩니다.

더는 유대적 혈통이나 율법을 통해 하나님의 자녀가 될 수 없습니다. 하나님의 자녀가 되는 일은 예수를 믿음으로써 이루어집니다. 교차대칭 구조로 읽어 낸 서문의 또 다른 주제는 하나님의 자녀가 되는 법입니다. 이렇듯 서문에서 찾아낼 수 있는 두 가지는 요한복음 전체를 관통합니다. 요한복음은 "예수는 누구인가?", "하나님의 자녀는 누구인가?"라는 주제를 다루면서, 예수의 정체와 함께 하나님의 자녀로 사는 법을 생각하게 합니다. 찬가에서 찾은 이러한 주제는 요한복음을 쓴 목적에도 부합합니다. 20장 31절은 "오직 이것을 기록함은 너희로 예수께서 하나님의 아들 그리스도이심을 믿게 하려 함이요 또 너희로 믿고 그 이름을 힘입어 생명을 얻게 하려 함이니라"고 말합니다.

　예수를 그리스도로 믿고 그로 말미암아 영생을 얻는 것은, 결국 예수가 누구인지를 아는 것이며 어떻게 하나님의 자녀가 되는지를 아는 것입니다. 예수가 하나님이라는 사실과 예수로 말미암아 하나님의 자녀가 된 사람이 영생을 얻는다는 사실을 드러내는 요한복음의 구조는 의외로 단순합니다. 요한복음의 이야기는 1-12장과 13-21장으로 나누어집니다. 1-12장은 예수의 사역이 드러나는데, 여기서는 표적(세메이아)이라는 단어가 자주 등장합니다. 그러므로 이 부분을 표적의 책이라고 부릅니다. 13-21장은 마지막으로 예루살렘에 입성한 예수의 고난과 죽음을 다룹니다. 그러므로 이 부분을 수난의 책이라 부릅니다. 이 두 책은 예수가 누구인지와 누가 하나님의 자녀인지를 절묘하게 엮어 냅니다.

영생

표적

요한복음에 자주 사용되는 '표적'의 용법은 기적과 다릅니다. 기적은 초자연적 사건을 지칭하지만, 표적은 그 사건이 가진 의미에 집중합니다. 2장 1-12절에는 예수가 가나의 혼인 잔치에서 물을 포도주로 만든 이야기가 있습니다. 기적적인 사건입니다. 그러나 요한복음은 이를 '첫 표적'이라고 말합니다. '첫 번째'라는 것과 '표적'이라는 말은 각각 이 사건에 대한 중요한 사실을 말해 줍니다. 표적은 그 사건 자체가 아니라, 그 사건의 의미 혹은 그 사건을 일으킨 사람에게로 관심을 집중시킵니다. 요한복음 6장에서 예수는 물고기 두 마리와 떡 다섯 개로 오천 명을 먹이고 열두 바구니를 남깁니다(6:1-15). 놀라운 기적입니다. 이러한 기적을 본 사람들은 급기야 예수를 왕으로 모시려고 하지만, 예수는 그들이 표적을 보려고 하지 않고 떡을 먹고 배부르려고 한다고 말합니다(6:26).

여기서 '표적'과 '떡을 먹고 배부른 것'이 분리됩니다. 떡을 먹고 배부른 것, 곧 단순히 기적과 같은 일을 경험한 것, 그것을 표적으로 볼 수 없다는 말입니다. 표적을 보는 것은, 물고기 두 마리와 떡 다섯 개로 오천 명을 먹이고 열두 바구니를 남긴 사건의 의미를 깨닫는 것입니다. 그것은 놀라운 사건을 일으킨 그 이가 누구인지를 아는 것입니다. 한 끼는 그렇게 때웠지만, 시간이 지나면 또다시 배가 고플 것이 뻔합니다. 그렇다면 예수의 놀라운 기적의 의미는 무엇이겠습니까? 그것은 예수가 영원한 생명을 줄 분임을 알아차리는 것입니다. 이것이 표적의 기능입니다. 한 끼 밥에 만족하는 것이 아니라 한 끼 밥을 통해서 예수의 정체를 꿰뚫는 것입니다. 그러니 자신들의 배를 불리겠다고 예수를 왕으로 삼겠다는 사람들은 표적을 보지 못한 것이 분명합니다.

그러므로 예수는 그들에게 이 표적의 의미를 설명해 줍니다 (6:27-71). 요한복음의 이야기가 장문의 형태인 것은 이 때문입니다. 여기서 드러나는 것은 예수가 생명의 떡이라는 사실입니다. 중요한 것은 지금 한 번 배부른 것이 아니라 생명의 떡인 예수를 믿고 영생을 누리는 것입니다. 첫 번째 표적인 가나의 혼인 잔치도 마찬가지입니다. 물을 포도주로 만든 예수의 능력을 무작정 강조하는 것이 아니라, 그 의미를 찾는 것이 중요합니다. 예수가 물을 포도주로 만들었을 때, 잔치를 관장하는 연회장도 그 포도주의 출처를 알 수 없었습니다. 연회장은 좋은 포도주를 남겨 놓았다고 신랑을 칭찬합니다(2:10). 이런 칭찬은 연회장도, 신랑도, 손님들도, 모두 머쓱하게 만듭니다. 지금까지 맛보지 못한 포도주를 준비한 이가 따로 있다는 사실을 하인들은 알고 있었기 때문입니다.

새 포도주를 맛본 사람들은 그것이 얼마나 좋은 것인지를 알아차렸지만, 정작 그 집의 주인은 그것을 준비하지도 않았고 그것을 알지도 못했습니다. 이는 첫 번째 표적으로서의 역할을 톡톡히 합니다. 첫 번째 표적은 유대인들이 생각지도 못한 때에, 그들이 생각지도 못한 방법으로, 예수가 새 시대를 열었음을 공표합니다. 표적은 이렇게 예수가 누구인지를 알려 주며, 또한 예수를 믿는 것이 어떤 결과를 낳는지도 알려 줍니다. 9장에는 날 때부터 시각 장애인이었던 사람을 치유하는 표적이 나옵니다. 바리새인들의 관심은 그가 치유받은 날이 안식일이라는 사실에 있었습니다. 그들은 예수가 안식일을 어겼다고 예수를 비방합니다. 그러나 이 사건은 단순한 치유 사건이 아닙니다. 중요한 것은 고침 받은 시각 장애인이 예수를 알아가는 과정입니다. 그는 자신에게 놀라운 일을 행한 예수를 알아보지 못하는 바리새인들을 답답하게 여기며(9:30-33), 예수에 대한 믿음을 고백합니다(9:35-38).

표적으로서의 예수의 행위는 시각 장애인이었던 사람이 눈을 뜨게 된 것보다 그가 예수를 주로 고백한다는 사실이 더 중요하다고 말합니다. 예수의 행위를 보고 그를 아는 것, 그것이 믿음입니다. 바리새인들은 예수의 행위를 보고도 그가 누구인지에는 관심이 없었습니다. 단지 그의 행위를 비판하는 데 혈안이 되었을 뿐입니다. 그들은 무지하며 믿음이 없는 자들입니다. 이 표적이 날 때부터 시각 장애인이었던 사람의 죄의 근원을 따지는 이야기로 시작하는 것도 이를 보여 줍니다(9:2). 유대인들은 일반적으로 장애를 죄와 관련지었습니다. 그러나 이야기가 끝날 때, 엄청난 전도가 일어납니다. 본다고 하지만, 예수가 누구인지 모르는 사람들, 그들은 진정으로 보지 못하는 자들이었습니다(9:39-41). 이제 죄의 문제, 곧 구원의 문제는 유대인들의 율법에 따른 것이 아니라 예수가 누구인지에 따릅니다. 표적은 단지 예수의 능력을 보여 주는 목적을 가진 것이 아니라, 예수가 누구인지를 알려 주고, 또한 하나님의 자녀가 되는 길을 깨우치게 합니다.

일

사람들은 "…우리가 보고 당신을 믿도록 행하시는 표적이 무엇이니이까? 하시는 일이 무엇이니이까?"(6:30)라며 일과 표적을 연결합니다. 일은 표적보다 더 포괄적인 개념입니다. 예수는 "…내 아버지께서 이제까지 일하시니 나도 일한다…"(5:17)고 말하며, 또한 "…아들이 아버지께서 하시는 일을 보지 않고는 아무것도 스스로 할 수 없나니 아버지께서 행하시는 그것을 아들도 그와 같이 행하느니라"(5:19)고 말합니다. 예수의 일은 하나님의 일입니다. 예수는 하나님의 일을 하는 자이며, 그것을 자신의 양식으로 삼은 자입니다(4:34). 예수가 이렇게 자신을 하나님의 일을 하는 자로 내세우는 것은 예수의 정체와 긴밀하게 연결되어 있습니다. 예수는 아버지 안에 있고 아버지는 예수 안에 있습니다. 이러한 예수의 존재를 증명하는 것이 예수가 하는 하나님의 일입니다(10:37-38; 14:10-12). 하나님과 예수의 존재론적 동일성은 일의 동일성으로 드러납니다.

일은 자신이 누구인지를 드러냅니다. 그러므로 예수를 믿지 못하는 자들은 예수를 반대하는 그들의 일을 통해서 그들이 누구인지를 증명합니다. 자신들의 아버지가 아브라함이라고 주장하는 사람들에게 예수는 "…너희가 아브라함의 자손이면 아브라함이 행한 일들을 할 것이거늘"(8:39)이라고 말합니다. 그들이 아브라함의 일을 하지 않는다면, 그들의 아비는 아브라함이 아니라 마귀입니다(8:44). 하나님이 그들의 아버지였다면, 그들이 하나님이 보내신 예수를 사랑했을 것이 분명하기 때문입니다(8:42). 이렇게 일로 자신을 증명하는 것은 무엇보다 제자들에게도 요구됩니다. 예수가 아버지 안에, 제자들이 예수 안에, 예수가 제자들 안에 있기 때문입니다(14:20). 요한복음에서는 아버지와 예수와 제자들이 함께 연결되어 있습니다. 이 연결을 드러내는 고리가 일입니다.

예수가 하나님의 일로 자신을 증명한 것처럼, 제자들은 예수의 일로 자신을 증명해야 합니다. 제자라는 이름만으로는 제자가 될 수 없습니다. 15장에 나오는 포도나무 비유는 이를 잘 보여 줍니다(15:4-5). 제자들이 예수 안에 있다는 것은 열매로, 그들이 하는 일로 알 수 있습니다. 그 열매로 아버지께서 영광을 받으실 것이며 그들이 예수의 제자가 될 것입니다(15:8). 일이 이렇게 중요하지만, 제자들이 예수의 일을 하는 것이 쉽지 않은 것도 사실입니다. 그래서 성령이 필요합니다. 13장부터 시작되는 수난 이야기는, 제자들과 나누는 예수의 마지막 만찬 부분과 예수의 심문과 죽음이 나오는 부분으로 구성됩니다. 예수의 마지막 만찬은 공관복음서와 달리 긴 이야기로 구성되어 있습니다. 13-17장 부분인데, 이를 고별 담화라고 부릅니다. 예수가 제자들에게 전하는 마지막 말이기 때문입니다.

제자들을 남겨 두고 떠나면서(13:19; 14:29; 16:4, 25, 32) 예수는 자신이 그들을 고아와 같이 버려두지 않고 다시 돌아올 것이라고 말합니다(14:18). 이는 예수의 부활을 의미하는 것이기도 하고 성령을 의미하기도 합니다. 예수의 빈자리는 보혜사 성령으로 채워질 것이며 보혜사 성령은 중재자, 변호자, 위로자의 역할을 하며 제자들이 하나님 앞에 설 수 있도록 도와줄 것입니다(14:16). 이를 위해서 성령이 하는 것은 단순합니다. 그는 들은 것을 말할 것이며, 제자들에게 모든 것을 가르치며, 예수가 제자들에게 말한 것을 생각나게 할 것입니다(14:26; 16:13). 성령은 예수의 일을 합니다. 이것이 제자들이 예수의 일을 할 수 있는 원동력입니다. 아버지가 예수와 항상 함께하심으로써 아버지가 기뻐하는 일을 예수가 행한 것처럼(8:29), 이제 성령이 항상 함께하니 제자들은 예수가 기뻐하는 일을 행하는 것이 마땅합니다.

하나님의 일은 하나님이 보낸 자를 믿는 것입니다(6:29). 그러니 제자들은 여기서부터 그 일을 시작하면 됩니다. 예수에 대한 믿음을 세우고, 누군가가 하나님의 일을 시작할 수 있도록 그 믿음을 전하는 것입니다. 그때 성령이 늘 그들과 함께할 것입니다. 그들이 예수의 일을 잊지 않도록 말입니다. 요한복음에서 제자들을 부를 때, '와서 보라'(1:39, 46; 4:29)라는 매우 독특한 표현이 나옵니다. '와서 보라'는 믿음의 첫걸음입니다. '와서 보라'에는 '그리고 믿으라'가 생략되어 있습니다. 와서 예수를 보고 그가 그리스도임을 고백하면, 그것이 믿음입니다. 이 믿음으로부터 하나님의 일이 시작되고 제자가 됩니다. 요한복음에서는 보는 것과 믿는 것이 동일시됩니다. 그리고 그 믿음은 당장의 결단으로 이어집니다. 지금 보고, 지금 믿을 것을 결단하면, 이미 영생을 얻습니다(5:24). 유대인들이 종말에나 얻을 수 있을 것이라 기대했던 그 영생은 예수로 말미암아 지금 이 땅에서 이루어집니다. 와서 보고 믿음으로써 시작된 하나님의 일은 우물쭈물할 시간을 주지 않습니다. 그러다가는 보는 것 때문에 오히려 죄 가운데 있게 될 것입니다(9:41).

때

요한복음은 하늘에서 땅으로 온 예수에 대한 이야기로부터 시작됩니다(1:1-18). 그리고 예수가 땅에서 아버지의 일을 하면서 부터 소위 카운트다운이 시작됩니다. 요한복음을 읽으면서 귀에서 째깍째깍 시곗바늘이 돌아가는 소리를 들을 수 있으면 좋겠다는 생각을 합니다. 출발은 첫 번째 표적인 가나의 혼인 잔치부터입니다. 예수의 어머니는 포도주가 떨어진 잔치의 상황을 예수에게 알려 줍니다. 그러자 예수는 "…여자여, 나와 무슨 상관이 있나이까? 내 때가 아직 이르지 아니하였나이다"(2:4)라고 거절하는 듯 말합니다. 그러나 이 말 이후에 예수가 물로 포도주를 만들었으니, 2장 4절은 예수의 첫 번째 표적과는 크게 관계가 없어 보입니다. 그러나 첫 번째 표적과 별개로 이 구절은 예수의 '때'에 대한 관심을 유발합니다. 그렇다면 예수의 때는 언제 이르는가, 혹은 예수의 때가 이르면 무슨 일이 벌어질 것인가, 하는 질문을 자연스럽게 유도하면서 말입니다.

그러므로 첫 번째 표적 이야기의 기능은 두 가지입니다. 하나는 예수로 말미암아 도래한 새 시대를 선포하는 것이며, 다른 하나는 예수의 때에 관해 의문을 갖게 하는 것입니다. 때에 대한 관심으로 요한복음을 읽어 나가면 7장 6, 8, 30절과 8장 20절에서 예수는 지속적으로 자신의 때가 이르지 않았다고 말합니다. 그런데 7장 30절과 8장 20절에서 예수의 때가 이르지 않아서 사람들이 예수를 잡을 수 없었다고 말하는 것으로 보아, 예수의 때는 예수의 잡힘, 곧 예수의 죽음과 연결되어 있는 것 같습니다. 그리고 표적의 책이 끝나 가는 12장 23절에서 예수는 "…인자가 영광을 얻을 때가 왔도다"라고 말합니다. 죽음과 연결되었던 때는 영광의 때로 나타나며, 수난의 책의 첫머리에서 다시 "…아버지께로 돌아가실 때…"(13:1)가 언급됨으로써, '때'는 영광과 죽음을 하나로 연결합니다.

그리고 고별 설교를 마무리하는 17장의 기도는 "…아버지여 때가 이르렀사오니 아들을 영화롭게 하사 아들로 아버지를 영화롭게 하게 하옵소서"(17:1)로 시작됩니다. 예수가 아버지에게 가는 때, 예수가 죽는 때, 그것은 또한 예수가 아버지의 영광을 얻을 때입니다. 2장 4절부터 시작된 '때'는 17장에서 비로소 그 해결점에 다다릅니다. 예수는 첫 번째 표적을 행하면서 이미 자신의 끝을 내다봅니다. 표적 이야기와 수난 이야기로 구성된 요한복음은 예수의 죽음으로 완성됩니다. 그래서인지 요한복음에서 예수의 마지막 말씀은 "…다 이루었다…"(19:30)입니다. 요한복음에서 예수의 죽음은 예수가 이제까지 하던 일의 완성이며 그것은 그가 다시 아버지에게로 가는 마지막 관문입니다. 째깍거리던 시계 소리는 이제야 고요해집니다. 이 관문을 지나면, 그는 태초에 누렸던 영광(1:1-5)을 되찾을 것입니다. 그러므로 예수의 때는 죽는 때이며 영광의 때입니다. 그는 다시 아버지에게 가기 위해 이 땅에 온 하나님입니다.

어머니 마리아와 사랑하는 제자

공관복음서가 열두 제자를 중심으로 이야기를 전개한다면, 요한복음에서 제자들의 위치는 조금 애매하거나 부정적입니다. 요한복음에는 제자들의 명단이 나오지 않으며 그들의 모습이 크게 부각되지도 않습니다. 13-17장의 고별 담화에서도 그들은 끝까지 예수를 제대로 이해하지 못하는 듯합니다. 열두 제자와 비교한다면, 요한복음에서 어머니 마리아와 사랑하는 제자는 매우 독특한 위치를 차지합니다. 어머니 마리아는 예수의 첫 번째 표적이 일어나는 가나의 혼인 잔치에 나오며 예수로 하여금 표적을 일으키도록 유도하는 역할을 합니다(2:3-5). 그리고 예수가 십자가에 못 박힐 때 어머니 마리아는 십자가 곁에 있습니다(19:25). 어머니 마리아는 예수의 사역 첫 부분과 마지막에 등장함으로써, 마치 예수의 사역 내내 그와 함께 있었던 것 같은 느낌을 줍니다.

예수를 잉태하고 찬양하는 마리아(눅 1:46-55)나 예루살렘에서 예언자의 말을 새기는 마리아(눅 2:33-34), 또는 예루살렘에서 예수를 잃어버린 마리아(눅 2:48), 그리고 진정한 가족을 이야기하는 곳에 등장하는 마리아(마 12:46-50; 막 3:31-35; 눅 8:19-21)는 대개 부모와 아들 간의 관계에 집중됩니다. 그러나 가나의 혼인 잔치에서 어머니 마리아는 예수의 정체를 간파하고 예수가 어떤 일을 할 수 있는지를 이미 알고 있습니다. 예수는 자신의 때가 아직 이르지 않았다고 말하지만(요 2:4), 어머니 마리아는 하인들을 준비시키며 이미 예수의 때를 향한 시계를 작동시킵니다. 마리아는 어머니이기보다는 예수와 함께 일하는 동역자입니다. 어머니 마리아가 예수의 십자가 곁에 있을 때, 어머니와 함께 있던 여자들 외에 또 한 사람이 있습니다. 예수가 사랑하는 제자라고 기록된 사람입니다(19:26).

'사랑하는 제자'는 요한복음에만 등장합니다. 많은 사람이 이 사람의 정체를 알아내려고 노력했지만 그가 누구인지 특정하려는 모든 노력은 실패했습니다. 전통적으로 이 사랑하는 제자가 요한복음을 쓴 요한이라고 주장하며, 사랑하는 제자를 즉각 요한으로 바꿔서 부르는 경우들도 있지만, 사실 그것을 증명할 수는 없습니다. 오히려 요즘에는 그를 특정하지 않고 그냥 사랑하는 제자로 남겨 둡니다. 그 이름이 가지고 있는 것처럼 상징적 인물로 말입니다. 누구나 예수의 사랑하는 제자가 될 수 있으며 누구나 예수의 일을 할 수 있다고 말하려는 듯합니다. 더불어 주목할 것은, 사랑하는 제자가 등장하는 장면입니다. 사랑하는 제자는 예수와 제자들의 마지막 만찬 때 처음 나옵니다.

마지막 만찬에서, 예수가 제자들에게 그들 중에 자신을 팔 사람이 있다고 말하지만 베드로는 그가 누구인지를 예수에게 직접적으로 물어보지 못합니다. 그리고 예수의 품에 의지하여 누워 있던 사랑하는 제자에게 대신 물어보라고 머릿짓을 합니다(13:22-25). 이 상황은 사랑하는 제자의 특별한 위치를 암시합니다. 그는 예수의 마지막 만찬에 함께 있을 수 있는 자이며, 예수와 가장 가까운 자리에 앉아 있을 뿐만 아니라 아마도 베드로도 하기 어려운 말을 할 수 있는 자입니다. 그리고 18장 15절에, 예수가 대제사장의 집으로 들어갈 때 베드로와 다른 제자가 따랐다는 말이 나오는데, 여기에 '다른 제자'로 언급된 사람이 사랑하는 제자일 것이라고 추측됩니다. 사랑하는 제자는 부활의 현장에도 베드로와 함께 달려가며(20:1-10), 디베랴 호수에서도 베드로와 함께 예수를 만납니다(21:7, 20). 그런 그가 이제 어머니 마리아와 함께 예수의 십자가 곁에 있습니다.

십자가에서 예수의 마지막 사역은 이 둘을 연결해 줍니다. 예수는 어머니에게 그를 아들로, 사랑하는 제자에게 마리아를 어머니로 엮어 줍니다(19:26-27). 어머니와 함께 첫 번째 표적을 시작한 예수가 십자가에서 맺어 주는 새로운 어머니와 아들은 단지 사적 관계는 아닐 것입니다. 이 장면은 공관복음서의 새 가족을 상기시킵니다. 예수는 하나님의 뜻대로 하는 자가 자신의 형제이자 자매이며 어머니라고 말합니다(마 12:50; 막 3:35; 눅 8:21). 십자가 곁에서 만들어진 새로운 가족은 단지 마리아의 안전과 평안을 보장하는 것이 아니라, 이들에 의해서 지속될 하나님의 일을 상상하게 합니다. 첫 번째 표적에 등장한 어머니 마리아와 마지막 만찬에 등장한 사랑하는 제자는, 이제 십자가에서 하나로 연결되며 예수가 없을 때에도 예수의 일을 드러낼 것입니다.

사랑하는 제자의 정체를 아는 것은 그렇게 중요하지 않을 수 있습니다. 중요한 것은 열두 제자만이 아니라 다른 많은 사람이 예수의 일에 동참했다는 사실입니다. 놀라운 고백에 약간의 빛바램이 있었지만, "…주는 그리스도시요 세상에 오시는 하나님의 아들이신 줄 내가 믿나이다"(11:27)라고 고백한 마르다도 있고, 온 집안에 향유 냄새 가득하게 예수를 위해 옥합을 깬 마리아도 있습니다(12:1-8). 예수의 십자가 곁에 있던 여자들도 있습니다(19:25). 빈 무덤을 처음 발견하고 사도들에게 그 사실을 알려서 '사도에게 보내진 사도'라는 멋진 이름이 붙은 막달라 마리아도 있습니다(20:1-2). 두려움을 떨치고 예수의 시체를 요구한 아리마대 요셉이나, 일찍이 밤에 예수를 찾아갔었으나 어느덧 예수의 장례를 준비하겠다고 나선 니고데모도 있습니다(19:38-39). 하나님의 일을 하는 모든 사람은 혈연 관계를 넘고 두려움을 뿌리치면서 사랑하는 제자가 됩니다.

영광으로 가는 길

예수의 죽음이 고난이 아니라 영광과 연결된 것은 요한복음의 구조를 통해서도 나타납니다. 요한복음은 예수와 제자들의 마지막 만찬이 유월절 전날에 이루어졌다고 말합니다(13:1). 반면에 공관복음서는 마지막 만찬이 유월절 양을 잡는 무교절 첫날에 이루어졌다고 말합니다(마 26:17; 막 14:12; 눅 22:7). 공관복음서는 예수의 마지막 만찬과 그의 잡힘이 유월절 양을 잡는 날에 이루어졌다고 말함으로써, 예수의 죽음을 유월절 양의 죽음과 연결하며 예수의 대속적 죽음을 강조합니다. 반면에 요한복음은 예수의 마지막 만찬을 유월절 전날로 명기함으로써, 예수의 죽음과 유월절 양의 죽음을 분리시킵니다. 이 때문에 요한복음에는 예수의 죽음에 대속적 의미가 간과되어 있다는 오해도 생겼습니다. 그러나 그것은 요한복음을 제대로 이해하지 못하는 것입니다.

요한복음 서문이 끝나고 예수의 이야기는 곧바로 요한의 이야기로 연결됩니다(1:19-42). 여기서 요한은 제자들에게 예수를 "…세상 죄를 지고 가는 하나님의 어린 양…"(1:29)이라고 말합니다. 대속적인 어린 양의 모습이 예수의 사역 첫 부분에 고지되는 것입니다. 이렇듯 요한복음에서 우리를 위한 예수의 대속은 죽음에서가 아니라 이 땅에 오심에서부터 분명하게 드러납니다. 요한복음은 하늘에 있던 말씀인 예수가 우리의 죄를 위하여 이 땅에 왔고, 이 땅에서 하나님의 일을 했고, 그것을 완성하고 다시 아버지에게 돌아갔다고 말합니다. 하늘에서 내려와서 다시 하늘로 올라가는 것, 이것이 요한복음 전체의 구조입니다. 이 구조는 요한복음이 예수를 아버지의 영광과 연결하는 틀입니다. 태초에 있던 말씀인 예수는 아버지의 영광 안에 있습니다. 그러나 육신을 입고 이 땅에 온 예수는 스스로 그 영광을 상실했습니다. 물론 그것은 우리를 위한 것입니다. 그리고 이 땅에 아버지의 일을 드러내며 아버지를 영광스럽게 한 예수는 다시 아버지에게 돌아감으로써 그 태초의 영광을 회복할 것입니다(17:4).

　요한복음은 죽음이 아니라 예수의 삶 자체로 대속적 의미를 확장시키며, 그 대속을 통해서 아버지의 영광을 드러냅니다. 하나님의 어린 양으로서 예수는 자신이 이 땅에 있는 모든 순간, 모든 일에서 아버지의 영광을 드러내며, 예수를 통해서 드러나는 그 영광 속에서 우리가 하나님을 볼 수 있게 합니다. 그것이 구원이며, 그 구원을 통해서 우리는 영생을 얻습니다. 영생은 "…유일하신 참 하나님과 그가 보내신 자 예수 그리스도를 아는 것…"이기 때문입니다(17:3). 예수가 삶을 통해 드러낸 아버지의 영광으로 우리는 영생을 얻었고 하나님의 자녀가 되었습니다. 그렇다면 우리도 예수가 드러내고자 했던 아버지의 그 영광을 드러내야 합니다. 그 일을 실천하려면 예수의 마지막 가르침을 잊지 말아야 합니다. 예수는 마지막 만찬에서 제자들에게 새 계명을 줍니다. 그것은 '서로 사랑'입니다(13:34; 15:12).

공관복음서가 하나님 사랑과 이웃 사랑을 강조한 반면, 요한복음이 서로 사랑을 강조하는 데는 이유가 있습니다. 세상이 예수를 미워한 것처럼, 세상이 제자들을 미워할 것이기 때문입니다(15:17-27). 제자들이 세상의 미움과 박해를 받을 수밖에 없다면, 그들이 미움을 견딜 힘은 서로 사랑뿐입니다. 그러나 서로 사랑은 제자들끼리만 하는 배타적 사랑이 아닙니다. 그것은 박해받는 제자들이 세상을 이길 힘이며, 그들이 제자로서의 사명을 감당하는 방법입니다. 그들은 서로 사랑으로 힘을 얻고서, 세상을 향해 나아가야하기 때문입니다. 예수가 자신이 아버지 안에 있는 것처럼 제자들이 예수 안에 머물고, 자신이 없는 세상에서 그들이 하나로 묶여서 진리로 거룩해지기를 간구하며(17:11-17), 이어서 "내가 비옵는 것은 이 사람들만 위함이 아니요 또 그들의 말로 말미암아 나를 믿는 사람들도 위함이니"(17:20)라고 기도하는 것은 이를 드러냅니다.

예수가 제자들에게 서로 사랑을 강조하는 것, 그들이 하나가 되어서 예수와 아버지 안에 있기를 간구하는 것, 그것은 세상으로 하여금 예수를 믿게 하기 위함입니다(17:21). 그러므로 '서로 사랑'은 이 세상을 사랑하사 독생자를 내준 하나님을 영화롭게 하는 것이며 하나님과 그의 아들을 믿는 모든 사람이 멸망하지 않고 영생을 얻도록 하는 예수의 일에 동참하는 것입니다. 요한복음의 목적은 예수의 일이 제자들의 일로 연결되고, 예수와 제자들을 통해 드러난 하나님의 일로 세상이 영생을 얻는 것입니다. 세상은 하나님의 사랑의 대상이기 때문입니다(3:16). 요한복음에서 세상이 유대인들과 동일시되며 유대인들의 믿음을 비판한다고 하더라도, 요한복음은 유대인들을 하나님의 구원에서 배제하지 않습니다. 제자들은 누구도 배제하지 않고 세상을 사랑하는 하나님의 일을 위해 부름을 받았습니다. 이 일의 첫출발이 서로 사랑입니다. 그러므로 서로 사랑을 실천하며 세상을 향해 영생을 전하는 일은 아버지의 영광에 참여하는 일이 될 것입니다.

요한복음 안에 머물기

1 1장 1-18절을 묵상해 봅시다. 예수께서 육을 입고 오셨다는 것, 그리고 독생하신 하나님이라는 것, 이러한 놀라운 사실이 당시 사람들에게 어떻게 받아들여졌겠습니까? 보이는 하나님으로 오신 예수님이 우리에게 어떤 의미를 가지고 있나요? 예수님을 믿는다는 것은 도대체 무엇일까요?

2 2장 1-12절에 나오는 가나의 혼인 잔치에 대해 생각해 보아요. 이것이 기적이 아니라 표적이라는 것은 무엇을 의미할까요? 물이 포도주로 변했다는 기적 외에 이 사건을 통해서 우리가 알아야 하는 것은 무엇인가요? 다른 표적에 대해서도 생각해 보시기 바랍니다.

3 4장 1-42절의 사마리아 여자 이야기와 9장 1-41절의 날 때부터 시각 장애인인 사람의 이야기를 묵상해 봅시다. 이 두 이야기에는 어떤 공통점이 있나요? 예수는 어떤 일을 하려고 이 세상에 오셨나요? 우리는 어떻게 제자가 되나요?

4 17장 1-26절에 나오는 예수님의 마지막 기도를 묵상해 봅시다. 이
   기도를 생각하면서 13-16장의 고별 담화를 다시 읽어 보면 좋겠
   습니다. 예수님과의 마지막 만찬에서 제자들의 태도는 어떠한가
   요? 제자들을 위하는 예수님의 마지막 기도에서 그분의 모습은
   보혜사 성령의 모습과 어떻게 닮아 있나요?

5 21장 1-25절에 나오는 디베랴 호숫가의 이야기를 묵상해 봅시다.
   예수님을 만난 베드로를 상상해 보세요. 베드로의 마지막 사명이
   뜻하는 바가 무엇이라고 생각하시나요?

요일

요이

요삼

요한일서, 요한이서, 요한삼서

요한일서, 요한이서, 요한삼서에는 요한의 이름이 공통적으로 사용됩니다. 그러나 이 모든 책이 동일한 저자에 의해서 기록된 것은 아닙니다. 요한일서는 익명으로 되어 있고, 요한이서와 요한삼서는 장로를 저자로 지칭합니다. 요한의 이름이 들어가 있지도 않고 장로라고만 나와 있음에도 불구하고, 이 서신들은 요한의 이름을 공통적으로 가지고 있습니다. 내용과 관련해서 요한일서와 요한이서는 동일한 문제를 다루고 있는데, 이는 요한복음의 내용과 연관성이 있습니다. 저자와 관련해서, 요한이서와 요한삼서의 저자는 동일하다고 추정할 수 있지만 내용은 다릅니다. 서신들의 이러한 연관성은 이 서신들이 요한복음을 중심으로 서로 느슨하게 연결되어 있다고 추측할 수 있게 하며, 요한복음과 요한서신을 하나로 묶어서 요한문서라고 부를 수 있게 합니다.

요한문서는 기본적으로 요한복음에 나타나 있는 신학적 기조를 공통으로 하고 있습니다. 아마도 요한문서는 같은 그룹, 혹은 같은 공동체에 있던 사람들에 의해서 써졌다고 생각됩니다. 이 같은 그룹 혹은 공동체를 일반적으로 요한 학파나 요한 공동체라고 부릅니다. 이들은 요한복음에 나타난 특징들, 특히 이 땅에 오신 하나님으로서의 예수에 대한 믿음을 가지고 있었을 것으로 보입니다. 그러므로 요한문서들을 한 번에 연결해서 읽으면서, 요한복음의 신학적 기조들이 어떤 변화를 겪는지 살펴보는 것도 좋을 것 같습니다. 그래서 이 책에서는 요한복음 다음에 요한서신을 배치했습니다. 그리고 요한계시록을 요한문서에 넣는 것에 대해서는 논란이 있지만, 이 책에서는 요한의 이름으로 된 책들을 한 번에 묶는 것도 나쁘지 않겠다고 생각해서, 요한복음, 요한서신, 요한계시록을 하나로 연결하여 읽을 수 있도록 순서를 정했습니다.

요한일서

신앙의 변화

요한복음은 예수가 누구이며 어떻게 하나님의 자녀가 될 수 있는지를 알려 줍니다. 그러나 예수를 주로 고백하는 하나님의 자녀들에게 따라오는 것은 세상의 미움뿐이었습니다. 요한복음의 고백은 유일신을 믿으며 자신들을 하나님의 자녀라고 주장하는 유대인의 모든 것을 흔들었기 때문입니다. 요한복음의 믿음은 유대인에 대한 도전이었으며, 유대인은 요한복음의 믿음을 가진 자들을 박해했습니다. 이러한 상황은 요한복음 9장에서 어느 정도 추론할 수 있습니다. 예수가 날 때부터 시각 장애를 가진 사람을 고쳤을 때, 바리새인들은 그의 부모까지 불러서 그가 날 때부터 장애를 가지고 있었는지, 그렇다면 그가 어떻게 보게 되었는지를 묻습니다. 부모는 자신의 아들이 날 때부터 시각 장애를 가진 것은 맞지만 그가 어떻게 보게 되었는지는 모른다고 대답합니다.

요한복음 9장 22절은 "그 부모가 이렇게 말한 것은 이미 유대인들이 누구든지 예수를 그리스도로 시인하는 자는 출교하기로 결의하였으므로 그들을 무서워함이러라"고 전합니다. 유대인에게 출교란 매우 위협적인 사건입니다. 그것은 유대인으로 살아갈 수 없는 사회적 죽음에 해당합니다. 예수를 그리스도로 믿는 것 때문에 감내해야 할 현실은 상당히 무거웠습니다. 예수가 고별 담화에서 제자들이 세상에서 미움 받을 일을 걱정한 것도 이러한 배경을 가지고 있었을 것입니다. 그러므로 유대인들 중에는 예수를 믿으면서도 출교가 두려워서 자신의 믿음을 드러내지 못하는 사람들이 있었습니다. 요한복음 12장 43절은 그들을 사람의 영광을 하나님의 영광보다 더 사랑한 사람이라고 단언합니다. 이러한 상황이기 때문에, 요한복음은 예수를 보고 믿는 당장의 결단을 촉구하며 '서로 사랑'을 새 계명으로 이야기하고 있는 것입니다.

요한복음의 이러한 내용을 염두에 두면서, 요한일서의 양식을 잠시 생각해 보는 것이 좋겠습니다. '요한의 첫 번째 편지'(요한일서)라는 제목이 붙어 있는 만큼 요한일서의 장르는 편지입니다. 그러나 요한일서에는 편지의 일반적 특징이 나타나지 않습니다. 발신자와 수신자도 없고 편지를 시작하는 인사말이나 끝내는 기원도 없습니다. 요한일서는 적절한 서두 없이 시작해서 본론에 해당하는 이야기들이 맥락 없이 전개되며 반복이 많이 일어납니다. 이 때문에 요한일서를 모두에게 적용되는 회람서신이나 소책자, 혹은 설교와 논문 내지는 목회 지침서 등으로 다양하게 이해하기도 합니다. 혹은 다른 설교나 편지의 일부라고 생각하기도 합니다. 그럼에도 불구하고 편지라고 소개되어 있으니 요한일서의 상황을 살펴보면서 이야기를 시작하도록 하겠습니다.

일반적으로 편지는 발신자나 수신자의 상황으로부터 출발하는 것이 이해하는 데 도움이 됩니다. 경우에 따라서 발신자의 상황이 강조되기도 하고 또는 수신자의 상황이 강조되기도 하지만, 편지를 읽을 때는 이 둘의 상황에 대한 이해가 필요합니다. 그래야 편지를 쓴 목적도 알 수 있습니다. 편지의 일반적인 목적은 수신자들의 문제를 해결하려는 것이기 때문입니다. 요한일서에 편지의 일반적인 양식이 나타나지 않는다는 어려움이 있지만, 이 편지를 요한복음과의 관계 속에서, 곧 요한 문서라는 큰 틀에서 보면, 요한일서의 상황을 어느 정도 추정할 수 있습니다. 요한일서와 요한복음의 신학적 기조는 매우 유사합니다. 그런데 요한일서를 보면 그 유사한 흐름에 약간의 변화가 있다는 사실을 감지할 수 있습니다. 이러한 변화가 요한일서의 상황을 만들었을 것입니다.

서문 역할을 하는 요한일서 1장 1-4절은 이러한 변화의 신호탄입니다. 요한일서 1장 1-4절은 요한복음 1장 1-18절과 차이점을 드러냅니다. 요한복음 1장 1-18절은 태초에 있던 말씀이 육을 입고 이 땅에 왔고 세상이 그를 알지 못한다고 하더라도 그는 독생하신 하나님이며 그를 믿는 자는 하나님의 자녀라고 말합니다. 요한복음은 상대적으로 그리스도의 신성을 강조합니다. 반면에 요한일서 1장 1-4절은 그들이 태초부터 있던 생명의 말씀을 눈으로 보았고 손으로 만졌으며 그들은 자신들이 보고 들은 것을 전한다고 말합니다. 이는 그들이 본 예수이며 그들이 들은 예수의 말씀을 의미합니다. 태초가 언급되기는 하지만 요한일서는 '우리와 함께하신 예수 그리스도'로부터 시작합니다. 예수 그리스도라고 할 때, 요한일서는 상대적으로 예수의 인성을 강조합니다. 육을 입은 예수 말입니다.

요한복음이 '위로부터' 이 땅에 온 예수 그리스도로부터 시작하는 반면, 요한일서는 '이 땅에' 온 예수 그리스도로부터 시작한다는 것은 미세하지만 중요한 차이입니다. 아마도 시간이 지나면서 '이 땅에 온' 예수에 대한 이해가 약화되고 '위에 있던' 그리스도의 신성이 더욱 강화되었던 것 같기 때문입니다. 예수 그리스도의 신성이 강조되면 될수록 육으로 온 예수는 약화되었을 것입니다. 요한일서 5장 1절은 말합니다. "예수께서 그리스도이심을 믿는 자마다 하나님께로부터 난 자니 또한 낳으신 이를 사랑하는 자마다 그에게서 난 자를 사랑하느니라." 이어서 5-8절은 "예수께서 하나님의 아들이심을 믿는 자가 아니면 세상을 이기는 자가 누구냐? 이는 물과 피로 임하신 이시니 곧 예수 그리스도시라. 물로만 아니요 물과 피로 임하셨고 증언하는 이는 성령이시니… 증언하는 이가 셋이니 성령과 물과 피라… 하나이니라"고 강조합니다.

'예수 그리스도'에서 방점은 예수에게 찍힙니다. 물과 피로 오신, 육을 입은 그 예수가 그리스도입니다. 그러므로 그리스도의 인성을 약화시키고 신성만을 강조한다면, 그것은 잘못된 믿음입니다. 하나님의 자녀라면 육으로 오신 그가 그리스도임을 믿어야 합니다. 육으로 오신 그를 부인하는 것은 믿음이 아닙니다. "누구든지 예수를 하나님의 아들이라 시인하면 하나님이 그의 안에 거하시고 그도 하나님 안에 거하느니라"(요일 4:15)는 말씀도 같은 맥락입니다. 요한일서에서 예수 그리스도를 드러내는 모든 문장에서 강조점은 예수에 있습니다. 예수가 그리스도이며 예수가 하나님의 아들이라고 고백하는 것이 중요합니다. 예수 그리스도에서 방점을 예수에게 찍느냐, 혹은 그리스도에게 찍느냐, 이것은 큰 차이가 아니라고 생각할 수 있습니다. 어차피 예수를 그리스도로 고백하면 되는 것이 아니냐고 말할 수 있습니다. 그러나 요한일서에서 이 차이는 생각 이상으로 큽니다.

요한복음을 다시 기억해 보십시오. 예수가 독생하신 하나님이며 예수 안에 아버지가 있다고 고백하는 것은 당시에는 상상할 수도 없는 일이었습니다. 이 때문에 예수를 그리스도로 고백하는 유대인들은 출교를 당해도 할 말이 없었습니다. 그러나 예수의 육체성을 약화시키면 모든 것이 무난하게 흘러갈 수 있었습니다. 당시에 헬라 세계에 유행하던 가현설처럼 가짜로 육을 입고 영적인 능력을 보이는 것이라면, 이방 세계와도 부딪힐 일이 없고 유대인들의 유일신 사상을 거스를 일도 없었습니다. 눈에 보이는 예수는 가짜이니까요. 아마도 당시의 사상적 흐름과 영을 강조하는 풍조가 그리스도가 육을 입고 왔다는 것을 부인하는 데 일조했을 수 있습니다. 정확하게는 알 수 없지만, 이러저러한 이유가 더해져서 요한복음의 신학적 기조는 변했습니다.

서로 사랑

"그들이 우리에게서 나갔으나 우리에게 속하지 아니하였나니 만일 우리에게 속하였더라면 우리와 함께 거하였으려니와 그들이 나간 것은 다 우리에게 속하지 아니함을 나타내려 함이니라"(요일 2:19)와 같은 구절을 보면, 신학적 변화가 공동체에 변화를 일으킨 것을 눈치챌 수 있습니다. 공동체는 단순한 갈등을 넘어서 분열에 이른 것 같습니다. '그들'은 공동체를 떠났고 '우리'와 헤어졌습니다. 여기서 '우리'는 요한복음에서 유래한 본래의 믿음을 견지하고 있는 자들이며, '그들'은 육으로 온 예수를 부인하는 자들입니다. '우리'와 '그들'의 대립은 요한일서의 시작부터 드러납니다. 1장 3절에서 "우리가 보고 들은 바를 너희에게도 전함은 너희로 우리와 사귐이 있게 하려 함이니 우리의 사귐은 아버지와 그의 아들 예수 그리스도와 더불어 누림이라"고 할 때, '우리'와 '너희'는 대립의 상황을 보여 줍니다.

요한일서의 목적은 분열을 일으킨 자들과 하나 되는 것입니다. '우리'가 이 땅에 육을 입고 온 예수와 그의 아버지와 사귀었기에, 그 사귐을 '너희'와 나누고 싶어 합니다. '그들'이 나감으로 '서로 사랑'이라는 예수의 명령이 깨졌으니 그것을 다시 회복하려는 것이겠지요. 이러한 간절함은 현재의 상황이 녹록하지 않다는 것을 암시합니다. 요한일서 2장 9-11절은 "빛 가운데 있다 하면서 그 형제를 미워하는 자는 지금까지 어둠에 있는 자요… 그의 형제를 미워하는 자는 어둠에 있고 또 어둠에 행하며… 그 어둠이 그의 눈을 멀게 하였음이라"고 말합니다. 심지어 "거짓말하는 자가 누구냐? 예수께서 그리스도이심을 부인하는 자가 아니냐? 아버지와 아들을 부인하는 그가 적그리스도니"(요일 2:22)라고 말합니다. 요한복음에서 '미움'과 '어둠', '거짓말쟁이'나 '마귀의 자식'(요 8:44) 같은 말은 예수를 받아들이지 않고 믿는 자들을 박해하는 세상에 적용되었습니다. 그러나 요한일서에서 그러한 말들은 '서로 사랑'을 깬 형제들에게로 향합니다.

말로는 예수 그리스도를 고백하지만, 육으로 온 예수가 그리스도임을 부인하며 형제를 미워하는 사람들이 악입니다. 예수가 육으로 왔다는 사실을 부인하는 사람들은 상대적으로 더욱 영적인 것에 관심을 집중합니다. 그들이 예수의 신성을 강조함에 따라서, 그들은 자신들의 육적인 것도 경멸하며 예수 그리스도를 믿는 자신들의 영적 신분을 강조합니다. 더불어 자신들은 죄가 없다고 주장합니다(요일 1:8-10). 그러나 그들의 신앙은 결국 우리와 온 세상의 죄를 위하여 화목 제물이 되신 예수를 부인하는 것입니다(2:1-6). 예수의 육을 부인하면서 그들의 삶은 자연스럽게 지상에서 천상으로 옮겨 갔고 삶의 현실성

과 윤리성도 사라졌습니다. 그들은 형제들을 미워하고 떠나면
서도 자신들의 무고함을 주장하고 자신들의 신실성을 강조했습
니다. 요한일서는 그들의 신앙적 변화가 어떻게 그들의 삶에 나
타났는지를 폭로하면서, 그들의 사랑 없음을 들추어냅니다. 요
한일서에서 가장 중요한 것은 서로 사랑을 회복하는 것입니다
(4:11).

그러므로 요한일서는 예수를 그리스도로 고백하지 않는 사
람들의 잘못된 믿음을 지적하며 그들이 다시 사랑으로 믿음을
되찾을 것을 권고하는 내용이 반복됩니다. 유사한 이야기가 반
복되기 때문에, 요한일서에서 이야기의 흐름에 따라 단락을 나
누는 것은 별로 의미가 없습니다. 다만 올바른 믿음을 위한 요
한일서의 출발점과 목적지를 명확히 기억하는 것으로 충분합니
다. 믿음의 출발점은 육으로 온 예수입니다. 그러나 이를 통해서
우리를 궁극적으로 데리고 가는 곳은 하나님입니다. 그러므로
"예수는 누구인가?"라는 주제가 요한복음을 관통한다면, 요한일
서를 관통하는 주제는 "하나님은 어떤 존재인가?"입니다. 하나
님은 빛입니다(요일 1:5). 그러므로 우리가 하나님과 사귄다면
우리는 어둠에 있지 않고 빛에 있을 것이며, 우리가 형제를 사
랑한다는 것은 우리가 빛 가운데 있다는 증거입니다(2:10). 하
나님은 사랑입니다(4:7-8). 하나님의 이러한 존재적 특성은 하
나님 안에 있는 사람들에게 사랑해야 할 당위를 제공합니다.

하나님이 우리를 사랑해서 그의 아들을 우리에게 보냈고, 그
의 아들이 우리를 위해서 목숨을 버렸으니 우리가 형제를 위하

여 목숨을 버리는 것은 마땅합니다(3:16). 이 사랑의 궁극은 생명입니다(5:11-12). 하나님의 사랑이 우리에게 주는 것은 그의 아들 안에 있는 생명, 곧 영생입니다. 요한일서가 하나님을 강조하는 것은 결국 예수 그리스도에 대한 이해를 바로 세우기 위함입니다. 이 땅에 온 예수를 부인하는 것은 하나님을 부인하는 것입니다. 형제를 사랑하지 않는 것은 하나님을 사랑하지 않는 것입니다. 믿음을 말하면서 행동으로는 분열과 갈등을 드러낸다면, 그것은 거짓 믿음입니다(3:18-19). 형제를 사랑하지 않으면서 보이지 않는 하나님을 사랑할 수 없기 때문입니다(4:20).

요한이서

요한이서는 택하심을 받은 부녀와 그의 자녀들에게 보낸 편지
입니다. 수신자로 언급된 '택하심을 받은 부녀'는 특정한 여자
성도를 나타내는 것이 아니라 교회를 상징합니다. 헬라어 명사
에는 성性이 있는데, 교회를 의미하는 헬라어 단어는 여성 명사
입니다. 그러므로 여기서 '택하심을 받은 부녀와 그녀의 자녀들'
은 교회를 우회적으로 표현한 것으로 교회의 구성원을 의미합
니다. 요한이서는 우리에게 알려지지 않은 어느 교회에 보낸 편
지입니다. 신약성경 가운데 가장 짧은 문서인 요한이서는 아마
도 요한일서의 표지 서신으로 쓰였는지 모릅니다. 표지 서신이
란 하나 혹은 여러 서신이 묶여서 회람될 때, 표지를 장식했던
역할을 하는 것입니다. 당시에 교회에 보내진 서신들을 여러 교
회가 돌려서 보는 일이 많았습니다. 그런 회람서신들에는 특정
상황이나 문제보다는 일반적이고 목회적인 내용들이 다루어졌
습니다.

요한이서가 요한일서와 함께 보낸 표지 서신이라고 가정한다면, 요한이서가 매우 짧게 작성된 것, 요한이서가 요한일서의 내용과 유사한 것, 요한일서가 굳이 저자를 따로 언급하지 않고 편지 형식도 생략한 것 등을 어느 정도 이해할 수 있습니다. 또한 구체적 내용이 요한일서에서 다루어진다면, 요한이서는 서론으로서 전체 틀을 잡아 주며 요한일서를 위한 길라잡이 역할로 충분하다고 볼 수 있습니다. 아마도 요한이서를 먼저 읽고 요한일서를 읽는다면, 그것도 좋은 방법이 될 수 있습니다. "미혹하는 자가 세상에 많이 나왔나니 이는 예수 그리스도께서 육체로 오심을 부인하는 자라. 이런 자가 미혹하는 자요 적그리스도니"라는 요한이서 7절은, 앞에서 요한일서를 다루면서 강조했던 '형제를 떠난 그들'의 정체가 '예수 그리스도께서 육체로 오심을 부인하는 자'임을 분명하게 드러냅니다. 요한이서 10-11절은 그들을 집에도 들이지 말고 인사도 나누지 말라고 합니다. '그들'과의 단절은 요한일서에서 보다 훨씬 강하게 강조됩니다.

요한복음에서 제자 됨은 예수가 하나님 안에 머무는 것같이 예수 안에 머무는 것이며, 예수 안에 머무는 것을 통해 제자들이 하나님 안에 머물게 됩니다. 이렇게 아버지와 아들과 제자는 하나로 연결되고, 그 연결은 일을 통해서 드러납니다. 그러나 그들이 예수 안에 머물지 않는다면 그들은 아버지 안에서 머물지 않을 것이며, 그런 사람들과의 관계 맺음은 예수의 일에 대적하는 일이 될 것입니다. 이것이 그들과의 인사조차 악이 되는 이유입니다. 그렇게 그들과는 관계를 단절해야 하지만, 아버지께

받은 계명대로 진리를 행하는 자들끼리는 예수의 계명인 서로 사랑을 실천해야 합니다. 이 서로 사랑이 언젠가 그들에게도 향할 것을 희망하면서 말입니다. 이 서로 사랑은 우리가 처음부터 가지고 있던 것이며 처음부터 들은 것입니다(5-6절). 이 '처음부터'는 요한복음의 내용을 상기시키며 요한일서와 요한이서를 요한복음과 묶는 기능을 합니다.

요한삼서

요한삼서의 수신자는 가이오입니다. 가이오는 아마도 요한일서와 요한이서를 받은 교회의 지도자일 것으로 추정됩니다. 편지의 내용은 매우 개인적입니다. 저자는 먼저 가이오가 나그네 된 형제들을 환영한 것을 칭찬합니다(5-8절). 가이오는 당시에 떠돌던 순회 설교자들을 환대했던 것 같습니다. 그리고 이어서 디오드레베를 비난합니다(9-11절). 디오드레베의 구체적 신앙이나 가르침은 언급되지 않습니다. 그러나 분명한 것은 디오드레베가 편지의 저자인 장로에게 대적했던 것 같습니다. 으뜸 되기를 좋아하는 디오드레베는 저자를 비방했을 뿐 아니라, 나그네 된 형제들을 환대하지도 않고 다른 이들도 환대하지 못하도록 했습니다. 디오드레베가 자신의 말을 듣지 않는 사람들을 내쫓은 것을 보면, 교회에서 그의 영향력이 컸던 것 같습니다.

교회의 지도자인 가이오와 디오드레베의 이러한 대조는 교회가 믿음 위에 서기 위해서 필요한 지도력이 무엇인지를 극명하게 보여 줍니다. 요한삼서는 매우 개인적인 내용을 담고 있지만, 서로 사랑을 실천하는 가이오의 삶을 통해서 바른 믿음의 길을 보여 줍니다. 가이오를 칭찬하는 것과 더불어, 요한삼서는 가이오에게 데메드리오를 칭찬합니다(12절). 이는 단순한 칭찬을 넘어 추천의 말이기도 합니다. 당시에 교회를 돌면서 설교하는 순회 설교자들이 있었고, 이들에게는 권위 있는 사람들이 써 주는 추천서가 매우 중요했습니다. 추천서가 그들의 정당성과 신실성을 보장해 주었기 때문입니다. 저자는 가이오에게 데메드리오를 보증해 주는 추천서로 요한삼서를 사용합니다. 이런 추천서를 받는다는 것도 가이오가 지도자일 가능성을 추측할 수 있게 합니다.

요한일서, 요한이서, 요한삼서 안에 머물기

1 요한일서 2장 7-17절의 형제 사랑과 4장 7-21절의 서로 사랑을 묵상해 봅시다. 형제를 사랑하는 것이 어떻게 믿음의 징표가 되겠습니까? 사랑할 수 있는 힘은 어디에서 나오는 걸까요?

2 요한일서 3장 13절을 묵상해 봅시다. 요한복음과 마찬가지로 요한일서에도 예수님을 믿는 사람들이 세상의 미움을 받을 것이라고 말합니다. 믿는 사람들은 왜 세상으로부터 미움을 받는 걸까요? 세상으로부터 미움을 받지 않는 믿음은 과연 가능할까요?

3 요한일서 5장 1-12절을 묵상해 봅시다. 예수님이 그리스도이고 하나님의 아들이라는 사실을 강조하는 것은 무엇 때문일까요? 우리의 믿음에서 예수님의 육체성이 중요한 이유는 무엇일까요?

4 요한이서 1장 7절을 묵상해 봅시다. 당시에는 예수께서 육으로 오신 것을 부인하는 사람이 미혹하게 하는 자들이었습니다. 오늘날에는 무엇이 우리를 미혹하게 하나요?

5 요한삼서 1장 5-12절에 나오는 가이오와 디오드레베에 대해 묵상해 봅시다. 이 두 사람의 가장 큰 차이는 무엇인가요? 바른 믿음이란 무엇이라고 생각하시나요?

요
한
계
시
록

황제 숭배

요한계시록은 대표적인 묵시문학 작품입니다. 이 책의 서론에서 이미 언급한 것처럼, 묵시는 '무언가를 덮어놓는다'는 의미입니다. 이를 위해 상징이나 숫자 같은 것들이 사용되는데, 요한계시록에도 그런 것들이 많이 등장합니다. 신약성경의 다른 책들과 비교해 보면 요한계시록은 매우 낯설게 느껴지는 것이 사실입니다. 그러므로 요한계시록의 복잡한 의미들을 해석해 내기 위한 많은 시도가 있었지만, 때로는 그것들이 더 큰 오해를 불러일으키기도 했습니다. 상징을 해석하는 과정에서 자의적인 작업들이 난무하기 때문입니다. 그러므로 이 책에서는 요한계시록을 해석하는 방법을 조금 달리하고자 합니다. 상징을 푸는 것도 물론 중요하겠지만, 이 책은 요한계시록이 쓰인 상황과 요한계시록의 구조에 더욱 주목합니다. 묵시문학이 내놓고 말할 수 없는 상황을 전제로 한다면, 요한계시록도 자신들의 이야기를 드러내 놓고 말하지 못할 사정이 있었을 것이며, 그 상황의 빛에서 요한계시록의 목적이 드러날 것이기 때문입니다.

묵시문학적 글을 쓰는 사람들은 자신들의 속을 시원하게 말할 수 없는 상황에 처해 있었을 것이며, 아마도 그들은 억압되고 소외된 상황에 처한 비주류였을 것입니다. 주류에 속해 있다면, 자신들의 목소리를 숨길 필요가 없기 때문입니다. 그들은 지배자들이 요구하는 것을 따를 수 없기에, 소외되고 박해받는 상황에 처했을 것이지만, 그럼에도 불구하고 어떤 방식으로든 자신들의 소리를 내야 했기에 묵시문학적 양식을 택했을 것입니다. 그렇다면 요한계시록은 어떤 상황을 전제로 하고 있을까요? 일반적으로 요한계시록의 기록 연대는 90년대 중반으로 추정됩니다. 도미티아누스 황제가 로마를 다스릴 때입니다. 도미티아누스는 로마의 재건을 위해서 애썼지만, 기독교를 매우 잔인하게 대했습니다. 로마의 종교와 도덕에 집착했던 도미티아누스에게 기독교가 우호적인 입장을 취하지 않았기 때문입니다.

기독교는 아우구스투스 이래로 소아시아에서 성행했던 황제 제의에 반발했습니다. 황제 제의는 황제에게 신적 권능을 부여했습니다. 황제에게 신성을 부여하는 것은 로마 제국을 통치하는 데 매우 유용한 수단이었습니다. 그러나 일반적으로 로마인들은 황제가 생전보다는 사후에 완전한 신성을 갖는다고 생각했습니다. 그런데 도미티아누스는 칼리굴라, 네로와 더불어 죽은 뒤뿐 아니라 살아 있는 동안에도 신으로 숭배받으며, '우리 주님이자 하나님'이라고 불리기를 원했습니다. 도미티아누스는 통치 말기로 갈수록 황제 제의를 반대하는 기독교에 대한 공포 정치를 강화했고, 95-96년에는 박해가 극에 달했습니다. 로마와 로마 종교, 황제 숭배를 거부하는 사람들은 로마의 주권을 부인하는 신성모독죄, 불경죄, 황제모독죄 등의 죄명을 피할 수 없었습니다. 이 죄명은 그들을 삶과 죽음의 기로에 서게 했고, 그들은 황제를 택하든지 하나님을 택하든지 결단해야 했습니다.

더욱이 기독교가 가지고 있는 종말론적 사고는 로마의 멸망을 예고했고 그것은 도미티아누스의 분노를 자극할 수밖에 없었습니다. 도미티아누스 시대에 기독교에 대한 박해가 전면적으로 일어났다는 증거는 없습니다. 아마도 그 박해는 국부적으로 일어났을 것입니다. 그러나 박해가 제한적으로 일어났다고 하더라도, 황제 숭배는 그것을 요구받는 사람을 극단의 고통으로 몰아넣었을 것입니다. 이것이 요한계시록의 배경입니다. 요한계시록 13장에는 기괴하고 탐욕스러운 짐승에 대한 이야기가 나옵니다. 하나님을 모독하는 이 짐승은 로마를 상징합니다. 이것이 묵시문학적 수법입니다. 이상한 짐승 이야기를 통해서 극악함을 드러냅니다. 666이라는 숫자도 있습니다(13:18). 666은 네로 황제(nero caesar)를 히브리어 문자로 쓴 것을 계산하면 나오는 숫자의 합입니다.

갑자기 네로가 등장한 이유는 그의 잔인함 때문입니다. 그의 통치 초기(54-61년)에는 그렇지 않았지만 후기(62-68년)에 들어서면서, 그는 더욱 난폭해집니다. 64년에 로마에서 화재가 발생했을 때, 네로는 화재의 원인을 로마의 그리스도인에게로 돌리면서 교회를 박해했습니다. 그리고 66년부터는 팔레스타인에서 시작해서 네로에 대한 반란이 일어나기 시작했습니다. 결국 네로는 68년에 자살했습니다. 그러나 사람들은 그의 죽음을 믿으려 하지 않았고, 그가 언제든지 다시 살아 돌아올 것이라고 상상했습니다. 이를 환생한 네로nero redivivus라고 합니다. 끔찍한 고난과 박해가 일어날 때, 사람들은 '환생한 네로'를 상기했습니다. 이 때문에 도미티아누스의 극악함을 경험하면서 그가 환생한 네로라는 소문이 퍼졌습니다. 666은 도미티아누스의 박해를 상징하는 은밀한 수단이 되었습니다.

그러나 요한계시록은 이러한 박해의 상황을 단순히 보도하는 데 초점이 맞춰 있지 않습니다. 요한계시록의 목적은 고난을 견디게 하는 것입니다. 그러므로 18장은 바벨론의 멸망을 이야기합니다. 여기서 바벨론은 로마를 가리키는 상징입니다. 18장은 거대 제국이었던 바벨론에 빗대어서 로마의 타락한 모습을 가차 없이 보여 줍니다. 황제 숭배의 사악한 모습은 로마 황제라는 개인에게서 로마의 군사적, 사회적, 경제적 힘으로 구체화됩니다. 그러나 그 폭력성이 극대화될수록 하나님의 능력도 극대화됩니다. 결국은 거대한 바벨론이 멸망한 것처럼 로마도 멸망할 것입니다. 바벨론이 역사에 등장했을 때, 그 권세는 진정으로 놀라웠습니다. 그렇게 큰 세력을 본 적이 없었습니다. 하지만 바벨론 제국은 힘없이 몰락했습니다. 그 뒤에 많은 거대한 세력들이 등장했지만, 그것들도 모두 사라졌습니다. 로마도 그럴 것입니다. 그 유한성을 볼 수 있는 것이 믿음입니다.

로마라는 거대 세력의 힘과 황제 숭배 요구가 지금은 하나님의 자리를 대신하고 있지만 그것은 결코 궁극적 힘이 될 수 없습니다. 그러니 현재의 고난에 무릎 꿇지 않고 믿음을 지킨다면, 종말에는 승리할 것입니다. 중요한 것은 언제나 생명을 위협하는 것이 무엇인지를 바르게 간파하는 믿음입니다. 생명을 위협하는 것은 눈앞의 위험이 아닙니다. 보이는 것들은 언젠가 사라지며 영원하지 않습니다. 지금은 난공불락의 권세를 누리고 있지만, 그것은 하나님 앞에서 아무 문제도 되지 않습니다. 그러므로 우리를 죽일 수 없는 것에 무릎 꿇는 어리석은 불신앙의 길에 빠지지 않도록 주의를 기울여야 합니다. 종종 그것을 헷갈릴 때, 그것이 무엇이든지, 결국은 죽음의 길에 들어서게 될 것입니다. 이렇듯 요한계시록의 의미는 상징 하나하나가 아니라 상징이 놓여 있는 의미망이 지향하는 목적에 있습니다.

희망의 약속

일곱 교회

요한계시록은 단지 묵시문학적 특징만을 가지고 있지 않습니
다. 요한계시록에는 묵시문학적 양식 외에 서신과 예언서의 특
징이 동시에 나타납니다. 이렇게 혼합되어 있는 여러 양식이 요
한계시록을 더욱 복잡하게 보이게 합니다. 그러나 요한계시록
은 말하고자 하는 목적에 알맞게 각각의 양식을 사용합니다. 그
래서 각각의 양식과 목적을 연결시키면서 요한계시록을 구별해
내면, 복잡하지 않게 의미를 읽어 낼 수 있습니다. 요한계시록의
커다란 틀은 서신의 양식을 따릅니다. 요한계시록 1장 1-8절은
전형적인 서신 양식에 따라 발신자와 수신자, 인사말 등이 나오
며 22장 21절에는 마지막 인사말이 나옵니다. 서신이 수신자의
상황을 반영한다는 것을 염두에 둔다면, 요한계시록은 그것을
읽는 사람들의 처지와 문제를 배경으로 하고 있으며 그것들을

해결하려는 목적을 가지고 있다는 사실도 알 수 있습니다.

요한계시록이 묵시적 내용을 담고 있다는 것은 1장 9-20절을 통해서 나타나며, 그 묵시적 내용은 2-22장에 구체적으로 나옵니다. 본격적인 이야기가 시작되기 전에, 2-3장은 부활한 그리스도가 일곱 교회에게 보내는 편지입니다. 이 편지는 1장에서 이미 시작된 묵시적 배경을 보이지만, 형식적으로는 예언적 형태에 더욱 가깝습니다. 이러한 양식은 읽는 사람들을 훈계하고 올바른 길로 인도하며 용기를 주려는 목적을 가집니다. 2-3장은 매우 일상적인 언어를 사용해서, 각 교회들의 상황과 그들이 해야 할 일들에 대해서 예언자적 지혜와 목회적 충고를 더합니다. 2-3장의 예언자적 양식이 4-22장의 묵시문학적 표현과 차이가 있더라도, 2-3장과 4-22장은 내용적으로 매우 긴밀하게 연결되어 있습니다. 일상적이고 일반적인 2-3장의 지혜와 충고가, 황제 숭배라는 극악한 상황 속에서 4-22장의 종말론적 믿음으로 드러나기 때문입니다.

이 둘의 연결은 일상의 문제들을 견고하게 이겨 낸 교회들은 험한 상황이 닥쳐도 그것을 잘 극복할 것이며, 평상시에 허약한 믿음을 벗어나지 못했다면 극한 위험 앞에서 믿음을 지키는 것이 불가능할 것이라는 사실을 함의합니다. 이러한 면에서 2-3장은 요한계시록 전체의 내용을 전해 주는 서문 역할을 담당합니다. 2-3장의 편지는 교회를 책망하려는 것이 아니라, 문제를 이겨 내도록 격려하고 희망을 보여 주려는 것이며, 이는 4-22장의 목적이기도 합니다. 2-3장의 각기 다른 교회의 상황은 언제나 부딪히는 일상이기도 하며, 그 일상은 언제든지 극악한 종말로 치달을 수도 있습니다. 그러므로 각 교회에 보낸 편지는 모두 이기는 자들에게 주는 약속으로 끝나며, 사실 내용은 동일합니다.

(이기는 자에게) 하나님의 낙원에 있는 생명나무의 열매를 주어 먹게 하리라(에베소 교회). 생명의 관을 주고 둘째 사망의 해를 받지 아니하리라(서머나 교회). 내가 감추었던 만나를 주고 또 흰 돌을 줄 터인데 그 돌 위에 새 이름을 기록한 것이 있나니 받는 자밖에는 그 이름을 알 사람이 없느니라(버가모 교회). 만국을 다스리는 권세를 주리니 그가 철장을 가지고 그들을 다스려 질그릇 깨뜨리는 것과 같이 하며 새벽별을 주리라(두아디라 교회). 예수와 같이 흰 옷을 입을 것이요 그 이름을 생명책에서 결코 지우지 아니하고 그 이름을 아버지 앞과 그의 천사들 앞에서 시인하리라(사데 교회). 하나님 성전에 기둥이 되게 하리니 그가 결코 다시 나가지 아니하며 하나님의 이름과 하나님의 성 곧 하늘에서 내 하나님께로부터 내려오는 새 예루살렘의 이름과 예수의 새 이름을 그이 위에 기록하리라(빌라델비아 교회). 예수의 보좌에 함께 앉게 하여 주기를 예수가 이기고 아버지 보좌에 함께 앉은 것과 같이 하리라(라오디게아 교회).

일곱 교회에게 하는 약속은 이 땅에서의 희망이 아닙니다. 그것은 이 세상이 끝나고, 환난과 핍박을 견딘 자에게 이르는 종말론적 희망입니다. 일곱 교회의 문제들은 어느 교회에서든 언제든 일어날 수 있는 일입니다. 그때나 지금이나 마찬가지입니다. 이러한 상황에서 편지는 미래적 소망 속에서 현재의 고난을 견디라는 종말론적 믿음으로 그들을 격려합니다. 일상을 믿음으로 견뎌 낸다면, 거대한 고난의 파도를 넘어설 수 있습니다. 어떠한 극한 상황에서라도, 일상은 지속될 것이며, 그 일상 속에서 일곱 교회에게 한 권면이 믿음을 공고히 할 것입니다. 2-3장의 편지 속에서 요한계시록의 목적은 이미 충분히 드러납니다.

어린 양의 승리

일곱 교회에 보내는 편지가 끝나고, 4장 1절은 1장 9-10절에서처럼 자신이 본 환상으로 시작합니다. 일인칭적 표현은 묵시문학의 전형적 특징으로, 묵시문학에서 '나'는 환상을 통해서 현재의 악을 폭로하며 하나님의 승리를 선포합니다. '나'의 환상에는 일곱 인, 일곱 나팔, 일곱 대접 뿐 아니라, 음녀나 용, 두 짐승 등이 나옵니다(6-18장). 그러나 이러한 환상을 보기 전에, '나'는 4-5장에서 어린 양의 승리를 봅니다. 이는 본격적인 환상이 시작되는 4-22장의 서문에 해당한다고 볼 수 있습니다. 4-22장은 6-18장의 심판 이야기를 4-5장과 19-22장의 승리가 둘러싸고 있는 구조입니다. 4-5장이 어린 양의 승리를 찬양한다면, 19-22장은 하나님의 승리를 찬양합니다. 이러한 구조는 요한계시록의 목적이 심판이 아니라 승리를 이야기하려고 한다는 사실을 보여 줍니다.

그러므로 요한계시록을 읽으면서 복잡한 상징을 해독하느라 시간을 보내는 것보다는, 예수와 하나님의 승리가 끌고 가는 믿음을 따라가는 것이 더욱 좋을 것입니다. 4장의 환상에는, 보좌에 앉은 이, 이십사 장로, 각각 여섯 날개를 가진 네 생물들(사자, 송아지, 사람, 독수리)이 나옵니다(4:1-11). 네 생물들과 이십사 장로는 전능한 하나님의 거룩함을 찬양하며 보좌에 앉은 이에게 영광과 존귀와 감사를 돌립니다. 이때 5장에서, 보좌에 앉은 이가 일곱 인으로 봉한 두루마리를 가지고 그 인을 뗄 자가 누구인지를 묻고, 네 생물과 장로들 사이에 있던 일찍 죽은 것 같은 어린 양이 나아와 그 두루마리를 취합니다. 그러자 보좌에 앉은 이를 찬양하던 네 생물과 이십사 장로가 그 어린 양에게 나와서 새 노래로 그를 찬양합니다. 이 찬양에 이루 셀 수 없는 천사의 찬양이 더해지며, 여기에 하늘 위와 땅 위와 땅 아래와 바다 위와 그 가운데 모든 피조물의 찬양이 더해집니다(5:1-14).

보좌와 어린 양을 둘러싸고 한 겹 한 겹 찬양이 쌓이는 이 장면은 놀랍도록 웅장합니다. 소리에 소리가 쌓이고, 온갖 것들의 찬양이 겹치면서 보좌에 앉은 이와 죽임 당한 어린 양에 대한 경배는 극에 달합니다. 마지막 때의 고난을 이야기하는 요한계시록의 첫 환상은 이렇듯 장엄하고 아름다운 찬양으로 시작합니다. 이 찬양은 우리가 믿는 예수가 누구인지를 각인시킵니다. 예수가 초라하고 비참하게 죽임 당했다고 생각할지 모르지만, 그는 하늘 보좌에 있으며 모든 이의 찬양을 받고 있습니다. 어린 양을 둘러싸고 울리는 찬양은 예수의 죽음이 실패가 아니라는 사실을 보여 줍니다. 요한계시록은 마지막 때의 고난과 심판에 대해서 말하기 전에, 먼저 예수의 승리를 선포합니다.

첫 번째 환상이 우리에게 예수의 승리를 각인시키는 이유는 분명합니다. 그것은 우리가 출발해야 하는 지점이 어디인지를 알게 하려는 것입니다. 언제든지, 현재이든 미래이든, 고난의 정도가 어떠하든 출발점은 승리한 어린 양으로부터입니다. 예수의 승리로부터 출발한다면, 그의 죽음의 의미를 알 수 있고 그의 죽음을 따를 수 있기 때문입니다. 그럴 때 비로소 로마의 황제가 얼마나 미약한 존재인지 알 수 있습니다. 지금은 로마 황제와 그가 쥐고 있는 권력이 세상을 온통 주무르는 것 같지만, 그것은 예수의 권세에 비하면 아무것도 아닙니다. 그러니 이 환상을 기억한다면, 믿음이 흔들릴 일은 없습니다. 비록 죽음에 이른다고 할지라도 말입니다. 요한계시록에서 하려는 말은 이미 4-5장에서 모두 드러났습니다.

죽도록 충성하라

사람들은 일반적으로 요한계시록에 나오는 다양한 환상에 관심을 갖습니다. 그러나 요한계시록의 상징과 요한계시록의 메시지를 혼동할 때, 요한계시록에 대한 오해가 발생합니다. 요한계시록의 상징은 역사적으로 실현되는 시간표를 드러내는 것이 아닙니다. 그것은 당시에 사람들이 당하고 있는 고난을 극대화하는 표현일 뿐입니다. 묵시문학적 글들에 나오는 상징들은 사건들에 대한 예언이 아니라, 그들이 놓여 있는 세상을 폭로하는 틀입니다. 다시 한번 지적하지만, 묵시문학적 글을 읽을 때, 상황에 대한 이해는 필수 요소입니다. 상황과 배경에 대한 이해 없이 고난에 대한 묘사를 시간을 초월한 상징들로 변질시키는 것은 매우 위험합니다. 그것은 오히려 묵시문학적 글들의 생생함을 격하시키고 그 글들에서 폭로하는 악의 위험을 보지 못하도록 합니다. 그들을 지배했던 세상의 악이 어떠한지를 깨닫지 못하고 그들이 어떻게 그것을 이겨 냈는지 알지 못한다면, 고난

227

속에서 믿음을 지켜야 하는 삶의 방향도 잃게 됩니다. 이는 요한계시록의 메시지를 깨달으려는 목적 없이 그것의 상징을 해독하는 일에만 집착할 때 종종 일어나는 위험입니다.

그러므로 이 책은 일곱 인이나 나팔, 대접 등에 나오는 각종 환상의 뜻을 풀어 주는 것보다는 요한계시록의 메시지가 들어 있는 구조를 보여 주는 것으로 만족하고자 합니다. 요한계시록의 구조 안에는 심판에 대한 이야기보다 구원에 대한 이야기가 훨씬 많이 담겨 있습니다. 예수의 승리(4-5장)와 하나님의 승리(19-22장)로 싸여 있는 6-18장도 심판에 대한 이야기만 나오는 것이 아니라, 심판과 구원에 대한 이야기가 교대로 나옵니다. 6장은 일곱 인의 심판, 7장은 구원받은 자들, 8-9장은 일곱 나팔의 심판, 10-11장은 그리스도의 승리, 12-13장은 용과 두 짐승, 14장은 구원받은 자, 15-16장은 일곱 대접의 심판, 17-18장은 음녀와 바벨론의 멸망으로 이어집니다. 예수의 승리로 시작한 환상은 심판과 구원의 환상을 교대로 보여 주고 다시 하나님의 승리로 마무리됨으로써, 심판을 견딘 자들에게 확실한 구원을 약속합니다. 심판의 궁극 목적은 하나님을 알게 하고 예배하기 위한 것이기 때문입니다.

심판이 하나님을 예배하기 위한 목적이라는 사실은 출애굽 사건에서도 분명하게 드러납니다. 모세가 백성을 이끌고 이집트를 벗어나려는 것은 하나님을 예배하기 위함입니다(출 5:1; 8:1; 9:1). 모든 고난과 심판의 목적은 언제나 하나님을 알게 하고 하나님에게 예배하기 위함입니다. 그 때문인지 요한계시록에 나오는 심판은 출애굽 사건을 모티프로 합니다. 출애굽 사건의 열 가지 재앙이 변주되어서 다양한 형태로 나타납니다. 열 재앙 끝에, 결국 홍해를 건너 이집트를 벗어난 것처럼, 요한계시록은 악이 멸망하고 하나님의 구원과 영광이 드러날 것이라고 말합니다(19-22장). 이제 예수는 더 이상 죽임 당한 어린 양이 아니라 백마 탄 기수로 나타나며(19:11-21), 하나님의 승리는 새 하늘과 새 땅, 새 예루살렘으로 상징됩니다(21:1-27). 새 하늘과 새 땅은 묵시문학에서 늘 사용되는 표현입니다(사 65:17). 그것은 전적으로 새로운 세상을 의미하는 것으로, 지금까지의 고통, 눈물, 절망을 잊게 만듭니다.

새 하늘과 새 땅, 새 예루살렘은 어린 양의 승리에 동참한 사람들이 누리는 하나님 나라입니다. "또 그가 수정같이 맑은 생명수의 강을 내게 보이니 하나님과 및 어린 양의 보좌로부터 나와서 길 가운데로 흐르더라. 강 좌우에 생명나무가 있어 열두 가지 열매를 맺되 달마다 그 열매를 맺고 그 나무 잎사귀들은 만국을 치료하기 위하여 있더라.… 다시 밤이 없겠고 등불과 햇빛이 쓸 데 없으니 이는 주 하나님이 그들에게 비치심이라. 그들이 세세토록 왕 노릇 하리로다"(22:1-5). 고통이 끝나는 곳에서 마주한 하나님 나라에는 생명이 넘쳐 납니다. 그것은 하나님으로부터만 가능합니다. 애초에 로마 황제는 생명을 줄 수 없는 존재였습니다. 그 거짓 세력에 굴하지 않은 자들은 진정으로 영원한 생명을 누릴 것입니다. 요한계시록은 그런 희망을 주는 책입니다.

요한복음의 목적이 "…너희로 예수께서 하나님의 아들 그리스도이심을 믿게 하려 함이요. 또 너희로 믿고 그 이름을 힘입어 생명을 얻게 하려 함이니라"(요 20:31)였던 것처럼, 요한계시록의 목적도 생명을 얻게 하는 것입니다. 요한계시록의 중요한 키워드 중 하나는 '생명책'입니다(계 3:5; 13:8; 17:8; 20:12, 15; 21:27). 구원과 심판은 생명책에 이름이 기록되었는지 여부로 드러납니다. 생명나무나 생명수, 생명의 관이라는 상징도 같은 목적을 갖습니다. 더불어 누가 이러한 생명을 누릴 것인가도 분명합니다. 서머나 교회에 보낸 편지에는 "…네가 죽도록 충성하라. 그리하면 내가 생명의 관을 네게 주리라"(2:10)는 권면이 나옵니다. 끝까지 견뎌서 이기는 자가 생명나무의 열매를 먹을 것이며 그의 이름이 생명책에 기록될 것입니다. "죽도록 충성하라." 이 한마디면 됩니다.

각 교회의 형편을 드러내는 2-3장과 종말론적 심판과 구원을 드러내는 4-22장이 하나로 묶여 있는 요한계시록은 현재적 종말론과 미래적 종말론이 분리되지 않는다는 사실을 분명하게 보여 줍니다. 지금 당장의 고난만이 아니라, 언제나 닥칠 수 있는 종말론적 심판에서도, 그것을 이겨 내는 방법은 똑같습니다. 이미 일어난 어린 양의 승리를 믿으며 그 예수가 다시 오실 것을 흔들리지 않고 기대하는 것입니다. 그 예수와 함께 승리할 날을 말입니다. 그러므로 죽기를 두려워하지 않고 충성하며, "…내가 진실로 속히 오리라…"는 예수의 말씀에 언제나 "…아멘. 주 예수여, 오시옵소서"라고 응답할 수 있다면(22:20), 그것이 믿음입니다. 그 믿음만이 진정한 생명을 줄 수 있기에 죽음은 두려움이 될 수 없습니다.

세상의 통치와 하나님의 통치는 대립할 수밖에 없습니다. 세상은 로마 제국과 같이 거대한 힘을 가지고 예수 그리스도의 복음에 대항합니다. 자신들이 힘과 생명을 가지고 있는 것처럼 말입니다. 이러한 거대 세력에 맞서 하나님을 믿는 것은 생각만큼 쉬운 일이 아닙니다. 그러므로 요한계시록은 하나님의 자리를 대신하려는 모든 것에 대해서 예민하게 판단하고 결연하게 선택할 것을 촉구합니다. 그러기 위해서는 땅의 것이 아니라 하늘의 것에 눈을 돌려야 합니다. 죽임 당한 어린 양의 하늘 보좌를 바라보아야 합니다. 하늘을 보는 것은 도피가 아닙니다. 하늘의 소망은 이 땅에서 삶의 방향을 잃지 않게 합니다. 요한계시록은 로마 제국의 폭력적이며 탐욕스러운 권력을 폭로하고 그것이 영원하지 않다고 선언합니다. 그러나 진정으로 영원한 생명이 어디에 있는지를 선택하는 것은 언제든지 우리의 몫입니다.

요한계시록 안에 머물기

1 1장 9-20절의 환상에 대해 묵상해 봅시다. 요한계시록은 많은 환상
과 계시에 대한 이야기가 나오는 묵시문학적 글입니다. 묵시문학적
글에 나오는 환상이나 계시를 해석할 때 중요한 것이 무엇일까요?
묵시문학적 글을 당시의 상황과 분리하여 해석할 때 어떤 위험이
따를까요?

2 2-3장에 나오는 일곱 교회에 대해 생각해 봅시다. 일곱 교회의 문제
는 오늘날 우리의 문제와 어떤 연관이 있을까요? 교회의 가장 심각
한 문제는 무엇이라고 생각하시나요?

3 4-5장과 19장에 나오는 환상에 대해 생각해 봅시다. 예수의 승리는
고난당하는 사람들에게 어떤 힘이 되나요?

4 6-18장에 나오는 마지막 때의 환난을 생각해 봅시다. 다양한 상징이 나타나는 온갖 환난에 대한 이야기에서, 중요한 것은 그것을 개개의 사건으로 연결시키는 것이 아니라, 적그리스도가 일으키는 환난의 목적을 상기하는 것입니다. 그것은 무엇일까요?

5 22장 20-21절에 나타난 소망을 묵상해 봅시다. 우리의 믿음을 흔드는 모든 환난에서 이길 힘은 무엇입니까? 믿음의 승리를 위해 요한계시록이 우리에게 요구하는 것은 무엇일까요?

3부

공동체를 세우는
사람들

1 3부는 바울의 편지들과 공동서신으로 불리는 편지들을 다룹니다. 편지를 다룰 때, 가장 중요한 것은 발신자와 수신자의 상황을 파악하는 일입니다. 편지는 논문이 아닙니다. 편지에 나타난 상황에 관심을 가지지 않으면 편지의 내용을 파악할 수 없다는 사실을 잊지 마시기 바랍니다.

2 편지의 상황들을 추론할 때는 상상력이 필요합니다. 편지들을 읽으면서 성경에 나와 있는 글의 문맥과 드러나지 않은 여백 속에서 신학적 상상력을 발휘하는 훈련을 할 수 있으면 좋겠습니다.

로마서

로마 교회의 상황

편지의 상황성

편지와 논문에는 분명한 차이가 있습니다. 논문論文은 어떤 주제에 대해 저자가 자신의 의견이나 주장을 일정한 형식에 맞추어 체계적으로 쓴 글입니다. 논문은 논리적 추론의 과정을 거쳐 논제의 진실성과 정당성을 확보하며, 논문에서 인정받은 주장들은 보편성과 객관성을 보장받습니다. 반면, 발신자와 수신자가 있는 편지는 그들의 상황을 전제로 하고 있기에 보편성이나 객관성을 추구할 필요가 없으며, 편지에서 말하는 주장을 다른 모든 상황에 적용하기에는 무리가 있습니다. 신약성경에 있는 편지들을 읽을 때도, 이 개념을 잊지 말아야 합니다. 공동서신의 경우, 발신자들은 다양합니다. 그러나 다양한 발신자들의 편지를 공동서신으로 묶는 것은 이 편지들을 많은 교회가 함께 볼 수 있었기 때문입니다. 공동서신은 여러 교회가 돌려본 회람서

신이었을 것으로 추정할 수 있습니다. 물론 공동서신에도 수신
자들의 상황이 나와 있기는 하지만, 그 상황은 대개 일반적이었
습니다.

바울이 발신자인 13개의 바울서신에는, 공동서신에 비하면,
수신자의 상황이 훨씬 구체적으로 드러납니다. 물론 수신자의
상황에도 정도의 차이가 있어서 어떤 편지들은 수신자의 상황
이 매우 두드러지게 나타납니다. 반면 어떤 편지들은 상황이 상
대적으로 덜 드러납니다. 구체적인 상황들이 잘 드러나는 편지
들에는 데살로니가전서, 빌레몬서, 빌립보서, 고린도전서, 고린
도후서, 갈라디아서, 로마서 등이 있습니다. 반면, 골로새서, 에
베소서, 데살로니가후서의 상황들은 보다 더 일반적이라고 할
수 있습니다. 여러 요소가 작용하기는 하지만, 이러한 상황성의
정도가 이 세 서신(골로새서, 에베소서, 데살로니가후서)의 저자
문제를 논란거리로 만듭니다.

목회서신으로 불리는 디모데전서와 디모데후서, 디도서의 경
우는 바울을 발신자로 보는 것을 많은 학자가 주저합니다. 편지
에 반영된 상황들이 일반적으로 바울 당시와 거리가 있는 듯 보
이기 때문입니다. 바울보다 훨씬 후대의 상황이 드러나 있습니
다. 물론 바울 신학과의 차이도 간과할 수 없습니다. 그러나 이
책에서는 바울서신이라 불리는 것들 사이에 이런 문제가 있다
는 것을 지적하는 정도에서 그치겠습니다. 편지들이 정경에 들
어와 있다는 것으로 이미 권위는 인정된 것이기에, 각 편지의
상황과 내용을 연결해서 의미를 이해하려는 노력이 더욱 중요

합니다. 다만 바울서신에서도 상황에 대한 이해가 저자 문제와 연결될 정도로 중요하다는 사실을 인식한다면, 이제 편지들을 읽을 준비가 된 것입니다.

유대인과 이방인의 갈등

바울은 여러 곳을 다니며 선교를 했고 그곳에 교회를 세웠습니다. 그는 지역을 옮기며 사역을 했는데, 그러다가 교회들에 문제가 발생했을 때, 편지는 그들과 소통할 수 있는 중요한 수단이었습니다. 문제가 생긴 교회들은 편지로 자신들의 소식을 전하며 바울에게 도움을 청했으며, 바울은 편지를 통해서 그들의 문제를 해결해 주려고 애썼습니다. 편지의 이러한 특성 때문에 발신자와 수신자의 상황을 이야기할 수밖에 없었던 것입니다. 그러나 편지의 이러한 특징을 염두에 둔다면, 로마서는 조금 의심스러운 면이 있습니다. 바울이 로마서를 쓸 때까지, 바울은 로마에 가 본 적이 없기 때문입니다. 로마에 언제 교회가 생겼고 누가 로마 교회를 만들었는지 알 수 없습니다. 분명한 사실은 바울이 로마 교회를 세우지 않았다는 것입니다. 바울이 로마 교회를 세우지 않았다면, 그는 로마 교회와 관계를 맺기 힘들었을 것이고 당연히 로마 교회의 상황을 알지 못했을 것이라고 추측할 수 있습니다.

이 때문에 로마서는 종종 오해를 받습니다. 바울이 로마 교회의 상황을 알 수 없었다면, 로마서는 편지라기보다 특정한 상황과 무관한 일종의 논문으로 보아도 무방하다고 말입니다. 더욱이 우리가 바울을 이야기할 때 가장 먼저 생각나는 '칭의론'이라는 주제가 로마서에서 집중적으로 다루어진다는 사실이 앞서 언급한 주장을 뒷받침합니다. 그러나 이러한 오해는 로마서를 조금만 살펴보면 해결됩니다. 로마서 16장이 중요한 근거입니다. 로마서의 주요 내용이 15장에서 끝나고, 마지막 인사말이 나오는 16장은 대수롭지 않게 취급됩니다. 그러나 실제로 16장은 로마 교회와 바울의 관계를 알 수 있는 보고寶庫입니다. 16장에는 바울이 로마 교회의 개인들에게 전하는 인사가 나오기 때문입니다. 바울과 로마 교회가 아무 관계가 없다면, 바울이 이 많은 사람을 어떻게 알 수 있었겠습니까? 바울이 이렇게 많은 사람과 안부를 전하는 사이라면, 그들을 통해서 로마 교회의 상황을 충분히 파악할 수 있었을 것이라고 추정할 수 있습니다.

바울이 로마 교회를 세우지 않았다는 주장, 바울이 로마에 가 보지 않았다는 주장은 바울과 로마 교회의 단절을 말하는 근거가 될 수 없습니다. 바울은 다양한 경로를 통해서 많은 사람과 관계를 맺었고 그들을 통해서 로마 교회의 상황을 충분히 파악할 수 있었을 것입니다. 그들 중에는 브리스길라와 아굴라와 같은 사람들도 있습니다(행 18:2, 18; 롬 16:3). 특히 사도행전 18장 2절은 로마 교회의 상황을 추측할 수 있는 중요한 열쇠입니다. 로마 교회가 언제 생겼고 어떠한 과정을 겪으며 성장했는지 전혀 알 수 없지만, 아마도 클라우디우스 황제 때 어떤 변화가 있었던 것은 확실합니다. 41-54년 동안 로마를 통치했던 클라우디우스는 로마 밖에 있는 유대인들에게 호의를 베풀었지만, 로마 안에서는 달랐습니다. 그는 로마의 유대인들이 대중 집회를 여는 것을 금했고, 로마에서 메시아 문제로 유대인들의 논쟁과 소요가 일어나자 로마의 유대인들을 추방하는 칙령을 내렸습니다(48-50년).

모든 유대인이 로마를 떠나지는 않았겠지만 많은 유대인이 로마를 벗어날 수밖에 없었던 것은 분명합니다. 사도행전 18장 2절은 브리스길라와 아굴라의 이동을 이와 연결하여 설명하고 있습니다. 칙령으로 말미암은 유대인들의 이동은 아마도 로마 교회에 큰 변화를 일으켰을 것입니다. 이방 세계에 교회가 세워진다고 해도 교회는 주로 유대인들을 중심으로 만들어집니다. 일반적으로 이방 교회는 유대인들이 중심이 되어 이방인들을 포함하는 상태로 구성되었을 것입니다. 그러므로 이방 교회 안에서 유대인들이 주도권을 잡는 것도 일반적이었습니다. 로마 교회도 예외 없이 그렇게 교회가 시작되었고 성장했을 것입니다. 그러한 상황 속에서 벌어진 클라우디우스 칙령은 유대인들 중심의 교회 구도에 큰 변화를 일으켰을 것이 분명합니다. 이방인들이 유대인들이 떠난 자리를 메꾸었을 테니까요. 교회의 주도권은 이방인들에게 넘어갔을 것입니다.

클라우디우스 칙령이 언제 해제되었는지는 알 수 없습니다. 그러나 시간이 지나면서 효력은 약해졌고 유대인들은 점차로 다시 로마로 돌아왔습니다. 그렇게 다시 로마로 돌아온 유대인들이 목도한 것은 낯선 상황이었습니다. 이방인들이 교회의 주도권을 쥐고 있었고 이제 유대인들은 교회에서 어정쩡한 위치에 몰리게 되었습니다. 예전에 당연했던 것이 이제는 당연하지 않게 된 것입니다. 돌아온 유대인들을 대하는 이방인들의 입장도 어색하기는 마찬가지였을 것입니다. 유대인들이 빠져나간 힘든 시절에 교회를 어렵게 지켰는데, 이제 돌아와서 마치 주인 행세를 하려는 유대인들이 곱게 보이지는 않았을 것입니다. 로마는 제국의 심장이기에, 로마 교회는 이방 교회에서 특별한 의미를 가질 수밖에 없습니다. 그런 로마 교회에 유대인과 이방인의 갈등이 생겼다는 것은 좋은 징조가 아닙니다. 이방인의 사도로 자처하는 바울이 로마 교회의 이러한 문제를 알았다면, 그것은 바울이 로마서를 써야 할 분명한 이유가 되었을 것입니다. 로마서는 이러한 상황의 빛에서 해석할 수 있습니다.

로마서 1장 1-17절은 로마서의 서문에 해당합니다. 여기서 바울은 인사말을 통해서 자신이 로마 교회 사람들을 보고 싶어 했던 간절한 마음을 전합니다(1:8-13). 이 간절함에는 일면식도 없는 교회에 보내는 조심스러움이 배어 있습니다. 그러나 그가 용기를 내서 편지를 쓰는 이유는 그들에게 복음을 전하기 위함입니다(1:15). 복음이 유대인과 이방인을 하나로 묶어 줄 것이기 때문입니다. 복음의 내용은 1장 18절-8장 39절에서 드러납니다. 9-11장은 바울의 복음이 하나님의 구원사에서 어떤 의미를 갖는지를 보여 줍니다. 그리고 12-15장은 복음의 실천이 어떻게 교회의 문제를 해결하고 그들을 그리스도인으로 만드는지를 가르칩니다. 이야기 전체의 목적은 로마 교회가 갈등을 극복하고 복음으로 거듭나게 하는 데 있습니다.

구원하는 하나님의 능력

모든 사람을 구원하는 그리스도의 복음

바울은 편지들의 서두에서 늘 자신의 정체를 강조합니다. 자신을 하나님으로부터 부름을 받은 사도라고 소개합니다(롬 1:1; 고전 1:1; 고후 1:1; 갈 1:1; 엡 1:1; 골 1:1). 이는 바울에게 매우 중요한 일입니다. 사도행전 1장 21-22절이 말하는 사도의 요건에 의하면, 바울은 사도로 불릴 수 없기 때문입니다. 그러므로 바울은 편지마다 자신의 사도성을 강조하고 이를 통해서 자신이 전하는 복음의 정당성을 보증합니다. 자신이 하나님의 사도라면 자신이 잘못된 복음을 전할 수 없다는 논리입니다. 자신이 전하는 복음 때문에 많은 적대자에게 둘러싸여 있던 바울에게, 사도성과 복음의 정당성은 매우 중요했습니다. 로마서 1장 1절도 분명하게 바울의 사도성과 복음을 관련짓습니다. "예수 그리스도의 종 바울은 사도로 부르심을 받아 하나님의 복음을 위하여 택

정함을 입었으니"라고 말합니다.

복음에서부터 시작하는 로마서는 그 복음의 내용을 로마 교회 사람들에게 전하려는 목적을 가집니다. 복음을 설명하면서 바울은 종종 하나님의 복음(롬 1:1; 15:16; 고후 11:7; 살전 2:2, 8, 9)이나, 그리스도의 복음(롬 15:19; 고전 9:12; 고후 2:12; 9:13; 10:14; 갈 1:7; 빌 1:27; 살전 3:2)이라는 말을 사용합니다. 고대 세계에서 복음은 반드시 예수 그리스도를 지칭하지 않았기 때문입니다. 복음은 기쁜 소식을 의미하며 로마 세계에서 일상적으로 쓰였던 말입니다. 로마인들은 황제가 태어나거나 황제가 즉위할 때, 복음을 선포하며 즐거워했습니다. 그러므로 복음이라는 단어를 사용할 때, 복음의 내용을 특정할 필요가 있었습니다. 그런데 바울은 로마서 2장 16절과 16장 25절에서 '나의 복음'이라는 말을 사용합니다. '나의'라는 수식어를 붙이는 경우는 로마서가 유일합니다.

특이한 표현인 '나의 복음'은 바울의 의도를 잘 드러냅니다. 아마도 바울에 대한 좋지 못한 소문은 그가 가 본 적 없는 로마 교회에도 퍼졌을 것입니다(3:8). 자신이 세우고 알고 지내는 교회에서도 자신에 대한 소문 때문에 늘 자기변호를 해야 했던 바울을 상기하면, 낯선 교회, 아마도 자신에 대해서 부정적 오해를 갖고 있을지 모르는 교회, 그런 교회에 편지를 쓰는 일은 쉽지 않은 일이었을 것입니다. 그러나 바울은 '나의 복음'이라는 매우 단호하고 분명한 말을 통해서 자신이 전하는 복음의 내용을 오해 없이 설명하고자 합니다. 그리고 그 복음은 1장 16절에서

"…모든 믿는 자에게 구원을 주시는 하나님의 능력…"으로 소개됩니다. 이는 복음의 주체가 하나님이며 복음의 대상에 차별이 없다는 뜻입니다.

이어서 17절은 "복음에는 하나님의 의가 나타나서 믿음으로 믿음에 이르게…" 한다고 말합니다. 이는 복음의 방법입니다. 복음에 나타나는 것은 하나님이 가지고 있는 의이며, 이 의가 하나님의 것이라면 인간에게 필요한 것은 믿음 외에 다른 것이 없다는 말입니다. 이렇듯 로마서는 율법으로 의를 얻으려고 했던 사람들에게 날벼락 같은 이야기로 시작하며 로마서 전체에서 그것을 확인해 줍니다. 논리는 이렇습니다. 1장 18-32절은 이방인에게, 2장 1절-3장 8절은 유대인에게, 죄인 됨을 선포합니다. 그러므로 3장 9-20절에 이르면 이방인뿐 아니라 율법으로 의로움을 자부했던 유대인도 "…의인은 없나니 하나도 없으며" 라는 구약성경의 선언에서 벗어날 수 없다는 것이 분명해집니다(3:10). 유대인과 이방인은 차별 없이 모두 죄인입니다. 그러니 유대인과 이방인에게 필요한 구원의 방법에도 차별이 있을 수 없겠지요. 그들 모두는 같은 구원을 기다릴 수밖에 없습니다.

그리고 '이제' 그 구원의 방법이 나타났습니다(3:21). 그것은 율법과 무관하게 있던 하나님의 의이며, 이미 율법과 선지자들에게 증거를 받은 것입니다(3:21). 이것은 "곧 예수 그리스도를 믿음으로 말미암아 모든 믿는 자에게 미치는 하나님의 의니 차별이 없느니라"(3:22)는 말로 이어집니다. 구원은 유대인이 독점한 율법이 아니라, 죄인인 이방인과 유대인에게 동일한 방법인 예수 그리스도에 대한 믿음으로 가능해졌습니다. 인종적 차별뿐 아니라, 사회적, 경제적, 성적, 모든 면에서 예수 그리스도의 구원에는 차별이 없습니다. 그것은 모든 사람에게 동일하게 이루어지는 구원입니다. 그 구원은 무슨 행위나 법으로 되는 것이 아니기 때문입니다. 그것은 인간의 조건에 따른 것이 아니라 하나님의 은혜에 따른 것입니다. 이것이 칭의론입니다. 우리는 하나님의 은혜로 의로움을 입었습니다. 실상은 그렇지 못한 존재인데 말입니다.

그러므로 그 구원에는 하나님의 의만이 나타나며 그 구원은 사람들 사이의 온갖 차별과 불평등을 없애 줍니다. 하나님의 은혜 앞에서 인간의 행위는 의미를 잃기 때문입니다. 로마서는 예수 그리스도로 말미암은 구원을 이야기하면서 우리를 하나님 앞에 세웁니다. 하나님은 이방인의 하나님이며 또한 유대인의 하나님이라는 사실을 상기시킵니다(3:29-30). 이 때문에 유대인과 이방인은 하나님 앞에서 화해해야 하며 하나가 되어야 합니다. 이것이 로마서에서 칭의를 이야기하는 핵심입니다. 창조주 하나님을 기억한다면 그것은 당연합니다. 이렇게 믿음으로 말미암아 인간을 하나님 앞에 세우는 구원을 이야기하다 보면, 자연스럽게 하나님의 구원사를 생각하게 되고(9-11장), 율법의 기능도 생각하게 됩니다.

로마서 7장 12절은 "…율법은 거룩하고 계명도 거룩하고 의로우며 선하도다"라고 말하며, 14절은 율법을 신령한 것이라고 말합니다. 로마서에서 율법은 부정적으로 처리되지 않습니다.

하나님의 구원사에서 그것이 한정적이지만 구원의 역할을 했기 때문입니다(7:1-7). 그러나 율법의 한정적 기능은 예수로 말미암아 끝났습니다. 그리스도는 율법의 한정적 기능을 끝내고 율법의 목적을 완성했기 때문입니다(10:4). 3장 31절에서 그리스도에 대한 믿음으로 말미암아 율법을 굳게 세운다고 말하는 것은 이를 의미합니다. 예수 그리스도는 모든 사람을 하나님의 은혜 앞에 세우는 구원입니다. 칭의론은 우리가 '예수 그리스도 안에, 그리고 하나님 앞에' 있는 존재임을 알게 합니다.

복음이 주는 희망

바울의 복음은 예수 그리스도로 말미암아 값없이 이루어진 구원입니다. 이 구원은 우리의 존재를 변화시킵니다. 로마서 5장은 우리의 존재가 아담 안에서 그리스도 안으로 옮겨졌다고 말합니다. 아담에게 속해서 사망에 이르게 되었던 존재는 그리스도의 은혜로 말미암아 생명의 길로 들어섭니다. 구원이 일으킨 변화입니다. 그러나 구원으로 말미암아 우리가 죄에 대해서 죽은 자이며 그리스도 예수 안에서 하나님에 대해서 살아 있는 존재가 되었다고 하더라도(6:1-14), 우리가 가지고 있는 육이 끊임없이 우리를 죄에게로 끌고 간다는 데 문제가 있습니다. 우리는 악한 세상에 살고 있기 때문입니다. 구원받은 자들이 죄로부터 해방되어 의의 종이 되었지만, 의의 종으로 살아 내는 것은 또 다른 과제입니다. 바울은 이것이 얼마나 어려운지를 고백합니다.

'나'를 화자로 하는 이 고백은 7장 14-25절에 나옵니다. 14-25절의 '나' 고백이 과거의 바울을 이야기한다는 지적도 있습니다. 바울이 이미 구원을 받았으니 이런 혼란이 있을 수 없다는 것입니다. 그러나 그것은 오해입니다. 구원을 받았기 때문에 혼란은 더욱 가중됩니다. 이전에는 당연한 것들이 예수 그리스도 안에서 더 이상 가능하지 않다는 것을 알게 되었기 때문입니다. "…나는 육신에 속하여 죄 아래에 팔렸도다"(7:14)로 시작하는 이 고백은 25절까지 현재형 동사로 이어집니다. 이 갈등은 구원받은 자의 현실입니다. 바울은 지금 그리스도에 속한 자이지만, 속사람이 따르는 하나님의 법과 육신이 섬기는 죄의 법 사이에서 벌어지는 갈등 때문에 괴로워합니다. 하나님의 법을 따르며 이 세상을 살아가는 사람이라면 누구에게나 찾아오는 갈등입니다. 그러므로 "오호라, 나는 곤고한 사람이로다. 이 사망의 몸에서 누가 나를 건져내랴"(7:24)라는 바울의 탄식은 우리 모두에게 해당합니다.

그런데 이 처절한 상황에서도 바울은 예수 그리스도로 말미암아 하나님에게 감사합니다(7:25). 그것은 하나님이 예비하신 성령 때문입니다. 8장 1-2절은 "그러므로 이제 그리스도 예수 안에 있는 자에게는 결코 정죄함이 없나니 이는 그리스도 예수 안에 있는 생명의 성령의 법이 죄와 사망의 법에서 너를 해방하였음이라"고 선언합니다. 어쩌면 예수를 괜히 믿었다 싶을 정도로, 육을 입은 인간이 그리스도 예수 안에서 사는 것은 쉽지 않습니다. 그 부족함은 우리를 늘 죄책감에 시달리게 합니다. 그러나 누구도 그런 우리를 정죄할 수 없는 것은, 우리 안에 성령이 있기 때문입니다. 우리 힘으로는 하나님의 법과 죄의 법이 일으키는 갈등에서 벗어날 수 없지만, 예수 그리스도의 사랑과 성령의 지속적인 도움은 이 땅에서 진정한 해방을 누릴 수 있는 열쇠가 됩니다.

그러므로 8장에 나오는 성령의 이야기는 칭의가 어떻게 희망이 되는지를 보여 줍니다. 성령이 이 세상에서 하나님의 법을 따라 살아갈 수 있는 길을 열어 주기 때문입니다. 우리 안에 있는 하나님의 영이 우리가 하나님의 생명을 따를 수 있도록 할 것입니다. 그러므로 로마서 8장 9절은 "만일 너희 속에 하나님의 영이 거하시면 너희가 육신에 있지 아니하고 영에 있나니 누구든지 그리스도의 영이 없으면 그리스도의 사람이 아니라"고 말합니다. 예수 그리스도로 말미암아 아담에게서 그리스도로 옮겨 갔을 뿐 아니라, 우리 안에 있는 성령이 우리가 육신의 일을 거스르고 지속적으로 하나님의 자녀로 살 수 있도록 도와 줄 것입니다. 그리고 8장 18-30절은 하나님이 만드신 모든 피조물에게로 이 구원의 희망을 종말론적으로 확장합니다. 우리의 연약함을 아시는 성령은 우리가 하나님의 종말론적 구원에 동참할 수 있도록 우리를 위하여 기도하며 우리 삶을 이끌어 줍니다. 우리는 단지 그 성령의 인도에 순종하면 됩니다.

그러므로 "그런즉 이 일에 대하여 우리가 무슨 말 하리요 만일 하나님이 우리를 위하시면 누가 우리를 대적하리요"로 시작하는 8장 31-39절의 고백은 우리 믿음의 백미입니다. 31절은 8장 1-2절을 다시 상기시킵니다. 갈등하고 좌절하며 곤고한 몸 때문에 절규하는 인간에게, 예수 안에 있는 사람에게 정죄함이 없다고 선언한 것처럼, 이제 8장의 결론에 이르러 31절도 같은 말을 합니다. 누구도 우리를 대적할 수 없다고 말합니다. 그리고 그것은 "…우리를 우리 주 그리스도 예수 안에 있는 하나님의 사랑에서 끊을 수 없으리라"는 39절의 고백으로 마무리됩니다. 로마서 3-8장은 예수 그리스도로 말미암은 구원의 방법과 그로 인한 변화, 그 변화를 지속할 수 있는 방법까지 우리에게 알려줍니다.

하나님의 구원 역사

희망은 언제나 하나님으로부터 옵니다. 예수 그리스도의 구원과 성령의 도움은 우리가 하나님의 자녀로 살아갈 수 있는 희망입니다. 이 희망은 어느 때이든, 누구든, 배제하지 않고 하나님의 역사 속에 존재했습니다. 하나님의 역사는 언제나 희망찬 구원의 역사이기 때문입니다. 하나님이 유대인에게 율법을 주었을 때도, 하나님은 언제나 이방인들에게 구원의 문을 열어 놓았습니다(10:11-13). 하나님의 구원을 독점하며 하나님의 자비를 웃음거리로 만든 것은 유대인이었습니다(10:1-10). 그러나 하나님의 자비와 구원을 경멸하는 자에게는 하나님의 진노가 임할 것입니다(2:1-16). 하나님은 언제나 기다리지만 끝까지 기다리지 않습니다(10:21). 그러므로 하나님이 기다릴 때, 아직 시간이 있을 때, 하나님의 진노를 두려워하며 하나님에게 돌아오는 것이 좋습니다. 모두가 돌아오는 것이 하나님의 뜻이기 때문입니다.

하나님이 그의 아들을 이 땅에 보내 구원의 길을 연 것도 이를 위함입니다. 바울이 깨달은 것은 바로 이러한 하나님의 역사입니다. 그는 예수 그리스도의 복음이 하나님의 구원 역사 속에서 연속성을 지니고 있다는 사실을 깨달았습니다. 율법을 통한 구원과 예수 그리스도를 통한 구원은 모든 사람을 구원하려는 하나님의 역사 속에서 하나로 연결됩니다. 하나님은 이렇듯 인간에게 구원의 역사를 열어 놓았는데, 인간이 그 구원에 응답하지 못한다면, 구원에 이르지 못하는 것은 인간 자신의 책임입니다. 로마서는 하나님의 구원과 인간의 책임이라는 문제를 심도 있게 다룹니다. 그러므로 우리는 하나님의 구원에 응답해야 하며 사람들이 하나님의 구원의 복음을 들을 수 있도록 전해야 합니다(10:9-15). 이로 인해 이방인의 사도인 바울은 유대인의 구원도 포기하지 않습니다. 9-11장은 바로 이러한 내용을 다룹니다.

그런데 어떤 사람들은 종종 9-11장이 예수 그리스도의 복음을 이야기하는 로마서의 내용에 어울리지 않는다고 말하기도 합니다. 그 부분이 아마도 불필요하게 끼어든 것 같다고 주장합니다. 그것은 전적으로 오해입니다. 9-11장의 구원 역사는 모든 사람에게 열려 있는 예수 그리스도의 복음을 이해하는 틀입니다. 그러므로 바울은 자기가 유대인들의 구원을 얼마나 갈망하고 있는지 알리며 9-11장을 시작합니다. 그는 유대인이 하나님의 구원 역사에 들어와야 하는 필연성을 알았고 그 일을 위해서 자신이 저주를 받아도 좋다고 말합니다. 그리고 이 구원의 틀을 11장 11-12절에서 이야기합니다. 유대인들이 예수를 거부함으로써 예수의 구원이 이방인에게 넘어가게 되었습니다. 그러나 거기서 끝은 아닙니다. 이방인의 구원은 유대인의 시기심을 자극하여 마침내 유대인이 하나님에게로 돌아오게 만들 것입니다.

결국 하나님의 구원 역사 속에서 누구도 배제되지 않는다는 말입니다. 바울은 "그들의 넘어짐이 세상의 풍성함이 되며 그들의 실패가 이방인의 풍성함이 되거든 하물며 그들의 충만함이리요."(11:12)라는 말을 덧붙입니다. 역사는 정해져 있지 않습니다. 확실한 것은 모든 사람을 구원하는 하나님의 자비뿐입니다. 그러므로 유대인의 넘어짐이 이방인의 구원으로 연결되었지만, 유대인이 넘어지지 않았더라도 하나님의 구원 역사에서 이방인은 배제되지 않았을 것입니다. 바울은 하나님의 구원 역사가 얼마나 넓고 풍성한지를 설명합니다. 그것을 생각한다면, 그 역사 속에서 인간의 책임이 더욱 커지는 것도 분명합니다. 그러므로 바울의 결론은 이방인과 유대인의 관계로 이어집니다.

11장 17-21절은 이방인들에게 다음과 같이 경고합니다: "또한 가지 얼마가 꺾이었는데 돌감람나무인 네가 그들 중에 접붙임이 되어 참감람나무 뿌리의 진액을 함께 받는 자가 되었은즉, 그 가지들을 향하여 자랑하지 말라. 자랑할지라도 네가 뿌리를 보전하는 것이 아니요 뿌리가 너를 보전하는 것이니라. 그러면 네 말이 가지들이 꺾인 것은 나로 접붙임을 받게 하려 함이라 하리니 옳도다. 그들은 믿지 아니하므로 꺾이고 너는 믿으므로 섰느니라.… 하나님이 원 가지들도 아끼지 아니하셨은즉 너도 아끼지 아니하시리라." 요점은 이방인과 유대인의 화해가 절실하다는 말입니다. 그것은 선택이 아니라 의무입니다. 믿는 사람들은 언제나 하나님의 인자함과 준엄함 앞에 있습니다. 하나님이 인자를 베푸실 때 그 인자를 경멸한다면, 그에게는 준엄한 심판만이 있을 것입니다.

모두의 교회

로마서 16장에는 바울이 인사를 전하는 많은 사람의 이름이 나옵니다. 그중 눈에 띄는 사람이 뵈뵈입니다. 16장 1-2절은 뵈뵈라는 지도자를 추천하는 내용입니다. 바울은 그녀를 잘 영접하고 무엇이든 그녀가 원하는 것을 도와주라고 말합니다. 그러면서 1절에서 겐그레아 교회의 일꾼으로, 2절에서 교회의 보호자로, 뵈뵈를 소개합니다. 우선 2절에 언급된 '보호자'를 먼저 살펴보겠습니다. 보호자는 '좋은 친구'라는 의미를 내포하는 단어로 행정가나 지도자를 이르는 말입니다. 이들의 사회적 위치는 당시의 사회 체계인 파트론-클라이언트patron-client 제도에서 이해할 수 있습니다. 파트론은 보호자로, 클라이언트는 피보호자로 번역되는데, 파트론은 그들의 클라이언트에게 법적이고 재정적 도움을 제공하고 클라이언트는 그들의 파트론에게 충성심으로 보답합니다. 도움을 주고 충성을 받는 이 둘 사이에는 위계질서가 형성됩니다. 많은 클라이언트를 가지고 있을수록 훌륭한 파트론으로 인정받으며 사회에 영향력을 끼칩니다.

뵈뵈에게 사용된 보호자라는 말은 이러한 사회적 맥락에서, 다른 사람을 돌봐 주는 후견인의 역할을 하는 사람으로 이해하면 됩니다. 뵈뵈는 자신의 것으로 공동체 구성원을 돌보며 그들을 섬겼던 것 같습니다. 뵈뵈를 이렇게 보호자로 부른다는 것은 그녀가 교회에 영향력 있는 지도자라는 사실과, 초기 교회들에서 지도자가 되는 데 있어서 남자와 여자의 성적 차이는 문제가 되지 않았다는 사실을 보여 줍니다. 이는 7절에 언급된 안드로니고와 유니아를 통해서도 알 수 있습니다. 이들이 함께 나온 것으로 보아 이 둘은 부부였던 것으로 추측됩니다. 그들은 사도들에게 존중히 여김을 받은 이들로 소개됩니다(16:7). 아마도 사도들이 그들을 귀하게 여겼다는 정도의 의미입니다. 그러나 이 구절에 대한 원문의 번역을 조금 달리하면 의미도 달라집니다.

문장에 나오는 전치사구나 단어의 의미로 보아서 그들은 사도들 중에서 '탁월한 자들'이라는 번역이 가능합니다. 이 새로운 번역은 뵈뵈를 보호자로 소개하는 것처럼, 그들을 탁월한 사도로 소개합니다. 안드로니고와 유니아가 사도들 사이에서 칭찬받는 사람이라는 것과 칭찬받는 사도라는 것은 전적으로 다릅니다. 더욱이 고린도전서 15장을 보면, 그들이 사도로 불렸을 가능성을 배제할 수 없습니다. 고린도전서 15장 5-9절에는 부활한 예수를 목격한 사람들의 명단이 나옵니다. 게바, 열두 제자, 오백여 형제, 야고보, 모든 사도, 그리고 바울입니다. 우리는 일반적으로 사도라고 하면 열둘을 생각하는데 5절에서 열둘이 언급되고 7절에 "…그 후에 모든 사도에게…"보이셨다는 말이 나오는 것을 보면, 바울에게 사도의 개념은 열둘을 훨씬 넘어섭니다. 바울이 언제나 스스럼없이 자신을 사도로 칭하는 것도 이를 나타냅니다.

사도의 범위가 이렇게 넓다면, 안드로니고와 유니아가 사도일 리 없다고 단정할 수 없습니다. 그들은 칭찬받을 만한 사도였고, 사도가 되는 데 있어서 남자와 여자의 차이는 없었습니다. 바울의 복음이 인종적, 사회적, 성적 차이가 그리스도 안에서 차별로 이어지는 것을 금한다면, 각종 다양한 차이가 교회의 지도자나 사도가 되는 것을 막지 못한다는 것도 당연합니다. 16장에 언급된 이름들은 바울의 교회에 그리스도 안에서의 이러한 평등성이 실현되었음을 알려 줍니다. 그리고 보면, 뵈뵈나 안드로니고와 유니아에 대한 번역에 세심함이 떨어지는 듯합니다. 조금 더 그들의 위상을 드러내 줄 수 있었으면 좋았을 텐데, 하는 아쉬움이 남습니다. 교회의 후견인이었던 뵈뵈에게 사용된 '일

로마서

꾼'이라는 번역도 그렇습니다.

'일꾼'으로 번역된 '디아코노스'라는 단어는 아볼로에게도 사용됩니다. "…그들은 주께서 각각 주신 대로 너희로 하여금 믿게 한 사역자들이니라"(고전 3:5). 같은 단어가 뵈뵈에게는 '일꾼'으로 아볼로에게는 '사역자'로 번역되었습니다. 번역자는 왜 이런 차이를 만들었을까요. 아마도 뵈뵈가 교회에서 지도자 역할을 했다고 하더라도, 여자에게는 '사역자'라는 명칭을 꺼렸던 것 같다는 의심이 듭니다. 바울은 여자인 뵈뵈와 남자인 아볼로에게 동일한 단어를 사용했는데도 말입니다. 그러나 로마서 12장 3-8절에 따르면, 교회에서 일하는 데 중요한 것은 '믿음의 분량', 혹은 '믿음의 분수'입니다. 자신이 가지고 있는 믿음의 정도에 따라 그리스도의 몸에 참여하는 것이 중요합니다. 섬기는 일이든, 가르치는 일이든, 구제하는 일이든, 그것은 믿음의 분량에 따른 것이지, 성적, 인종적, 경제적 조건에 따르는 것이 아닙니다. 지도자도 그렇습니다.

그러나 성경을 읽다 보면 이러한 의미를 찾아내는 것이 쉽지 않습니다. 구약성경과 신약성경이 가부장적 인식을 반영하고 있기 때문입니다. 가부장제는 하나님의 말씀을 받았던 사람들이 살았던 시대를 지배하던 체제입니다. 여자들에 대한 억압은 일상적이었습니다. 그러나 성경은 그러한 억압을 뚫고 해방과 자유를 모든 사람에게 돌려줍니다. 모든 사람을 그리스도의 몸으로 말입니다. 예수의 구원이 모든 사람을 차별 없이 불러들였기 때문입니다. 그러나 이를 제대로 이해하지 못하면 뵈뵈나 안드로니고와 유니아에게처럼 오히려 본문의 의미를 흐리는 번역 작업이 일어나게 됩니다. 게다가 어떤 경우는 설교 과정에서 설교자의 가부장적 사고로 성경의 의도와 달리 본문이 해석되는 불상사도 일어납니다.

성경이 모든 사람에게 하나님의 구원을 선포하며 새로운 생명을 주는 것이 확실하지만, 다양한 면에서 애초에 그 권리를 박탈당했던 사람들에게 성경의 자유와 해방을 선포하기에는 넘어야 할 산이 아직도 높습니다. 그러므로 성경을 이해하고 해석하는 모든 과정에서, 숨겨져 있는 생명의 의미를 찾으려는 지난한 노력이 필요합니다. 그 모든 것의 출발점은 예수가 모든 사람을 위해서 죽었고, 모든 사람이 그리스도 안에서 새로운 생명을 얻었으며, 그들이 믿음으로 얻은 생명에는 차별이 없다는 사실입니다. 믿음으로 구원을 얻은 사람들은 그리스도의 몸을 함께 이루며, 그리스도의 몸을 이루는 모든 사람은 각각 말할 수 없이 소중한 존재들입니다.

화해

그리스도의 복음은 예수가 자신을 우리를 위한 화목 제물로 세우는 것이었습니다(3:25). 이 때문에 하나님이 길이 참는 중에 우리가 전에 지은 죄를 간과하고 우리를 의롭게 여겨 주었습니다. 우리와 하나님 사이에 화해가 이루어진 것입니다. 그리스도 안에서의 새로운 생명은 이 화해로 얻어졌습니다. 그렇다면 이제 우리의 삶도 달라져야 합니다. 구원받은 삶으로 말입니다. 구원은 하나님에 의해서 이루어졌지만, 구원받은 사람은 그에 합당한 삶을 살아야 합니다. 삶은 전적으로 인간의 책임입니다. 그러므로 값없이 이루어진 예수 그리스도의 구원이 마치 구원 후의 행함조차 무효한 것으로 만든다고 생각한다면, 그것은 오해입니다. 그리스도 안에 있는 사람은 자신 안에 있는 예수의 생명을 드러내야 합니다. 그러므로 바울은 로마서에서 신학적 내용을 표현할 때도 그것을 윤리적 요구와 분리시키지 않습니다. 이것을 다른 말로 하면, 직설법과 명령법의 혼합이라 할 수 있습니다.

직설법은 신학적 내용을 설명하며, 명령법은 윤리적 삶을 요구합니다. 예를 들면 예수의 죽음과 부활이 우리를 죄로부터 해방시켰다는 내용(6:1-9)과 우리가 죄의 종노릇을 하지 말아야 한다는 요구(6:10-14)가 하나로 연결해 있는 형식입니다. 이런 구성은 로마서에서 자주 등장합니다. 로마서에는 이론과 윤리가 켜켜이 쌓여 있어서 신학적 설명 부분과 윤리적 요구 부분을 따로 구분하여 로마서를 읽는 것은 의미가 없습니다. 그러므로 구원받은 자로서 어떻게 살아야 할지는 이미 1-11장에서도 충분히 언급됩니다. 다만 12-15장은 구체적인 문제들이 전제되어 있어서 윤리적 문제가 더욱 부각될 뿐입니다. 이 부분에만 윤리적 내용이 나오는 것이 아니라는 사실을 기억하면 좋겠습니다. 이런 상황에서 '그러므로'로 시작하는 로마서 12장 1-2절은 앞의 내용(1-11장)을 결론 삼아서 뒤의 내용(12-15장)을 시작하는 역할을 합니다. 12장 1-2절은 구원받은 삶에 대한 일종의 지침입니다.

"…너희 몸을 하나님이 기뻐하시는 거룩한 산 제물로 드리라. 이는 너희가 드릴 영적 예배니라"(12:1)는, 우리를 위해 화목 제물이 된 예수를 상기시키며(3:25) 예수의 구원과 우리의 삶을 연결합니다. '몸'은 바울에게 매우 중요한 단어입니다. '육'이 신체성, 혹은 죄성과 연결되어 있다면, '몸'은 생명을 의미하는 통전적 의미를 담습니다. 몸은 삶입니다. 12장 1절은 하나님을 기쁘게 하려고 자신을 내어놓는 삶의 모든 순간을 예배라고 말합니다. 그렇다면 무엇이 하나님을 기쁘게 할 것인가, 어떻게 그것을 알 것인가, 하는 문제가 중요합니다. 2절은 말합니다. "너희는 이 세대를 본받지 말고 오직 마음을 새롭게 함으로 변화를 받아 하나님의 선하시고 기뻐하시고 온전하신 뜻이 무엇인지 분별하도록 하라." 이 세대를 본받지 않는 것, 마음을 바꾸어 새로운 삶을 사는 것, 하나님의 뜻을 분별하는 것, 그것이 필요합니다.

12-14장이 다루는 윤리적 권면은 이러한 지침의 실천이라고 할 수 있습니다. 모든 윤리적 권면의 근본은 로마 교회가 하나님의 뜻 안에서 바른 믿음을 갖는 것입니다. 그런데 여기서 주목해야 할 것은 로마서 13장입니다. "각 사람은 위에 있는 권세들에게 복종하라. 권세는 하나님으로부터 나지 않음이 없나니 모든 권세는 다 하나님이 정하신 바라"로 시작하는 13장 1절은 많은 오해를 받았습니다. 이 구절이 로마에 대한 복종을 의미한다고 생각한 것이지요. 그러나 당시의 막강한 로마 권세를 생각해 보십시오. 그리고 묵시문학적 종말론적 역사 이해를 생각해 보십시오. 바울은 드러내 놓고 로마를 공격할 수 없습니다. 그렇다고 해서 그가 로마의 통치를 지지하지도 않습니다. 그것이 하나님의 통치에 반한다면 더욱이 그럴 수 없습니다. 그러므로 13장 1절의 속뜻을 알기 위해서 문맥을 잘 파악해야 합니다. 13장 7절, "모든 자에게 줄 것을 주되… 두려워할 자를 두려워하며 존경할 자를 존경하라"는 확실한 분별을 촉구합니다.

권세에 복종하는 것은 그 권세가 선을 행하고 하나님의 뜻을 드러낼 때입니다. 그러니 누구를 두려워하고 누구를 존경할지, 무엇이 선이고 무엇이 악인지, 무엇을 행하고 무엇을 참아야 할

지, 무엇이 하나님의 뜻이고 무엇이 사람의 뜻인지를 분별해야
합니다. 그러나 어찌 권세 문제에만 분별이 필요하겠습니까? 삶
이 예배가 되기 위해서는 모든 면에서 이렇듯 세심한 분별과 변
화의 의지가 필요합니다. 그것이 세상에 대해서 하나님의 뜻을
세우고 공동체를 하나가 되도록 만드는 태도입니다. 그러므로 공
동체 안에서 사랑과 선을 실천하는 문제에 대해서도(12:3-21),
우상 제물 문제에 대해서도(14:1-15:13), 바울의 권면은 시대를
따르지 않고 새로운 방향으로 나아가며 하나님의 뜻을 분별하
는 것을 바탕으로 합니다. 이러한 삶이 따라가는 것은 결국 예수
입니다. 예수가 우리에게 화목 제물이 되었던 것처럼, 산 제물인
우리도 바로 이 화해를 세상 앞에 보여야 합니다. 우리는 삶으로
서 우리가 하나님과 화해했다는 것뿐 아니라, 우리가 서로 화해
함으로써 새로운 생명을 누리고 있다는 사실을 보여야 합니다.

이어지는 15장 14-33절의 마지막 인사에서, 바울도 이를 고
백합니다. 하나님의 기뻐하는 거룩한 산 제물로서 바울이 애쓴
것은 하나님과 이방인의 화해이며, 유대인과 이방인의 화해입
니다. 그는 그렇게 예수의 길을 따랐다고 말합니다. 그러나 이
마지막 인사에서 놓치지 말아야 할 것이 있습니다. 15장 30-32
절에 나오는 기도의 부탁입니다. 부탁하는 기도의 내용은 두 가
지입니다. 하나는, 이제 예루살렘에 가야 하는 상황에서 그곳에
서 예견되는 위험을 위한 기도입니다. 바울은 이방인의 사도로
활동했지만, 실상은 제국의 중심인 로마에는 가 보지도 못했고
로마 교회와는 상관도 없는 처지입니다. 이방인의 사도라는 말

이 무색할 지경입니다. 예루살렘 방문을 앞두고, 로마 교회의 지지는 바울에게 무엇보다 필요했습니다. 유대인들의 위협이 극에 달한 상황에서, 로마 교회의 지지는 바울이 이방인의 사도임을 증명하며 그의 사역의 정당성을 확보할 수 있게 하는 요소였기 때문입니다. 그리고 다른 하나는, 바울의 로마 방문을 위한 기도입니다. 첫 번째와 두 번째 기도의 내용은 연결되어 있습니다. 바울이 예루살렘에서의 위험을 견뎌야 그 후에 그토록 바라던 로마 방문을 이룰 수 있을 것이기 때문입니다.

바울은 로마에 가기를 간절히 바라며 기도해 왔습니다(1:8-13). 그렇기 때문에 예루살렘에서의 위험을 감지하면서도 바울은 로마행을 포기하지 않았습니다. 바울이 로마 교회를 위해 기도했던 것처럼, 그들도 바울을 위해서 간절히 기도해 준다면, 그들이 만날 수 있으리라는 소망이 숨겨져 있는 것 같습니다. 이러한 소망은 기도의 능력에 대한 바울의 확신을 보여 줍니다. 기도는 바울과 로마 교회를 하나로 묶어 줄 것입니다. 또한 기도는 로마 교회와 예루살렘 교회를 하나로 묶어 줄 것입니다. 그러므로 기도는 그들이 하나님의 구원사에 함께 참여하고 있다는 사실을 깨닫게 할 것입니다. 그렇게 기도로 하나 됨을 경험했다면, 그들은 기도가 로마 교회에 발생한 이방인과 유대인의 갈등을 풀 수 있는 열쇠임도 알게 될 것입니다. 바울이 로마서의 처음 인사와 마지막 인사에 이토록 간절한 기도의 심정을 담은 것은 로마 교회가 기도로 하나 되기를 바랐기 때문일 것입니다. 로마서에서 기도는 화해의 시작과 끝입니다.

로마서 안에 머물기

1 1장 8-15절의 안부 인사에 대해 생각해 봅시다. 이 구절에서 바울이 로마 교회에 가 보지 않았다는 것을 알 수 있습니다. 방문한 적 없는 교회에 편지를 쓰는 바울의 심정과 그토록 로마 교회에 가고자 했던 이유를 생각해 볼까요?

2 1장 16-17절과 3장 19-31절에 나오는 하나님의 의에 대해 묵상해 봅시다. 하나님의 의는 무엇을 통해서 드러납니까? 예수 그리스도를 통한 하나님의 의가 율법과 다른 점은 무엇인가요?

3 7장 14-25절에 나오는 '나'의 탄식과 8장 1-39절의 성령의 도우심에 대해서 이해해 봅시다. 바울은 무엇 때문에 괴로워하고 있나요? '나'는 어떤 존재인가요? 우리의 곤고함이 해결되었다면 그것은 무엇 때문인가요? 우리는 무엇 안에서 자유를 누리나요?

4 12장 1-2절을 묵상해 봅시다. 그리스도인으로 산다는 것은 무엇일
   까요? '산 제물'로 산다는 것은 어떤 삶일까요?

5 15장 22-33절에 나오는 마지막 인사에 대해서 생각해 봅시다. 지금
   바울의 상황과 로마 교회에 부탁하는 것은 무엇입니까? 로마 교회
   의 기도가 그토록 절실한 이유가 무엇일까요? 우리에게 누군가의
   기도가 절실할 때는 언제였나요? 기도의 힘은 무엇이라 생각하시
   나요?

고린도전서, 고린도후서

고린도전서

고린도 교회의 상황

고린도 교회는 문제가 많았습니다. 그런데 이 교회의 문제는 고린도라는 도시와 무관하지 않은 것 같습니다. 기원전 146년, 고린도는 로마에 의해 파괴된 후 약 1세기 동안 폐허로 버려져 있다가 기원전 44년 제대한 로마 군인들을 위한 거류지로 재건되었습니다. 신흥 도시의 특성은 오래된 지주나 전통이 없다는 것입니다. 더군다나 활발한 무역으로 경제적 부를 누릴 수 있는 기회들이 많았던 고린도는 사회적으로 신분 상승을 할 수 있는 조건을 신흥 부자들에게 제공했습니다. 고린도는 옛것에 얽매이지 않고 모든 것을 이룰 수 있는 가능성의 도시가 되었습니다. 또한 활발한 무역으로 화류계 여자들이 많이 몰려들었던 고린도는 창기들의 도시로도 유명해졌습니다. 그 도시에서 성적 문란은 그리 낯설지 않았습니다. 경제적, 사회적으로 자신들의 지위를 누릴 수 있는 고린도 사람들은 운동 경기와 파티를 즐겼고 자신들만의 자유를 만끽했습니다.

고린도에 만연했던 자유는 그 도시를 개방적이고 역동적으로 만들었을 뿐 아니라, 불확정적이고 혼란한 도시로 만들기도 했습니다. 이런 도시의 분위기와 관습에 익숙한 사람들이 교회로 들어왔습니다. 고린도에 보낸 바울의 편지들을 보면, 고린도 교회 사람들 중 일부가 아마도 그들에게 익숙한 방식대로 예수를 받아들였던 것 같습니다. 예수로 말미암은 새로운 삶을 자신들의 사고에 접목시키면서 말입니다. 예수를 믿었다고 해서 지금까지 익숙하던 것을 하루아침에 바꾸는 것은 쉽지 않았을 것입니다. 그것은 관습이나 습관의 힘이기도 하며 또한 바울이 로마서에서 고백한 것처럼 죄에 팔린 육신의 곤고함 때문이기도 합니다. 결국 그러한 상황이 사사건건 교회의 문제를 일으키는 원인이 되었을 것입니다. 교회는 세상에서 알던 기존의 익숙한 질서와 예수의 새로운 질서가 충돌하는 곳이기 때문입니다. 교회의 모든 갈등은 예수의 새로운 질서를 받아들이는 방식의 차이에서 옵니다.

바울은 두 가지 경로를 통해서 고린도 교회에 문제가 있다는 사실을 알게 되었습니다. 하나는 글로에의 집에서 온 사람들을 통해서이고(고전 1:11), 다른 하나는 고린도 교회 사람들이 그에게 보낸 편지를 통해서입니다(고전 7:1). 이러한 경로를 통해서 다양한 문제들을 접한 바울이 고린도 교회에 답으로 첫 번째 편지를 보낸 것이 고린도전서입니다. 우리는 바울이 고린도에 보낸 첫 번째, 두 번째 편지만 가지고 있지만, 편지들을 자세히 읽어 보면 바울이 고린도 교회에 편지를 더 많이 썼다는 사실을 알 수 있습니다. 고린도전서 5장 9장에는 "내가 너희에게 쓴 편지에…"라는 말이 나오는데, 이는 고린도전서를 쓰기 전에 바울이 고린도 교회에 이미 편지를 보낸 적이 있다는 사실을 알려 줍니다. 그런데 우리는 그 편지를 가지고 있지 않습니다. 그러므로 그 편지에 '잃어버린 편지'라는 제목을 붙여 놓았습니다. 그 잃어버린 편지는 고린도전서가 작성되기 전에 바울이 고린도 교회에 보냈다고 추측할 수 있는 편지입니다.

고린도전서를 쓰고 아마도 1년 정도 지나서 고린도후서를 쓴 것 같습니다. 그런데 그 1년 사이에 바울과 고린도 교회 사이에는 오해가 깊어졌습니다. 고린도후서를 읽어 보면 그러한 흔적들을 엿볼 수 있습니다. 고린도전서 16장 5절에 따르면 바울은 고린도전서를 쓰고 마게도냐로 갔다가 고린도를 방문하려고 계획했습니다. 그러나 고린도후서를 보면 이 계획은 변경되었습니다. 디모데를 통해서 고린도 교회의 상황을 들은 바울은 마게도냐를 포기하고 곧장 고린도로 갔습니다(고후 13:2). 이는 바울의 두 번째 고린도 방문입니다. 바울의 방문은 성공적이었던 것 같습니다. 바울은 그제야 마게도냐로 갔습니다. 그리고 바울은 또다시 고린도에 가겠다는 계획을 세웠습니다(고후 1:15-16). 그것은 신중하게 세운 계획이었지만 안타깝게도 이루지 못했습니다. 고린도 교회의 상황이 좋지 않았다는 소식을 들었고, 그런 때에 고린도를 방문하는 것은 바른 선택이 아니라고 생각했습니다(고후 2:1). 바울은 이런 일들로 인해 고린도 교회 사람들이 자신의 사랑을 오해할까 봐 걱정했지만 결정을 바꾸지는 않았습니다.

바울은 거처를 에베소로 옮겼고 그곳에서 편지를 썼습니다. 아마도 바울은 이 편지에서 고린도 교회에 발생한 문제에 대해서 편찮은 심정을 숨기지 않았던 것 같습니다. 고린도후서 2장 4절에는 "내가 마음에 큰 눌림과 걱정이 있어 많은 눈물로 너희에게 썼노니… 너희를 향하여 넘치는 사랑이 있음을 너희로 알게 하려 함이라"는 말이 나옵니다. 여기에 '눈물로 썼다'는 말이 나와서 이 편지를 눈물의 편지라고 부릅니다. 눈물에는 걱정과 분노와 같은 복잡한 심정이 담겼을 것입니다. 이런 격정적인 편지를 쓰고 바울은 또다시 고린도 교회 사람들이 자신의 마음을 오해할까 봐 걱정에 싸입니다(고후 7:8).

마음을 졸이던 바울은 마게도냐로 가서 편지를 전달한 디도가 돌아오기를 기다렸습니다(고후 2:13; 7:5). 디도는 고린도 교회 사람들의 마음이 바울에게로 돌아섰다는 소식을 전했고, 그제야 바울은 마음에 기쁨과 위로가 넘쳐 났습니다(고후 7:1-16). 고린도후서는 눈물의 편지 뒤에 보낸 편지입니다. 고린도후서에는 고린도 교회 사람들과 바울의 관계가 회복된 편안한 분위기가 드러납니다. 그런데 이 좋은 느낌은 10장 이후부터 지속되지 않습니다. 고린도후서 10-13장은 1-9장과 달리 바울의 분노가 나타납니다. 그러므로 고린도후서 1-9장을 화해의 편지라 부르고, 10-13장을 분노의 편지라 부릅니다. 한 편지에서 이런 상반된 느낌이 섞여 있다 보니, 아마도 서로 다른 시기에 보낸 편지들이 고린도후서라는 이름으로 묶여 있는 것은 아닌가 하는 추측이 나옵니다. 이렇게 여러 편지가 섞여 있을 가능성을 편지의 통일성 문제라고 부릅니다.

문맥의 자연스러움을 해치는 갑작스러운 변화들이 나타날 때, 통일성 문제가 종종 제기됩니다. 물론 우리가 이해할 수 없다고 무조건 다른 편지들이 섞여 있다고 판단하는 것은 섣부를 수 있습니다. 그러나 통일성 문제가 아니더라도 바울은 고린도 교회에 우리가 지금 가지고 있는 것들 이상의 편지를 쓴 것은 분명합니다. 잃어버린 편지, 고린도전서, 눈물의 편지, 고린도후서입니다. 그리고 통일성 문제를 반영하면, 고린도후서는 화해의 편지와 분노의 편지로 나뉩니다. 그런데 사람들에 따라 혹 고린도후서 10-13장의 분노의 편지가 고린도후서 2장 4절에 언급된 눈물의 편지일지도 모른다고 주장하기도 합니다. 이런 내용들을 종합하면 바울은 고린도 교회에 최소 4-5개 정도의 편지를 썼던 것으로 보입니다. 이렇게 복잡하게 고린도 교회에 보낸 편지들에 대해서 이야기하는 것은 그만큼 고린도 교회에 문제가 많았다는 사실을 상기시키기 위함입니다. 그러니 편지들을 읽으면서 바울의 동선과 다 드러나지 않은 바울의 마음도 헤아려 보았으면 좋겠습니다.

고린도후서가 고린도 교회와 바울 사이의 문제에 집중하고 있다면, 고린도전서는 고린도 교회 내부 문제들에 집중하고 있습니다. 고린도전서에는 당파 문제, 성적인 문제, 우상 제물 문제, 여자의 복장 문제, 성만찬 문제, 은사 문제, 부활 문제 등이 나옵니다. 표면적으로 다양한 이 문제들의 근본은 같습니다. 그것은 결국 힘의 문제입니다. 자신들이 세상에서 누렸던 힘과 권력을 교회에서도 누리려던 것이 화근입니다. 그러나 힘을 자랑하고 권력을 누리려는 발상 자체가 세상적 방식이며 예수 그리스도의 새로움을 따르지 않는 것입니다. 고린도전서는 옛 방식이 어떻게 교회의 다양한 문제들의 근저에 깔려 있는지를 여실히 보여 줍니다. 고린도 교회에 생긴 분당도 그 때문입니다. 아마도 일부가 자신들이 누구로부터 세례를 받았는지 들먹이며 자신들의 힘을 자랑했던 것 같습니다(고전 1:10-17). 자신들에게 세례를 준 사람들의 이름에 의지해서 자신들의 힘을 키운 것입니다. 공동체가 분열하는 것은 당연합니다.

이 문제를 해결하는 바울의 방식은 1장 18절에서 4장 21절까지 이어집니다. 문제를 해결하는 방식 하나는 그리스도로부터 나오며(1:18-23), 다른 하나는 사도라는 직분으로부터 나옵니다(4:1-21). 바울은 당파 문제를 해결하면서 사람들에게 십자가를 상기시킵니다. 1장 18절의 유명한 구절입니다. "십자가의 도가 멸망하는 자들에게는 미련한 것이요 구원을 받는 우리에게는 하나님의 능력이라." 예수를 믿는다면 모든 해법은 십자가에 있습니다. 유대인에게는 저주이며 이방인에게는 수치이지만, 십자가에는 하나님의 능력과 지혜가 있습니다. 십자가에서 예수의 구원과 생명이 드러났기 때문입니다. 그러므로 모든 문제는 간단합니다. 예수처럼 우리도 십자가를 지면 됩니다. 서로 잘났다고 할 것 없이 그냥 묵묵히 십자가에서 지혜와 능력을 찾는다면 공동체 안에 문제가 생길 것이 없습니다. 교회에 문제가 생겼다는 것은, 그것이 무엇이든 간에 십자가라는 믿음의 근본을 잃어버렸다는 사실을 드러냅니다.

이렇게 예수를 상기시킨 바울은 고린도 교회 사람들에게 애초에 그들이 잘난 것 없는 사람이었다는 사실도 상기시킵니다 (1:26-31). 더불어 분당을 일으키는 사람들은 하나님의 영을 받은 자의 모습이 아니라 육신에 속한 자, 곧 그리스도 안에서 어린아이와 같다고 진단합니다(3:1). 결국 교회 안에 발생한 문제는 그들의 정체를 드러냅니다. 문제를 일으킨 사람들은 자신들이 훌륭하다고 말하지만, 실은 자신이 누구인지 모르는 사람들입니다. 그러므로 바울은 그들의 정체성을 다시 한번 확인시켜 줍니다. "그런즉 누구든지 사람을 자랑하지 말라. 만물이 다 너희 것임이라. 바울이나 아볼로나 게바나 세계나 생명이나 사망이나 지금 것이나 장래 것이나 다 너희의 것이요 너희는 그리스도의 것이요 그리스도는 하나님의 것이니라"(3:21-23). 바울이나 아볼로나 게바에게 속한 것을 스스로의 자랑으로 삼는 사람들에게 바울은 오히려 역전된 사고를 알려 줍니다.

그들이 대단하게 생각하는 지도자들이 오히려 그들에게 속했다는 말입니다. 그리고 그들은 그리스도에게, 그리스도는 하나님에게 속했습니다. 그러니 그들이 따라가야 할 것은 그리스도이지 사람이 아닙니다. 그가 바울이라고 할지라도 말입니다. 사람에게 줄 서는 것은 세상의 방식입니다. 그 세상의 방식이 교회에 들어오고 사람의 이름을 빌어 힘을 자랑하려고 한다면 십자가의 능력은 잊혀질 것입니다. 바울은 십자가가 상실된 공동체를 교회라고 부르지 않습니다. 교회에 그리스도의 삶이 드러나지 않는다면 그것은 세상의 모임과 다르지 않습니다. 그리고 4장은 사도들의 삶을 언급합니다. 사도들은 사람들에게 손가락질당하며 박해를 받습니다(4:9-13). 그들이 서로 자기 편이라 우기는 사도들의 모습이 이러한데, 그들이 사도들의 이름을 팔아서 무슨 영광을 누리고자 한다면, 그것은 잘못되어도 한참이나 잘못된 것입니다. 그러므로 바울은 서로 대적하며 교만한 마음을 가지지 말라고 가르칩니다(4:6).

5-7장은 성적인 문제로 묶을 수 있지만, 그 세부 내용에는 차이가 납니다. 5-6장은 교회 내에 일어난 끔찍한 성적인 문제를 다룹니다. 이런 문제가 교회 안에서 버젓이 일어날 수 있었던 것은 그들에게 익숙한 인간 이해 때문입니다. 헬라적 사고는 일반적으로 영과 육의 분리라는 이원론적 인간 이해를 바탕으로 합니다. 그러한 이해를 가졌던 사람들이 예수의 구원 소식을 듣자, 일부는 이미 구원을 받았으니 육은 어떻게 되어도 상관이 없다고 생각했습니다. 그들은 계모와 관계를 맺었지만, 마지막

날에 그들의 육신만 멸망받을 뿐, 영은 구원을 받을 수 있다고 주장했습니다(5:5-6). 그러나 바울은 이들에 대해서 단호하게 대응합니다. 그것은 예수의 구원을 오해한 것이기 때문입니다.

바울은 인간을 영과 육이 아니라 '몸'으로 이야기합니다. 살아 있는 인간은 영과 육으로 나눌 수 없으며 그것을 바울은 몸이라는 통전적 언어로 말합니다. 몸은 삶이며 생명입니다. 우리의 구원은 영으로 한정된 것이 아니라 우리의 몸, 우리의 삶에서 일어납니다. 비록 우리가 육적인 질서 속에서 예수의 새로운 몸으로 사는 것이 쉽지 않더라도, 우리가 옛 질서가 아니라 새 질서를 따라야 할 이유입니다. 그러므로 여기에도 정체성의 문제가 제기됩니다. 바울은 우리 몸이 '그리스도의 지체'이며 '성령의 전'이라고 말합니다(6:15, 19). 고린도 교회의 문제는 그들이 누구인지 모르는 데서 나온 것입니다. 그들의 구원이 그들의 삶 전체에 어떻게 새로운 생명을 부어 주었는지를 망각하고 옛 사고를 따라가며 그들은 길을 잃었습니다.

그러므로 바울은 여기에 새로운 문제를 연결시킵니다. 그들의 정체성을 인간관계로 접근하는 것입니다. 7장은 결혼에 관한 이야기를 통해서 아내와 남편의 관계를 다룹니다. 고린도 교회에는 성적으로 문란한 문제도 있었지만 부부 사이에 금욕을 강조하며 각방을 쓰는 경우도 있었습니다(7:5). 바울은 그들에게 남편과 아내의 성性에 관해 말합니다. 그런데 그 내용은 매우 파격적입니다. 7장 3-4절은 남편과 아내가 각각 자기 몸을 자기 마음대로 주장하지 말고 서로에게 의무를 다하라고 권면하기 때문입니다. 당시의 가부장적 사회는 남자의 성에 여자의 성을 종속시키거나 일방적으로 남자의 성을 두둔하는 것이 일반적이었습니다. 그러나 성을 대하는 바울의 태도는 쌍방적이며 동등합니다. 바울이 남자와 여자의 성적 의무를 동등한 것으로 이해한다는 것은 결국 남자와 여자를 동등하게 이해한다는 것을 뜻합니다. 바울은 주 안에서 남자와 여자가 다르지 않다고 강조합니다.

그리고 이러한 사람에 대한 이해는 그가 처한 다양한 형편으로 확장됩니다. 어느 상황에 있더라도 중요한 것은 자신을 하나님이 값으로 사신 존재로 인식하는 삶입니다. 그런 사람은 누군가에게 매여 종으로 살지 않습니다(7:22-24). 그리스도인에게 중요한 것은 그리스도 안에, 하나님 앞에 사는 것이기 때문입니다. 그러므로 처녀가 혼자 지내면 좋겠다는 말(7:25-27)도 너무 과하게 이해할 필요는 없습니다. 이어지는 구절에 나오는 것처럼 바울은 어떤 특정한 삶을 의무로 부과하지 않습니다. 다만 어떻게 하든 주의 일에 더 많은 것을 할애할 수 있기를 권면할 뿐입니다. 그리고 이 모든 권면은 곧 종말이 올 것이라는 바울의 사상에서 기인합니다. 예수가 곧 온다면, 바울은 자신처럼 다른 사람들도 주의 일에만 매진해도 시간이 촉박하지 않을까, 생각했던 것입니다.

자유의 유보

8-9장에는 로마서와 동일한 문제가 나옵니다. 우상에게 바쳤던 제물을 먹는 문제입니다. 바울은 지식적으로는 우상 따위가 없으니 먹을 수 있지만, 공동체에 이런 문제가 발생했을 때 해법은 지식이 아니라 사랑이라고 말합니다(8:1-9). 무엇이든지 꺼리지 않고 먹을 수 있는 사람을 믿음이 강한 사람이라고 부르는 바울은, 믿음이 강한 사람의 자유 때문에 믿음이 약한 사람이 실족하는 것은 옳지 않다고 권면합니다. 그 사람을 위해서 예수가 죽었기 때문입니다. 그러므로 자신은 형제를 위해서 평생이라도 고기를 먹지 않겠다고 선언합니다(8:13). 이것이 그리스도 안에서, 하나님 앞에서 사는 사람의 모습입니다. 믿음은 무엇이든 할 수 있는 자신의 자유를 형제를 위해서 유보하는 것입니다. 바울은 복음을 위해서 자신이 누릴 수 있는 당연한 모든 것을 포기했습니다(9:1-15).

그러므로 바울은 값없이 복음을 전하고 권리를 전부 사용하지 않는 것 자체가 자신이 하나님에게 받은 상이라고 말합니다(9:18). 사람은 그럴 수 없다는 것을 바울은 알기 때문에, 그에게 자신의 삶은 이미 하나님의 상이 됩니다. 이 문제를 마무리하는 10장 23절은 "모든 것이 가하나 모든 것이 유익한 것은 아니요 모든 것이 가하나 모든 것이 덕을 세우는 것은 아니니"라고 말하며, 31절은 "그런즉 너희가 먹든지 마시든지 무엇을 하든지 다 하나님의 영광을 위하여 하라"고 권면합니다. 늘 덕을 세우는 것, 늘 하나님의 영광을 추구하는 것, 이것은 우리가 할 수 있는 일이 아닙니다. 그러나 이런 불가능한 일을 할 능력이 하나님으로부터 온다면, 그것이 상입니다. 바울은 자신의 강한 믿음을 자랑하는 사람들에게 그들의 믿음이 하나님의 상임을 알리고 싶었습니다. 그렇다면 그 상을 어떻게 사용하는 것이 하나님의 영광을 드러내는 일일지 알 것이기 때문입니다. 바울이 자신의 모습을 여러 형태로 변화시키는 것도 이 때문입니다. 바울은 유대인에게는 유대인처럼, 이방인에게는 이방인처럼 자신의 모습을 달리합니다(9:19-23). 자신이 받은 상으로 더 많은 사람을 복음으로 이끌기 위함입니다.

주 안에서 남자와 여자가 평등하다고 선언하는 복음은 한편으로 사람들에게 오해를 일으킨 것 같습니다(11:1-16). 당시 예배를 드릴 때 여자는 머리에 무엇을 쓰고 기도나 예언에 참여할 수 있었습니다. 아마도 바울의 교회에서는 여자가 적극적으로 예배에 참여하는 것이 문제가 되지 않았던 것 같습니다. 그것 자체가 매우 새로운 질서였지만 말입니다. 그러나 복장에 있어서는 머리에 무엇을 써야 한다는 일반적인 관습을 고수했습니다. 그런데 일부 여자들은 자신들에게만 부과된 조건이 부당하다고 생각한 것 같습니다. 그러므로 머리에 무엇을 쓰지 않고 기도하거나 예언했습니다. 이로 인한 문제에서 바울은 매우 단호하게 여자가 머리에 무엇을 쓰고 예배에 참여하라고 말합니다. 이 본문으로 인해 바울은 지금까지도 많은 비난을 받습니다. 바울이 여자들의 권리를 축소시켰다는 주장입니다.

그러나 여기서 두 가지 사실이 중요합니다. 바울이 여자와 남자의 관계에 대한 기본 입장을 바꾸지 않았다는 사실과 교회가 다른 이방 모임과 혼동되지 않도록 교회의 정체를 지켰다는 사실입니다. 11장 1-10절은 해석의 논란이 있지만, 핵심은 12-13절입니다. 여기서 바울은 남자와 여자 사이에 불평등하거나 종속된 관계가 있다는 모든 이해를 불식시킵니다. 그러므로 여자가 예배 때 기도하거나 예언하는 것에는 변함이 없습니다. 그러나 바울은 그 과정에서 복장 정도는 지켜 줄 것을 부탁합니다. 당시 이방 신전에는 여자들이 머리를 풀어헤치고 신접하며 예언하는 경우가 종종 있었습니다. 아마 교회에서 여자들이 머리에 무엇을 쓰지 않는다면, 사람들은 교회를 이방의 다른 모임들과 혼동할 수도 있었을 것입니다.

바울은 부수적인 복장 문제가 교회에 대한 오해를 불러일으키니 여자들에게 복장에 관한 자유를 유보해 달라고 부탁하고 있습니다. 바울이 여자들에게만 자유를 유보하라고 말한 것 같아서 불편하다는 사람들도 있습니다. 그러나 자유의 유보에는 여자나 남자가 없습니다. 누구든지 자신의 힘을 마음껏 누리고 싶은 사람은 돌아보아야 합니다. 복음을 전하는 데 있어서 자유를 어떻게 사용할지 주의를 기울여야 합니다. 11장 17-34절도 마찬가지로 자유의 문제입니다. 당시에는 예배가 끝나면 공동 식사를 했는데, 사정에 따라 모두가 함께 앉아서 식사에 참여하지 못했던 것 같습니다. 그런데 먼저 온 사람들이 음식을 모두 먹어 치워서 나중에 온 사람들은 식사를 할 수 없는 일이 생겼습니다. 바울은 이 일에 분노했습니다. 아마도 먼저 온 사람들은 힘이 있는 사람들이었을 것이기 때문입니다(11:17-22).

바울은 예수의 성만찬을 상기시키며 함께 먹는 것의 의미를 강조합니다. 교회에서 음식을 나누는 것은 단순히 배를 불리는 것이 아니라 우리가 예수의 피로 하나가 되었다는 징표입니다. 그런데 누군가는 와서 배부르고 누군가는 배를 곯는다면, 그것은 성만찬의 의미를 퇴색시키는 것입니다. 그러므로 11장 27절에서 "…누구든지 주의 떡이나 잔을 합당하지 않게 먹고 마시는 자는 주의 몸과 피에 대하여 죄를 짓는 것이니라"는 말은 교리를 이야기하는 것이 아니라, 당시 고린도 교회의 상황을 반영합니다. 먼저 와서 음식을 먹어 치우지 말라는 이야기입니다. 이것이 주의 몸을 나눈 사람들이 함께 사는 법입니다. 먹을 자유와 힘이 있더라도 기다려야 합니다. "…내 형제들아 먹으러 모일 때에 서로 기다리라"(11:33).

12-14장은 은사 문제를 다룹니다. 은사가 무슨 문제이겠습니까! 그러나 다양한 은사를 가진 사람들이 서로 자신의 능력을 과시하려고 할 때, 그것은 공동체에 덕이 되지 못합니다. 고린도 교회에 그런 문제가 발생했습니다. 바울은 이에 대해서 은사나 직분이나 사역과 같이 눈에 보이는 다양한 것들의 근원이 한 성령, 한 그리스도, 한 하나님임을 강조합니다(12:4-11). 바울이 이것을 강조하는 이유는 간단합니다. 모든 은사나 직분이나 사역에 우열이 없으며 모든 것의 근원은 하나라는 사실을 상기시키려는 것입니다. 이것만 기억하면 됩니다. 그 다양한 것들이 모

여 그리스도의 몸을 이룹니다(12:12-31). 그러니 서로 잘났다고 할 것이 아니라 서로를 소중히 여기며 감싸 주면 됩니다. 그래서 은사의 문제는 13장에서 사랑이라는 해법을 얻습니다.

사랑이 최고의 은사인 이유는 분명합니다. 인간은 사랑할 수 없는 존재이며, 사랑이 하나님으로부터 오기 때문입니다. 그러므로 은사를 사용하는 데 가장 필요한 것은 덕입니다. 다른 사람의 은사를 존중하며 그것을 함께 누릴 수 있어야 합니다. 통역하는 자가 없으면 교회에서 잠잠하고(14:28), 다른 이에게 계시가 있으면 먼저 한 사람이 잠잠할 필요가 있습니다(14:30). 그리고 다른 사람들과 마찬가지로 예언하는 여자들도 필요에 따라 잠잠해야 합니다(14:34-36). '잠잠하라'는 특정한 대상이 아니라, 공동체에서 공적 활동을 하는 모든 사람에게 주어진 권면입니다. 하나님은 무질서의 하나님이 아니고 화평의 하나님이기 때문입니다(14:33). 이렇게 모든 것을 품위 있고 질서 있게 함으로써(14:40), 하나님의 질서와 하나님의 평화가 드러날 것입니다.

마지막으로 부활 문제입니다. 이는 당시의 교회들에게는 언제나 문젯거리였습니다. 예수가 곧 올 것이라고 믿었는데 예수는 오지도 않고 부활을 못 보고 죽은 자들이 생겨났기 때문입니다(15:12-16). 사실 부활은 바울에게도 아킬레스건이었습니다. 바울은 예수의 부활을 보지 못했다는 이유로 사도성을 의심받으며 비방을 받았기 때문입니다. 그러나 바울은 15장 1-11절에서 이 문제를 정면으로 돌파합니다. 여기에 부활을 목격한 사람들의 명단이 나오는데 8절에서 바울은 자신에게 부활한 예수가 나타났다고 말합니다. 그리고 이렇게 형편없는 자신이 누구보다 큰일을 할 수 있었던 것은 하나님의 은혜라고 말합니다 (15:10). 예수의 부활을 통해서 드러난 하나님의 은혜가 그의 존재를 규정한다면, 그가 부활한 예수의 증인이라는 사실은 너무도 당연한 일입니다. 그는 부활을 이야기할 자격이 있는 사람입니다.

바울은 마지막에 일어날 몸의 부활에 관한 이야기를 비유로 말합니다(15:35-58). 그것이 어떤 형태인지 정확하게 알 수 없고 사실 알 필요도 없습니다. 중요한 것은 부활의 확실성입니다. 바울은 그리스도의 부활이 없으면 우리의 믿음이 헛되고, 우리의 바람이 이 세상의 삶뿐이면 우리가 세상에서 가장 불쌍할 존재라고 말합니다(15:17-19). 우리의 믿음은 이 부활로부터 시작하기 때문입니다. 그러므로 부활의 확실성이 흔들리면 부활에 기초한 그리스도인의 삶도 흔들립니다. 부활은 우리 삶의 방향타입니다. 15장 12-58절에서 바울은 부활의 의미에 관해 분명히 이야기합니다. 부활은 죽음의 죽음입니다(15:20-28, 55-57).

죽음으로부터 예수를 건져 낸 하나님의 능력은 죽음을 이긴 하나님의 승리입니다. 이 승리는 종말의 때에만 누리는 것이 아니라, 예수 그리스도를 믿는 모든 순간에 누려야 합니다. 부활의 중요성은 거기에 있습니다. 그러므로 바울은 "…나는 날마다 죽노라"(15:31)고 말합니다. 날마다 죽음으로써 날마다 살아나는 것, 그것이 바울의 부활입니다. 그 죽음으로부터 얻어진 새 생명이 새 질서를 만듭니다. 부활의 소망을 품고 날마다 죽을 때, 날마다 우리의 자유를 유보할 때, 우리는 날마다 매 순간마다 그리스도 안에서, 하나님 앞에서 살 수 있습니다. 고린도 교회의 문제들에 직면해서 바울은 십자가에서 시작한 해법을 부활의 빛으로 마감합니다. 바울에게는 그것만이 답이었기 때문입니다.

고린도후서

사도적 증거

고린도전서에서 볼 수 있는 고린도 교회의 다양한 문제는 관습과 복음의 갈등입니다. 갈등은 믿음의 정도가 서로 다른 사람들 사이에 문제를 일으켰습니다. 이러한 문제들이 불거지는 데는 그것을 자극하는 사람들이 있었던 같습니다. 바울의 적대자들입니다. 그들의 정체를 정확히 알 수는 없습니다. 그러나 유대인들이 율법 없는 복음을 전하는 바울을 눈엣가시로 여겼다는 사실은 충분히 추정할 수 있습니다. 물론 일반적인 유대인들뿐 아니라, 예수를 믿으면서도 율법 준수를 고집했던 히브리파 유대 그리스도인들에게도 바울의 복음은 마땅치 않았을 것입니다. 이러한 율법주의자들뿐 아니라 고린도전서 5장에 나온 것처럼 영과 육을 분리시키고 영적 구원을 강조하는 사람들도 있었습니다. 이런 열광주의자들은 과도하게 영적인 것에 몰입하고 육적인 삶은 무시하면서 바울을 공격했습니다.

이런 다양한 적대자들은 자신들이 옳고 바울에게 문제가 있다고 비방하며, 바울의 교회들에 들어가서 바울과 그의 복음을 오해하도록 사람들의 믿음을 흔들었습니다. 그들은 바울의 사도성에 흠집을 냈고, 그것은 바울과 교회 사이의 갈등으로 이어졌을 것입니다. 고린도후서에 이러한 정황들이 나타납니다. 고린도후서 1-9장은 문제가 해결된 화해 상태를 보여 주지만, 문제를 다시 한번 환기시키는 역할도 합니다. 바울은 문제를 일으켰던 사람들에 대한 용서와 더불어 과격하게 말하지 않으려고 노력하면서 편지를 시작합니다(고후 2:5). 편지에는 확실히 화해의 분위기를 깨지 않으려는 조심스러움이 엿보입니다. 그렇다고 바울이 할 소리를 하지 않는 것은 아닙니다. 바울은 자신과 고린도 교회 사이에 문제가 되었던 일을 다시금 짚어 나갑니다.

문제가 되었던 것들 중 하나는 추천서였습니다. 바울에게 예루살렘의 추천서가 없는 것은 적대자들에게는 늘 좋은 먹잇감이었습니다(3:1). 그것은 바울의 사도성을 흔들 수 있는 좋은 기회를 제공했습니다. 그러나 이에 대해서 바울은 "너희는 우리의 편지라. 우리 마음에 썼고 뭇 사람이 알고 읽는 바라"(3:2)고 말합니다. 고린도 교회 자체가 바울의 추천서라는 말입니다. 고린도 교회가 세워졌고 성장하여 많은 사람이 믿음의 삶을 산다는 것 이상의 다른 추천서는 바울에게 필요하지 않다고 항변합니다. 종이가 아니라 고린도 교회의 마음에 써진 추천서의 중요성은 돌판에 써진 율법이 아니라 영의 직분의 영광으로 옮겨 가며, 율법주의자들을 비판하고 바울의 정당성을 주장하게 합니다(3:3-18).

바울의 정당성은 바울이 전하는 복음의 정당성을 보증합니다. 그러나 어떤 이들은 바울의 복음을 보지 못합니다. 그것이 질그릇 속에 있기 때문입니다. 사람들은 질그릇만 보고 그 안에 무엇이 들어 있는지 모릅니다. 그래서 바울을 비방하며 박해합니다. 그러나 질그릇 안에 보배가 있다는 것을 아는 사람들은 그 보배를 지키기 위해서 어떤 고난이라도 견뎌 낼 힘이 있습니다(4:7). 이것이 바울이 고난에 낙담하거나 좌절하지 않는 이유입니다(4:8-9). 오히려 바울은 고린도후서에서 자신의 사도성의 징표로 고난을 자랑합니다. 4장 8-9절에 이어 6장 3-10절, 그리고 11장 23-33절에는 바울이 당한 수많은 고난의 목록이 나옵니다. 고난을 자랑하는 것은 매우 아이러니합니다. 아마도 열광주의자들에게는 바울의 고난이 약점으로 보였을 테니까요. 능력이 없으니 고난을 당한다고 주장했을 것입니다.

바울이 고난을 강조하는 것은 자신의 정체에 대한 이해를 드러냅니다. 바울은 우리가 그리스도 안에서 새로운 피조물이 되었다고 말합니다(5:17). 그리스도 안에서 이루어진 하나님과 인간의 화해로 우리에게 새로운 생명이 주어졌기 때문입니다. 새 창조가 일어난 것입니다. 존재가 새로워지면 사명도 새로워집니다. 새로운 피조물에게 주어진 직분은 세상을 하나님과 화해시키는 것입니다(5:18-20). 그리스도가 자신을 화목 제물로 드

287

려 세상과 하나님을 화해시킨 것처럼, 우리도 화해의 직분을 받았습니다. 그러니 예수의 생명이 우리에게 나타나게 하기 위해서 예수가 죽임을 당한 것처럼, 화해의 직분을 맡은 자들에게도 고난은 당연합니다(4:9-15). 맡은 직분을 감당하며 고난을 겪어내는 것이 믿음입니다(4:16-18). 예수의 생명을 전하기 위해서 고난을 견디는 것은, 그가 육에 속한 사람이 아니라 영에 속한 사람이라는 징표이며, 그가 화해의 직분을 수행하는 사람이라는 징표입니다.

한편으로, 1-9장에 붙은 화해의 편지라는 제목은 매우 다중적인 듯합니다. 그것은 바울과 고린도 교회의 화해이기도 하며 고린도 교회와 하나님, 고린도 교회와 그리스도의 화해이기도 합니다. 그리고 결국 그것은 고린도 교회 사람들 사이의 화해이기도 합니다. 역으로 생각해 보면, 그리스도의 사도인 바울과 불화한다면 하나님과의 화해도 불투명합니다. 그렇다면 교회의 갈등도 해결되지 않을 것입니다. 그들이 하나님의 새로운 피조물이라면 그들은 하나님과 화해해야 하고, 바울과 화해하고 그들 사이에 불화를 사라지게 해야 합니다. 이것이 하나님의 은혜를 헛되이 받지 않는 것입니다(6:1). 바울이 고난을 견딘 것은 이 때문입니다(6:3). 그러니 고린도 교회 사람들도 자신들이 받은 구원의 은혜를 감당하기 위해서 애써야 합니다. 예를 들면 복음의 적대자들에게 단호하게 대처하는 것도 그 애씀의 일환입니다. 6장 14-18절에서 바울은 빛과 어둠, 그리스도와 벨리알, 하나님의 성전과 우상을 대조하면서 그들이 무엇을 따라야 할지를 분명하게 촉구합니다.

8장과 9장의 이야기는 다소 중복되는 경향이 있습니다. 여기서는 연보 문제를 다룹니다. 예루살렘의 가난한 자를 위한 연보는 바울에게 매우 중요한 일이었습니다. 이에 대한 이야기는 갈라디아서 2장 1-10절에 나옵니다. 베드로는 바울에게 예루살렘의 가난한 사람들을 도와 달라고 부탁했고 바울은 그것을 흔쾌히 수락했습니다. 예루살렘의 가난한 자를 위한 연보는 이방인의 사도라는 바울의 직분을 드러낼 뿐 아니라, 그리스도의 복음 안에서 이방인과 유대인이 하나라는 화해의 징표이기도 합니다. 이를 통해서 이방인과 유대인이 하나님의 은혜를 함께 누릴 것입니다(8:1-15; 9:8-15). 그러므로 바울은 자신의 사역 내내 이 일에 힘썼고 마지막으로 예루살렘에 갈 때도 이 연보를 가지고 갑니다. 그러므로 이제 고린도 교회에게도 연보에 참여해 준 것을 감사하며 계속해서 연보할 수 있도록 독려합니다.

약함을 자랑함

고린도 교회와의 화해를 기뻐하며 그들에게 화해의 직분을 상기시킨 바울의 기조는 10장 1-2절에서 조금 생뚱맞게 시작됩니다. 자신이 적대자들을 대하는 것처럼 그들을 대하지 않기를 스스로도 바란다는 말로 시작하기 때문입니다. 그리스도의 온유와 관용으로 권한다고 하지만 어쩐지 선전포고 같은 느낌이 듣니다. 더욱이 "…그의 편지들은 무게가 있고 힘이 있으나 그가 몸으로 대할 때는 약하고 그 말도 시원하지 않다…"(10:10)는 그들의 비방이 언급된 것을 보면 바울을 그토록 괴롭혔던 '육체의 가시'(12:7) 같은 것들도 공격 거리가 되었던 것 같습니다. 그들은 다양한 이유로 바울을 폄하하면서 바울이 육신에 따라 행하는 사람이라고 조롱했습니다(10:2). 영적 능력이 없다는 말입니다. 자신에 대한 이러한 비난을 반박하는 10-13장을 보면 바울이 단단하게 화가 난 것 같다는 인상을 받습니다.

이러한 비방은 앞서 말한 것처럼 열광주의자들에 의한 것일 확률이 높습니다. 그들은 바울에게서 영적 능력이 아니라 고난 당하는 육신만 보았을 테니 말입니다. 그러나 바울은 자신을 육신의 무기가 아니라 하나님의 능력으로 싸우는 사람이라고 강조하는 반면(10:4), 그들은 외모만 보는 사람이라고 비난합니다(10:7). 11장 23-33절에서 고난의 목록을 말하는 것은 이 때문입니다. 12장 1-4절에서 바울은 자기가 14년 전에 셋째 하늘로 올라갔던 이야기를 하지만, 이것은 적대자들이 바울을 비방했기에, 부득불 이야기한 것일 뿐입니다. 바울이 자랑하는 것은 그의 영적 능력이 아니라 약함입니다. 바울은 자신의 육체적 가시는 자신의 영적 능력이 지극히 크므로 너무 자만하지 않게 하시려고 하나님이 주신 것이라고 고백합니다(12:7). 같은 상황을 바라보는 서로 다른 두 개의 눈입니다. 바울은 적대자들이 자신의 약점으로 여긴 것을 하나님의 은혜로 고백합니다.

"나에게 이르시기를 내 은혜가 네게 족하도다. 이는 내 능력이 약한 데서 온전하여짐이라 하신지라.… 나의 여러 약한 것들에 대하여 자랑하리니 이는 그리스도의 능력이 내게 머물게 하려 함이라. 그러므로 내가 그리스도를 위하여 약한 것들과 능욕과 궁핍과 박해와 곤고를 기뻐하노니 이는 내가 약한 그때에 강함이라"(12:9-10)는 고백은 그리스도인으로 사는 법을 다시금 알려 줍니다. 질그릇을 다른 것으로 치장하면서 하나님의 일꾼이라고 말한다면, 그것은 믿음이 아닙니다. 질그릇 안에 있는 보배로 충분하며 그것으로 할 수 있는 화목을 이루어 낸다면, 그것이 그리스도인의 삶입니다. 고린도전서 1장 25절은 "하나님의 어리석음이 사람보다 지혜롭고 하나님의 약하심이 사람보다 강하니라"고 말합니다. 바울의 믿음은 자신이 아니라 하나님에게서 능력과 지혜를 찾습니다. 그래서 자신의 약함은 더 이상 문제가 되지 않습니다. 사람들로부터 손가락질당하며 비방과 박해를 받는 것이 두렵지 않은 이유입니다.

자신의 약함이 은혜가 되는 것처럼 자신의 손해도 바울에게 큰 문제는 아닙니다. 그러나 육적인 것만 보는 사람들에게는 이것도 마땅치 않은 일이었습니다. 고린도후서 11장 7-9절을 보면 바울의 자비량 선교도 문젯거리가 된 것 같습니다. 바울은 선교하면서 사례비를 받지 않았습니다. 고린도 교회에서 사역할 때도 바울은 그들에게 어떤 부담도 주지 않았습니다. 그런데 고린도 교회에 있을 때 마게도냐에서 온 형제들로부터 약간의 도움을 받았습니다. 적대자들은 이를 문제 삼았던 것 같습니다. 교회에서 사례를 받지 않는 것은 그가 사례를 받을 자격이 없기 때문이며, 그럼에도 마게도냐 사람들의 도움을 받은 것은 고린도 교회보다 그들과 더 친밀한 관계에 있기 때문이라고 말입니다. 자비량으로 최선을 다한 바울에게는 억울하기 짝이 없는 비방입니다.

바울이 자비량 선교를 한 이유는 두 가지 정도로 추론할 수 있습니다. 하나의 이유는 파트론-클라이언트 제도 때문일 것입니다. 파트론은 그들의 클라이언트에게 법적이고 재정적인 도움을 제공하고 공적 명예와 충성심을 돌려받으면서, 이 둘 사이에는 위계질서가 형성됩니다. 아마도 바울은 자신이 사역하는 교회에서 재정적 도움을 받음으로써 그 교회와 파트론-클라이언트의 불편한 관계가 형성될 것을 우려한 것 같습니다. 그런 관계는 바울이 자유롭게 복음을 전하는 데 걸림돌이 될 수 있기 때문입니다. 그러므로 자신이 사역하는 교회에서는 사례를 받지 않지만, 당장에 직접적인 관계가 아닌 마게도냐의 사람들로부터는 부족함을 채웠던 것 같습니다. 스스로 노동하며 사역을 하는 것은 쉬운 일이 아니지만, 바울은 복음을 전하는 데 거리끼는 것이 없도록 노력한 것 같습니다.

또 다른 이유는 아마도 예루살렘을 위한 연보 때문일 것입니다. 바울은 예루살렘을 위한 연보의 의미를 늘 자신의 교회들에 피력했습니다. 교회들이 연보를 잘 준비하도록 독려하고, 그들이 연보 때문에 마음이 다치지 않도록 조심했습니다(고후 8:13-15; 9:5). 고린도전서 16장 2절에서는 "매주 첫날에 너희 각 사람이 수입에 따라 모아 두어서 내가 갈 때에 연보를 하지 않게 하라"고 당부하기도 합니다. 예루살렘을 위한 연보가 중요한 만큼 그것이 부담이 되지 않기를 바랐던 바울은 아마도 이 때문에 자신의 사례를 포기했을 수 있습니다. 잘못하면 바울은 돈만 요구하는 사람으로 오해받을 수 있을지 모르니까요. 바울의 이런 조심성은 적중한 것 같습니다. 그의 적대자들이 바울이 돈을 안 받는다고 비난한 것을 보면 말입니다. 바울이 이렇게 조심하지 않았더라면 그의 적대자들은 바울을 돈만 아는 사역자라고 비방했을지 모릅니다. 자신의 약함을 두려워하지 않았던 바울은 자신의 손해도 두려워하지 않습니다. 그의 무기는 하나님의 능력이었습니다.

고린도전서, 고린도후서 안에 머물기

1 고린도전서 1장 10-17절의 상황을 상상해 봅시다. 어떤 이유로든 교회의 분열은 무엇을 의미합니까? 믿음의 공동체가 분열하는 가장 근본적인 이유는 무엇이라고 생각하시나요?

2 고린도전서 3장 21-24절을 묵상해 봅시다. 이 구절의 새로움은 어디에 있습니까? 우리가 예수님에게 속한 사람이라는 것은 우리의 삶을 어떻게 변화시킬까요?

3 고린도전서 8장 13절과 9장 19-23절을 이해해 봅시다. 바울은 자신의 자유를 어떻게 사용합니까? 복음의 중심을 잃지 않는 것과 복음을 위해서 자신을 다른 사람에게 맞추는 것 사이에는 어떤 긴장관계가 있을까요?

4 고린도전서 11장 23-32절의 상황을 상상해 봅시다. 이 구절은 성
만찬 때 교리적으로 인용됩니다. 그러나 이 구절은 17-22절의 상
황을 배경으로 합니다. 상황 속에서 이 구절을 읽을 때와 교리적
으로 이 구절을 읽을 때, 어떤 차이가 있나요? 바울이 전하려고
한 이야기는 무엇이었을까요? 믿음의 공동체를 만드는 것은 무
엇일까요?

5 고린도후서 6장 3-10절과 11장 23-33절에 나오는 고난의 목록을
12장 1-10절의 고백의 빛에서 생각해 봅시다. 하나님 안에 있다는
것, 제자가 된다는 것은 무엇을 의미할까요? 우리가 능력이라고
내세우고 있는 것은 무엇인가요?

갈

갈라디아서

갈라디아 교회의 상황

일반적으로 편지의 서두에는 발신자와 수신자가 명명되며 또한 발신자와 수신자의 관계가 드러납니다. 발신자를 언급하고 수신자의 안부를 물으며 감사를 전한 뒤 자연스럽게 본문으로 연결되는 것이 편지의 일반적인 형식이기 때문입니다. 발신자를 밝히면서, 바울은 늘 자신의 사도성을 강조하는 인사말로 편지를 시작합니다. 갈라디아서에서도 예외는 아닙니다. 그는 갈라디아 교회에게 "…오직 예수 그리스도와 그를 죽은 자 가운데서 살리신 하나님 아버지로 말미암아 사도…"된 자로 자신을 소개합니다(1:1-2). 자신이 누구인지가 자신의 복음의 정당성을 입증할 수 있기 때문에, 바울은 늘 이렇게 매우 강한 어조로 자신의 정체를 드러냅니다. 발신자를 소개한 뒤 자연스럽게 편지의 수신자에게로 관심과 주제가 옮겨 가기 마련입니다. 이 부분에서는 일반적으로 수신자에 대한 칭찬이나 덕담, 감사 등을 전합니다. 편지에서는 이렇게 안부와 감사가 나오는 인사말 부분을 서론으로 잡을 수 있습니다.

그러나 갈라디아서에는 통상적인 감사 인사가 없습니다. 갈라디아 교회에게 은혜와 평강을 기원한 뒤에(1:3-5), 바울은 곧바로 "그리스도의 은혜로 너희를 부르신 이를 이같이 속히 떠나 다른 복음을 따르는 것을 내가 이상하게 여기노라. 다른 복음은 없나니 다만 어떤 사람들이 너희를 교란하여 그리스도의 복음을 변하게 하려 함이라.… 만일 누구든지 너희가 받은 것 외에 다른 복음을 전하면 저주를 받을지어다"(1:6-9)라는 무시무시한 말로 포문을 엽니다. 다른 편지들에도 책망의 말이 나오기는 하지만, 이렇게 편지를 시작하자마자 비난과 저주가 폭발한 경우는 없습니다. 바울의 분노를 촉발한 것은 '다른 복음'입니다. 갈라디아 교회에 바울이 전한 것과 다른 복음을 전하는 사람들이 들어온 것 같습니다. 바울의 적대자들입니다.

그런 사람들은 늘 있었으니 그것 자체가 바울에게 그리 놀랄 일은 아니었을 것입니다. 바울이 놀란 것은 갈라디아 교회 사람들이 너무나도 빨리 다른 복음을 쫓아갔다는 사실입니다. 바울은 배신감을 느꼈을 것이지만, 그것은 단지 개인적인 감정이 아니었습니다. 바울의 복음을 떠나 다른 복음을 쫓은 것은 그리스도의 복음을 떠난다는 것이며 하나님과의 화해를 망치는 것이기 때문입니다. 바울은 지금 갈라디아 교회의 상황을 매우 위험하게 여기고 있으며 당장의 해법이 필요하다고 판단했습니다. 바울은 칭찬이나 감사와 같은 형식적 인사보다는 현실에 대한 단호한 입장이 보다 더 절실하다고 생각했을 것입니다. 단순히

299

화가 났다는 것 이상으로, 상황을 수습해야 한다는 긴박감이 바울에게 있었을 것입니다.

자유로운 복음

바울이 갈라디아 교회의 문제를 해결하는 방법은 두 가지입니다. 하나는 자신의 복음의 정당성을 강조하는 것입니다. 이는 갈라디아서 1장 11절부터 2장 10절에 나타납니다. 1장 11-24절에서 바울은 자신이 사도로 불리는 과정을 이야기하는데, 요점은 자신이 사도가 된 것은 사람에 의한 것이 아니라, 예수 그리스도의 계시에 의한 것이라는 사실입니다. 바울은 하나님으로부터 부름을 받고 첫 번째로 예루살렘에 올라가기까지 3년의 공백 기간을 언급합니다. 아라비아에 갔었다고 말하지만, 3년 동안 그가 어디서 무엇을 했는지 정확히 알 수는 없습니다. 분명한 것은 그가 누구와도 자신의 사명을 의논하지 않았다는 사실입니다. 그리고 14년 후에 그가 두 번째로 예루살렘에 올라간 이야기는 2장 1-10절에 나옵니다. 바울은 바나바와 할례를 받지 않은 디도를 대동하고 예루살렘에 갔습니다. 여기서, 가만히 들어온 거짓 형제에게 빌미를 주지 않기 위해서 디도에게 억지로 할례를 강요하지 않았다고 말하는 것은 단순히 디도의 문제가 아닙니다(2:3-4). 할례는 그리스도 안에서의 자유를 잃게 하며 사람들을 다시 종의 자리로 끌어내리는 것이기 때문입니다(4:21-31; 5:1-15).

할례 받지 않은 헬라인 디도는 바울 복음의 상징이며 다른 복음에 대항하는 도구입니다. 디도와 함께한 예루살렘에서 바울은 유력한 자들(2:9), 곧 사도들을 만났으며, 그들은 바울의 복음에 의무로 덧붙여준 것이 없었습니다(2:6). 이는 바울에게 매우 중요했습니다. 그들이 무언가를 덧붙이지 않았음으로 바울 복음이 그 자체로 문제가 없다는 사실이 입증되었기 때문입니다. 더욱이 그들은 하나님이 베드로를 유대인의 사도로 택한 것처럼, 바울을 이방인의 사도로 택했음을 인정했습니다. 그들이 바울 복음의 정당성과 독자성을 입증해 준 것입니다. 그러므로 그들과 바울 일행은 서로 동등성을 인정하는 악수로 모임을 마무리합니다. 바울과 바울 복음의 정당성이 확고해졌습니다. 예루살렘 사도들과 바울 사이에 복음을 전하는 대상의 차이는 있지만, 그것이 바울과 바울 복음의 흠으로 작용할 수는 없었습니다. 그리고 이때 베드로가 바울에게 예루살렘의 가난한 사람들을 위한 도움의 손길을 부탁했습니다.

바울이 갈라디아 교회에 이러한 사실을 이야기하는 이유는 분명합니다. 사도들이 바울의 복음을 인정했으니, 다른 복음을 주장하는 사람들은 바울의 적대자일 뿐 아니라 예루살렘 사도들의 적대자라는 말을 하고 싶었을 것입니다. 그리고 교회의 문제를 위한 다른 해결 방법 하나는 다른 복음을 주장하는 적대자들의 입장을 논리적으로 반박하는 것입니다. 우선 적대자들의 정체를 알아야 합니다. 그들의 모습을 엿볼 수 있는 이야기가 2장 11-21절에 나옵니다. 안디옥에서 일어났던 사건입니다. 게바가 이방인들과 밥을 먹고 있는데 야고보에게서 온 사람들이 왔고, 게바는 그들을 두려워하여 밥을 먹던 것을 멈추고 떠났습니다(2:12). 마치 밥을 먹은 적이 없다는 듯이 말입니다. 베드로가 야고보에게서 온 사람들을 두려워했던 이유는 분명합니다. 베드로는 이방인들과 밥을 먹고 그들과 함께 지내는 것에 문제를 느끼지 않았습니다. 그는 바울처럼 이방인들에게 그리스도의 복음 외에 다른 것이 필요하다고 생각하지 않았습니다.

그러나 야고보에게서 온 사람들은 예수를 믿으면서도 율법을 지켜야 한다고 믿었습니다. 그들이 베드로와 이방인이 아무렇지도 않게 밥을 먹는 것을 보면 베드로의 믿음을 탓할 것이 뻔합니다. 그들의 특징을 알고 있던 베드로는 자신의 믿음에 확신을 갖지 못했고, 아마도 차라리 이방인들과의 밥상을 엎어 버리는 것이 더 낫다고 생각한 것 같습니다. 안디옥에서 일어난 사건의 전말입니다. 안디옥 사건에 대한 바울의 비난은 갈라디아 교회에서 다른 복음을 주장한 사람들의 정체를 암시합니다. 그들은 율법주의적 특성을 가진 사람들로서 복음 외에 율법적 요소들을 강조한 사람들입니다. 그들은 예수 그리스도를 믿으면서도 할례를 받고 율법을 지켜야 한다고 주장했습니다. 바울은 그들이 유대인들도 할 수 없는 율법의 짐을 이방인들에게 지운다고 비판합니다.

그리고 "사람이 의롭게 되는 것은 율법의 행위로 말미암음이 아니요 오직 예수 그리스도를 믿음으로 말미암는 줄 알므로 우리도 그리스도 예수를 믿나니 이는 우리가 율법의 행위로써가 아니고 그리스도를 믿음으로써 의롭다 함을 얻으려 함이라. 율법의 행위로써는 의롭다 함을 얻을 육체가 없느니라"(2:16)고 선언합니다. 바울은 여기서 율법과 그리스도를 대립시키며, 자신은 율법에 대하여 죽고 하나님에 대하여 살았다고 말합니다. "내가 그리스도와 함께 십자가에 못 박혔나니 그런즉 이제는 내가 사는 것이 아니요 오직 내 안에 그리스도께서 사시는 것이라. 이제 내가 육체 가운데 사는 것은 나를 사랑하사 나를 위하여 자기 자신을 버리신 하나님의 아들을 믿는 믿음 안에서 사는 것이라"(2:20)는 고백이 여기서 나옵니다.

바울의 믿음에 율법은 없습니다. 그것은 십자가와 함께 못 박힌 것들 중 하나입니다. 여기에는 로마서와 다른 기조가 강조됩니다. 그리스도의 구원을 이야기하면서 로마서는 하나님을 강조합니다. 그리스도는 하나님의 구원사 속에서 율법을 완성하며 그리스도로 말미암은 구원은 유대인과 이방인의 하나님을 강조합니다. 이는 로마 교회에서 발생한 유대인과 이방인의 갈등을 봉합하는 해법입니다. 그러나 갈라디아서가 말하는 그리스도의 구원은 율법을 대치합니다. 율법의 행위로는 아무것도 할 수 없으며 율법은 믿음에서 난 것이 아니고 예수는 우리를 율법의 저주로부터 속량했습니다(3:1-14). 로마서의 칭의론이 하나님 중심적이라면, 갈라디아서의 칭의론은 그리스도 중심적이라고 할 수 있습니다.

이것은 칭의론이 두 개라는 말이 아닙니다. 편지의 특성을 이야기할 때 지적했던 것처럼, 편지에는 각 교회의 상황이 반영되어 있다는 사실을 기억해야 합니다. 상황의 변화는 강조점의 변화를 유발합니다. 갈라디아 교회는 다른 복음을 전하는 적대자들 때문에 심각한 위기에 처해 있었고, 매우 단호한 대처가 필요했습니다. 그러므로 바울은 로마서보다 갈라디아서에서 율법을 더욱 부정적으로 부각시킵니다. 율법으로 안 된다는 사실과 그리스도로 충분하다는 사실을 강조하기 위함입니다. 그리스도의 복음에 율법을 덧붙인다는 것은 상상할 수 없는 일입니다.

율법은 그리스도로 이끄는 초등 선생에 불과해서 그리스도가 오심으로 그 효력은 상실되었습니다. 지금은 그리스도로 말미암은 새로운 시대입니다(3:23-25). 그러므로 그리스도를 믿는 사람들은 모두 그 새로움을 덧입습니다. 그것을 바울은 "… 유대인이나 헬라인이나 종이나 자유인이나 남자나 여자나 다 그리스도 예수 안에서 하나이니라"(3:28)고 선언합니다. 그리스도 안에서, 율법 없이, 유대인이나 헬라인이나 종이나 자유인이나 남자나 여자에게 어떤 차별도 없습니다. 자신들도 할 수 없는 것을 다른 사람들에게 강요할 수 있는 권리는 존재하지 않습니다. 그렇기 때문에 야고보가 보낸 사람들이 왔다고 해서 베드로가 이방인들과 먹던 밥상을 엎을 이유는 전혀 없습니다. 당연히 다른 복음을 쫓을 이유도 없습니다.

성령의 열매

바울은 그리스도의 복음에 율법을 더하려는 사람들을 지속하여 비난합니다. 바울은, 예수를 믿는 사람들은 이미 하나님의 자녀가 되었고 이제 하나님을 알 뿐 아니라 더욱이 하나님이 그들을 아는데, 다시 약하고 천박한 초등 학문으로 돌아가서 율법의 종 노릇을 하려는 것을 이해할 수 없다고 말합니다(4:9). 적대자들은 그리스도인이 할례를 받아야 한다고 주장하지만 문제는 할례 하나에서 끝나지 않기 때문입니다. 할례를 받은 자들은 율법 전체를 지켜야 하는 의무를 가집니다(5:3). 그러나 죄에 팔린 인간은 율법을 전적으로 지킬 능력이 없습니다. 능력이 안 되는데도 율법으로 의로워지고자 한다면, 율법에서 벗어날 수 없고 죄의 상태에서 구원받을 수도 없습니다. 이런 인간은 죄의 종 된 상태를 벗어나지 못합니다. 그러나 율법 없는 예수 그리스도의 복음은 종 된 상태에서 우리를 구원해 주었습니다. 자유를 얻은 사람들은 다시 율법에 매일 필요가 없습니다(5:1).

우리의 자유는 우리를 율법이 아니라 그리스도로 말미암은 하나님의 은혜 안에 있게 합니다. 그러므로 그리스도의 복음에 율법을 더하는 자들은 그리스도에게서도 끊어지고 은혜에서도 떨어지며 결국 다시 종의 상태로 돌아갑니다(5:4). 이것이 갈라디아 교회에 들어온 다른 복음이 바울의 복음과 양립할 수 없는 이유입니다. 다른 복음을 주장하는 사람들은 멀쩡한 자녀를 종이라고 우겨 대는 것과 같습니다. 이것은 존재론적인 문제입니다. 그들은 그리스도로 말미암아 자신들에게 일어난 근본적인 변화를 부정합니다. 그러므로 바울은 다시 종의 멍에를 메지 말고 자녀의 자유를 누리라고 말합니다(5:1). 하나님의 자녀가 가진 자유를 흔드는 것은 그 무엇이 되었든 복음이 아닙니다. 여기서 '자유'의 의미를 생각해 볼 필요가 있습니다. 문제가 있던 고린도 교회에서 바울은 사람들에게도 그들의 자유를 유보할 것을 권면합니다. 바울이 복음을 위해서 자신의 자유를 포기한 것처럼 말입니다.

그러나 이제 갈라디아 교회에서는 자유를 누리라고 말합니다. 서로 모순된 듯 보이는 이것은 자유의 이중성 때문입니다. 그리스도인은 종이 아니라 자녀라는 존재론적 측면에서 자유롭습니다. 그것은 어느 것에도 매이지 않는 '자율'의 의미를 내포합니다. 자율은 타인에게 의존하지 않고 자기 영역 밖의 상황에 영향을 받지 않는 것을 뜻합니다. 그러므로 자유로운 사람은 외부적인 어떤 것에 휘둘리지 않습니다. 종은 주인의 영향력으로부터 벗어날 수 없지만, 자유인은 종에게 구속되지 않습니다. 그러나 자유는 또한, '자주적 행위자free agent'인 개인을 독립적이며 배타적인 존재로 만드는 것만을 지향하지는 않습니다. '자유는 남에게 구속拘束을 받거나 무엇에 얽매이지 않고 자기 뜻에 따라 행동하는 것'이라는 사전적 정의는 자유에 대한 유일한 정의가 아닙니다.

자유에는 또 다른 특징이 있습니다. 어딘가에 '소속되어 있음 embeddedness'이라는 의미를 지닙니다. 자유가 방종과 다른 것은 자유에는 포괄적이며 총체적인 공동체적 의미가 담겨 있기 때문입니다. 소속감의 의미를 내포하고 있는 자유는 공동체를 만드는 기초를 이룹니다. 그리스도인의 존재론적 변화는 자유의 이 이중적 특징을 모두 포함합니다. 그리스도인은 율법으로부터 벗어나 죄로부터 자유롭게 되었다는 면에서 자율성을 획득합니다. 그러나 죄에서 벗어난 그리스도인은 그리스도에게 속한 사람이라는 면에서 소속감을 획득합니다. 그리스도인은 죄에서 벗어나 독자적으로 존재하지 않습니다. 로마서에서 바울이 아담에게서 그리스도로 옮겼다거나(롬 5:12-21), 죄의 종에서 의의 종으로 바뀌었다(롬 6:15-23)고 말하는 것은 이를 의미합니다. 그리스도인은 죄에서 벗어나 자유를 얻었으며, 그리스도 안에서 의의 종이 되는 자유를 누립니다.

이 두 가지 측면이 자유 안에 함께 적용되는 것이 모순으로 다가올 수도 있습니다. 그러나 자유의 두 단계는 그리스도인의 존재론적 틀이라고 할 수 있습니다. 첫 번째는 죄의 종으로부터의 자유입니다. 첫 번째 자유는 그리스도인이라는 정체성을 획득하게 합니다. 바울은 갈라디아서 5장 1절에서 이 자유를 누리라고 말합니다. 율법 때문에 이 자유를 다시 잃어버려서는 결코 안 됩니다. 그러나 다음 단계의 자유도 필요합니다. 이 두 번째 자유가 없다면 그리스도인의 정체성을 유지할 수 없으며 성숙한 그리스도인이 될 수도 없습니다. 두 번째 자유는 그리스도 안에서 의를 실천할 수 있는 자유입니다. 그것은 우리를 의의 종으로 만들고 그리스도의 몸에 속하게 하는 자유입니다. 그것은 공동체 안에서 함께 누리는 자유입니다. 이 자유는 공동체를 위해서 언제나 유보될 수 있습니다. 바울이 고린도전서에서 말한 것이 바로 이 자유입니다. 고린도 교회 사람들이 그들의 소속감을 상실하고 자신들의 자율성만 강조했기 때문입니다.

'자율로서의 자유'와 '소속감으로서의 자유'는 일종의 긴장 관계입니다. 갈라디아서에서는 이 두 자유를 통해서, 하나님의 자녀가 지닌 자유를 말할 뿐 아니라 하나님의 자녀로서 어떻게 살아야 하는지를 말합니다. 칭의론에 행함이 더해지는 것은 이 때문입니다. 우리는 칭의를 통해서 자유를 얻으며, 그리스도 안에서 행하는 자유로 칭의를 완성합니다. 물론 이 완성은 우리에 의해서 이루어지지 않습니다. 우리로 하여금 이 완성에 참여하게 하는 이는 성령입니다. 성령은 우리에게 주어진 자유를 가능하게 합니다. 그리스도인의 삶은 성령으로 믿음을 따라 의의 소망을 기다리는 것이기 때문입니다(갈 5:5). 성령이 아니라면 우리는 그리스도 안에서의 자유를 온전히 누릴 수 없습니다. 우리는 언제나 자신의 욕망을 쫓기 때문입니다. 그러나 성령의 인도를 받는 삶은 육체의 소욕을 거스르며 율법 아래 있지 않습니다 (5:16-18).

그리스도의 복음에 율법을 덧붙이는 것도, 자신의 의를 드러내려는 것이며 결국 육체의 욕심을 드러내는 것입니다. 율법을 모두 행할 수 없음에도 그럴 수 있는 것처럼 가장하기 때문입니다. 율법에 매인 사람들은 성령을 따르지 않는 사람들입니다. 성령을 따르지 않으니 자유를 누리지도 못합니다. 우리는 하나님의 은혜로 말미암아 그리스도 안에 살 수 있으며 그리스도 안에서의 하나님의 은혜는 성령의 인도로 나타납니다. 그러므로 우리는 매 순간, 육체의 소욕을 따를 것인지 성령을 따를 것인지 선택해야 합니다. 이때 자유가 필요합니다. 성령을 선택하는 자유를 누리는 사람만이 그리스도인으로 살 수 있습니다. '성령의 인도를 받는다'는 수동적 표현이지만, 그것은 매우 적극적인 선택의 결과이기도 합니다. 그 선택이 우리로 하여금 성령 안에서 자유를 누리게 하며, 육체의 소욕이 이끄는 삶이 아닌 성령의 열매를 맺는 삶으로 이끌 것이기 때문입니다(5:19-21).

5장 22-23절에는 우리가 잘 아는 아홉 가지 성령의 열매가 나옵니다. 성령의 열매라는 말은 참으로 아이러니합니다. 성령의 열매를 맺는 주체가 성령이지만, '나'도 그 주체에서 빠지지 않기 때문입니다. 나는 이 열매들을 맺어야 하는 객관적 주체입니다. 그러나 문제는 나라는 인간은 이러한 열매를 맺을 수 없는 존재라는 사실입니다. 나는 언제나 육체의 소욕을 따르는 데 익숙한 존재입니다. 바울이 로마서에서 그토록 절규했던 것처럼 말입니다(롬 7:14-25). 그러므로 바울은 성령의 열매에 대한 이야기를, "그리스도 예수의 사람들은 육체와 함께 그 정욕과 탐심을 십자가에 못 박았느니라. 만일 우리가 성령으로 살면 또한 성령으로 행할지니 헛된 영광을 구하여 서로 노엽게 하거나 서로 투기하지 말지니라"(갈 5:24-26)로 마무리합니다. 이 구절은 갈라디아서 2장 20절의 고백을 상기시킵니다.

우리가 그리스도인이라고 말할 수 있는 것은 우리 안에 있는 그리스도와 우리를 이끄시는 성령 때문입니다. 그리스도로 말미암아 우리에게 주어진 자유는 성령을 따르는 자유입니다. 성령의 열매는 우리가 육적인 소욕을 누를 수 있는 힘을 더하는 성령의 도움으로만 가능합니다. 사랑과 희락과 화평과 오래 참음과 자비와 양선과 충성과 온유와 절제와 같은 열매들은 욕심 가득한 인간들이 결코 맺을 수 없는 것들입니다. 그러므로 이는 언제나 나의 열매가 아니라 성령의 열매입니다. 성령의 열매는 율법주의자들의 행함과는 전적으로 다릅니다. 이 때문에 성령으로 말미암아, 우리의 자유를 의의 종이 되는 데 사용할 수 있다면, 바울의 고백과 같이 감사 외에 다른 말을 할 수 없습니다. 성령의 열매는 자랑할 수도 없습니다.

구원은 그리스도로 말미암아 거저 받은 것이지만, 구원받은 자에게는 하나님의 자녀로서의 삶이 요구됩니다. 율법주의자들뿐 아니라 열광주의자들에게도, 성령의 열매는 바울의 공격 포인트입니다. 열광주의자들은 자신들의 영적 능력을 자랑하며 바울을 즐겨 비난했습니다. 그러나 바울은 영적 능력이란 단지

계시나 환상을 보거나 다른 놀라운 현상들을 보여 주는 것이 아니라, 삶에서 드러나는 성령의 열매라고 말합니다. 성령을 따르는 자유를 누릴 때, 우리는 비로소 신령한 자가 됩니다. 그러므로 바울은 "형제들아 사람이 만일 무슨 범죄한 일이 드러나거든 신령한 너희는 온유한 심령으로 그러한 자를 바로잡고 너 자신을 살펴보아 너도 시험을 받을까 두려워하라. 너희가 짐을 서로 지라. 그리하여 그리스도의 법을 성취하라"(6:1-2)고 권면합니다. 신령한 사람이라면, 그는 자신이 자유를 어떻게 사용하고 있는지 스스로 돌아보아야 합니다. 신령한 사람이라면, 그는 다른 사람을 종으로 만들고 공동체를 파국으로 몰아넣지 않도록, 공동체 안에 그리스도의 자유가 넘치도록 해야 합니다.

예수의 십자가로 얻은 우리의 자유는 우리가 스스로를 예수와 함께 십자가에 못 박는 자유를 통해서 가능해집니다. 바울의 믿음에는 율법이 들어설 자리가 없습니다. 그러나 이는 바울의 믿음에 행함이 없다는 의미가 아닙니다. 적대자들은 끊임없이 자신들의 자유로 다른 이들을 율법의 종으로 만들고자 합니다. 그리고 율법은 하나님의 자녀가 되는 자유를 모든 사람이 누릴 수 없도록 차곡차곡 담을 쌓았습니다. 그리스도의 복음은 이 담을 허물고 모두에게 하나님의 자녀가 되는 자유를 주었습니다. 그러나 그다음의 자유도 잊지 말아야 합니다. 그리스도 안에서 성령을 따르는 자유 말입니다. 바울의 복음에 덧붙일 율법은 없지만, 우리의 삶에는 언제나 성령의 열매를 맺기 위한 선택과 결단이 요구됩니다. 그것이 그리스도 안에 있는 자유의 무게입니다.

갈라디아서 안에 머물기

1 1장 6-10절에 나타난 분란을 생각해 봅시다. 다른 복음을 거부하
  는 것과 다양한 형태의 믿음을 인정하는 것 사이에는 어떤 차이가
  있을까요? 단호함과 포용력 사이에는 어떤 긴장 관계가 있을까
  요?

2 2장 1-10절을 묵상해 봅시다. 바울과 베드로의 만남은 어떤 의미
  가 있나요? 바울과 베드로의 악수는 차이를 극복하는 연합을 함
  의합니다. 그들의 연합은 무엇을 위한 것입니까?

3 2장 11-21절의 안디옥 사건의 상황을 상상해 봅시다. 게바와 바나
  바의 행위는 누구에게 상처가 되었을까요? 바울이 그토록 화를
  내는 이유는 무엇인가요?

4 3장 23-29절과 5장 1절의 자유에 대해 묵상해 봅시다. 우리가 그리스도 안에서 종이 아니라 하나님의 자녀라는 것은 무엇을 의미하나요? 3장 28절은 무엇을 선언하고 있나요? 우리의 자유는 우리에게 어떤 삶을 요구하나요?

5 5장 16-26절에 나오는 성령의 열매를 묵상해 봅시다. 성령의 열매는 우리에게 어떤 의지와 노력을 요구하나요? 육체의 소욕을 거스를 수 있는 방법은 무엇인가요? 육체의 소욕과 성령의 열매가 대립하는 근본적인 이유는 무엇일까요?

에
베
소
서

에베소 교회의 상황

에베소에 보낸 편지에는 발신자와 수신자의 상황이 함께 나와 있습니다. 먼저 3장 1절에서 발신자인 바울은 자신이 갇혀 있다고 말합니다. 복음을 전하다 고난당한 정황을 짐작하게 합니다. 이렇게 발신자가 감옥에서 쓴 편지이기에 이를 옥중서신이라 부르며, 옥중서신에는 에베소서 외에 빌립보서, 빌레몬서, 골로새서가 있습니다. 감옥에 갇혀 있는 발신자의 정황뿐 아니라 에베소 교회의 상황도 짐작할 수 있습니다. 점차로 이방인들이 교회에 많이 들어왔고, 유대인 중심이었던 교회의 지형에 변화가 생겼습니다. 그것이 유대인과 이방인의 갈등으로 나타난 것 같습니다. 에베소서는 이러한 상황을 극복하며 교회가 하나로 나아갈 방향을 제시합니다. 모두가 함께하는 보편성에 대한 추구가 깔려 있기 때문인지, 에베소서는 바울의 여러 서신을 묶어서 회람할 때, 표지로 사용되었을 것이라는 주장도 있습니다. 바울 서신들의 서문처럼 말입니다.

에베소서가 표지 서신의 역할을 했는지 여부는 물론 알 수 없습니다. 그러나 에베소서의 초창기 사본도 이러한 이해에 일조했습니다. 신약성경의 각 책들은 처음부터 오늘날과 같은 형태로 묶여 있지 않았습니다. 신약성경은 4세기 말 카르타고 공의회에서 오늘날과 같이 27권의 정경으로 결정되었습니다. 신약성경의 각 책들이 처음 전달되는 과정에서 가장 먼저 등장한 것은 각 권들의 사본입니다. 초기 그리스도인들은 자신들에게 전해진 신약성경을 필사해서 서로 돌려 가며 읽었습니다. 그 과정에서 같은 책이라고 할지라도 사본들 사이에 조금씩 변형이 일어나기도 했고 일부가 분실되거나 함께 엮이기도 했습니다. 고린도 교회에 보낸 편지들을 이야기할 때 통일성의 문제를 다룬 것도 이와 연관되어 있습니다. 그러한 복잡하고 지난한 과정들 속에서 각 책들의 원래 모습을 찾으려는 수많은 노력의 결과가 오늘날 우리가 가지고 있는 성경입니다.

그런데 에베소서의 초기 사본들에는 1장 1절에 나오는 "…에베소에 있는…"이라는 말이 생략되어 있습니다. "…성도들과 그리스도 예수 안에 있는 신실한 자들…"이라는 폭넓은 수신자와 편지에 반영된 일반적인 상황이, 에베소서에 대한 여러 가지 추측의 원인이 되었습니다. 편지의 경우 교회의 상황이 이렇게 중요한 역할을 합니다. 그러나 다른 여러 주장을 일일이 신경 쓸 필요는 없습니다. 다만 에베소서가 다른 서신들보다 보편적인 내용들을 다룬다는 사실을 이해하면 됩니다. 그런데 이러한 보편성을 당시의 그레코-로만 세계와의 관계에서 볼 수 있다면,

에베소서를 읽는 데 도움이 될 것입니다. 그레코-로만 세계란 그리스 문화와 로마의 정치적 세력 하에 있던 시대를 통칭하는 단어입니다. 하나님의 창조성과 예수 그리스도의 복음은 다신교적인 그레코-로만 세계에 점차 큰 도전이 되었습니다. 처음에 그 도전은 신경 쓸 필요 없는 미미한 것이었지만, 그리스도를 믿는 사람들의 수가 많아질수록 그 도전을 무시할 수 없게 되었습니다.

다신교를 믿는 이방 세계에서 일반적으로 일어났던 박해가 점차로 로마 당국의 박해로 진화한 것은 기독교의 성장과 밀접한 관계가 있습니다. 그러므로 에베소서는 그리스도 안에서 행한 하나님의 구원의 보편성과 그레코-로만 세계의 세계관이 충돌하는 곳에서, 복음의 의미를 분명하게 말해 줍니다. 에베소서에서 다루어지는 보편성은 하나님의 보편성으로 연결됩니다. 하나님의 절대성이 이 세상에 대한 보편성으로 확장되는 것입니다. 박해가 심해질수록 그리스도인들은 이방 세계로부터 자신들을 변호하고 고난을 견뎌 낼 힘이 필요했습니다. 에베소서는 이러한 욕구에 부응하는 것으로도 볼 수 있습니다. 에베소서에는 특정 교회의 상황이 드러나지 않습니다. 하지만 더 넓은 세계 속에서 교회가 직면한 현실을 보여 줍니다. 에베소서는 이 세상에서 그리스도인의 삶을 차별화하며 진정한 구원의 의미를 드러냅니다. 사람들이 종종 에베소서를 편지보다는 설교로 이해하는 것은 바로 이 때문입니다.

화해와 연합

에베소서의 구성을 두 부분으로 나눌 수 있습니다. 에베소서 3장 21절에 나오는 "교회 안에서와 그리스도 예수 안에서 영광이 대대로 영원무궁하기를 원하노라 아멘"이라는 구절 때문입니다. 다른 편지들의 마지막 인사에서 나오는 듯한 이 구절은 1-3장과 4-6장을 분리하는 기능을 합니다. 더욱이 4장 1절은 "…내가 너희를 권하노니…"라는 말로 새로운 시작을 알리는 듯해서, 1-3장에서는 신학적 교리를, 4-6장에서는 윤리적 권면을 다룬다고 볼 수 있습니다. 1장 3-23절은 긴 인사말로서 에베소서의 서언 역할을 합니다. 3절은 우리가 그리스도로 말미암아 신령한 복을 받았다는 말로 시작합니다. 모든 편지에 종종 등장하는 '우리'는 늘 조심스러운 단어입니다. 우리에는 규정된 어떤 대상이 없기 때문입니다. 그러므로 편지에서 우리가 나올 때는 이 단어가 누구를 포함하고 있는지를 가려내며 읽어야 합니다.

2장 1-13절에서 "…허물과 죄로 죽었던 너희…"에 대한 설명이 이방인을 지칭하기에, 1장 3-12절에서 '우리'는 믿는 유대인들을 의미할 것입니다. 유대인들이 받은 신령한 복의 내용은 1장 4-6절에 나오는 것으로, 하나님이 그리스도 안에서 그들을 창세 전에 택했고 그리스도로 말미암아 그들이 하나님의 자녀가 된 것입니다. 그러나 그들의 이러한 정체는 1장 13-14절에서 '너희'에게로 옮겨 갑니다. 이방인인 '너희'는 '우리'처럼 창세 전부터 부름을 받지 않았습니다. '너희'는 그리스도 밖에 있었고 이스라엘 밖에 있으므로 약속의 언약들에 대하여는 외인이며 세상에서 소망이 없고 하나님도 없는 자들이었습니다. 그러나 '너희'는 그리스도로 말미암아 '우리'와 같은 구원에 이르렀습니다. 그리스도 안에서 '너희'도 구원의 복음을 믿음으로 성령의 약속을 받았기 때문입니다(1:13). 그리스도 안에서 '너희'와 '우리'는 서로 다르지 않은 하나가 되었습니다.

이렇게 유대인과 이방인을 그리스도 안에서 하나로 엮은 구원이 창조주 하나님의 역사 속에서 일어났습니다. 에베소서는 창세 전부터 시작해서 지속적으로 이 땅에 일어난 하나님의 구원을 이야기하며, 이를 통해서 우주적이며 보편적인, 그러므로 감히 어떤 신들도 대적할 수 없는 하나님의 능력을 선포합니다(1:15-19). 하나님의 이 능력은 예수 그리스도를 통해 드러났습니다. 하나님은 죽은 자들 가운데 예수를 다시 살리고 그를 만물 위에 뛰어나게 했습니다(1:20-21). 하나님의 권세는 예수 그리스도에게서 고스란히 드러납니다. 그리고 교회의 머리는 예수입니다. 교회는 그리스도의 몸으로서 만물을 충만하게 하는 이의 충만이 드러나는 곳입니다(1:22-23). 에베소서는 그레코-로만 세계에 대항해서 교회의 정체를 드러냅니다. 교회는 그리스도의 생명을 통해서 하나님의 능력이 드러나는 곳이며 하나님의 지속적인 구원 역사를 드러내는 사람들의 모임입니다.

그레코-로만 세계의 어떤 것도 하나님의 능력에 대적할 수 없는 것처럼, 이 땅에서 교회를 대적할 권세는 없습니다. 교회에 대한 이러한 강조 때문에 교회론은 에베소서의 중요한 주제가 됩니다. 교회에는 태초부터 부름을 받은 유대인들과 이제는 외인도 아니고 나그네도 아니며 오직 성도들과 동일한 시민이며 하나님의 권속이 된 이방인들이 함께 모여 있습니다(2:19). 예수 그리스도가 이 둘 사이에 있던 담을 헐어 버렸기 때문입니다. 2장 14-18절은 "그는 우리의 화평이신지라. 둘로 하나를 만드사 원수 된 것 곧 중간에 막힌 담을 자기 육체로 허시고… 이는 이 둘로 자기 안에서 한 새 사람을 지어 화평하게 하시고 또 십자가로 이 둘을 한 몸으로 하나님과 화목하게 하려 하심이라.… 이는 그로 말미암아 우리 둘이 한 성령 안에서 아버지께 나아감을 얻게 하려 하심이라"고 선언합니다. 그리스도는 모든 것을 바꾸어 놓았습니다.

법조문에 새겨진 유대인의 율법을 폐했고, 유대인과 이방인의 간격을 없앴습니다. 그러므로 교회는 유대인과 이방인이 함께 평화를 누리는 곳입니다. 이러한 교회의 정체는 교회의 사명이기도 합니다. 교회는 예수의 평화를 유지해야 하며 한 성령 안에서 아버지에게 나아가야 합니다. 아마도 이방인들의 수가 증가함에 따라 교회 안에서 이방인들의 힘도 더욱 강해졌을 것이고 이것은 당연히 교회에 갈등을 일으켰을 것입니다. 당시 대부분의 교회의 상황이 그러했습니다. 그런 가운데 에베소서는 이방인들에게 그들이 어떻게 교회의 평화를 지켜야 하는지를 알게 합니다. 그들은 그리스도처럼 해야 합니다. 그리스도가 십자가에서 평화를 이루었던 것처럼, 그들도 평화를 이루어야 합니다. 그래야 그들이 성령 안에서 하나님이 거하실 처소가 될 수 있습니다(2:22). 하나님의 자녀는 예수 그리스도를 믿는 것만으로 완성되지 않습니다. 믿음은 성장의 과정을 거치면서 완성됩니다.

이방인들의 믿음은 유대인들의 터 위에 있으며, 그들을 하나로 연결하는 것은 예수 그리스도입니다. 예수 그리스도의 평화로 믿음들이 연결될 때, 교회는 하나가 됩니다. 그러므로 교회를 구성하는 모든 사람의 믿음은 예수 그리스도를 중심으로 연합하고 화해해야 합니다. 영원부터 감추어졌던 하나님의 비밀스러운 역사는 이것, 곧 그리스도를 통해서 모든 사람이 구원에 이르는 것이기 때문입니다(3:9). 그러므로 교회는 그리스도로 말미암은 화해와 연합의 사명을 세상 앞에 당당하게 드러내야 합니다(3:10-13). 어떤 고난도 그것을 막을 수 없습니다. 하나님의 권세가 교회와 함께하기 때문입니다. 그리스도를 통한 하나님의 주권은 수많은 영적 능력과 신적 존재들의 권세를 능가합니다. 그리스도가 만물에 대한 궁극적 통치자이고 자연적이며 초자연적인 모든 권세에 대한 주권을 가지고 있기에, 환난 따위가 교회의 사명을 막을 수는 없습니다.

하나님을 본받음

그리스도인들에게는 그에 합당한 삶이 요구됩니다. 그것은, 그들이 그리스도의 권세를 덧입었다는 징표입니다. 이방인과 유대인의 갈등을 염두에 두었기 때문인지 4장 1-16절에서 강조하는 것은 '하나 됨'입니다. 그들이 어떤 인종적 차이가 있든지, 혹은 직분의 차이가 있든지, 몸도 하나고 성령도 하나며 부르심의 소망도 하나고 주도 하나며 믿음도 하나고 세례도 하나이며 하나님도 하나라는 사실만 기억하면 됩니다(4:4-6). 한 분인 하나님이 다양한 믿음의 사람들을 평안의 줄로 묶었으니(4:3), 교회 안에서 평화가 드러난다면, 교회는 성령의 인도를 받는 모임이 될 것입니다. 이를 위해서는 자신의 분량을 아는 것이 중요합니다(4:7, 16). 갈등과 다툼은 자신을 분간하지 못하고 다른 이들을 탐하거나 탓할 때 생겨납니다. 그 모든 것은 자신에게 주어진 그리스도의 선물의 분량을 망각해서 생기는 일입니다.

머리인 그리스도로부터 각 지체에게 공급되는 분량에 따라

일하면서, 그리스도의 몸인 교회를 성장시키고 교회를 사랑 안에서 한 몸으로 묶는 것, 그것이 믿음을 가진 사람들의 사명입니다(4:15-16). 그리스도인에 합당한 삶에 대한 요구(4:17-32)는, 계속해서 5장 1-21절의 권면으로 이어집니다. 이 권면은 "…하나님을 본받는 자가 되고"(5:1)로 시작해서 "그리스도를 경외함으로 피차 복종하라"(5:21)로 마무리됩니다. 그리스도인들에게 요구되는 윤리적 삶의 틀은 하나님으로부터 온 것이며, 그것은 '피차 복종'으로 드러납니다. 피차 복종이 이어서 나오는 5장 22절-6장 9절의 가정 교훈집과 연결될 때, 피차 복종의 파격은 세상의 질서를 썩어져 가는 구습으로 만드는 하나님의 새로움을 보여 줍니다. 가정 교훈집의 내용은 그레코-로만 세계에서 그리스도인의 삶을 차별화하기 때문입니다.

당시에 지배적이었던 파트론-클라이언트 체제는 국가 질서에서 가정 질서에 이르기까지 모든 국면에서 적용되었습니다. 이 체제의 중요 특징은 일방적이라는 점입니다. 한쪽에서 보여 주는 힘의 질서에 대해서 다른 쪽에 있는 사람들이 절대적으로 복종함으로써 체제가 이루어집니다. 그런데 5장 21절은 공동체의 평화를 위해서 서로가 복종하라고 말하며, 그것을 가정 안에서부터 실천하라고 권면합니다. 가정 교훈집의 새로움에 대해서는 이미 앞에서 언급했기에 여기서 다시 다루지는 않습니다. 그러나 이 가정 교훈집이 평화와 연대를 강조하는 에베소서에 나온다는 것은 매우 중요한 의미를 갖습니다. 물론 가정 교훈집은 골로새서에서도 반복됩니다. 이는 두 서신의 유사성에서도 기인하지만, 두 서신에 나온 가정 교훈집의 특징은 그레코-로만 세계와 차별되는 기독교의 새로운 정체를 드러냅니다.

남편과 아내, 부모와 자녀, 주인과 종이라는 다양한 관계 모두에 적용되는 쌍방적 복종이, 당시에 얼마나 파격적이었을 것인지는 충분히 상상할 수 있습니다. 평화는 그렇게 이루어집니다. 힘이 있는 사람들에게 힘이 없는 사람들이 말없이 복종하는 조용함은 평화가 아닙니다. 그렇게 유지되는 질서를 평화라고 부를 수 없습니다. 복음서든, 편지이든 간에, 신약성경은 힘없는 사람들이 아니라 힘 있는 사람들에게 다른 사람들의 필요를 채우라고 말합니다. 그것이 신약성경이 말하는 평화를 이루는 방식입니다. 남편이 부인에게, 부모가 자녀에게, 주인이 종에게 복종하는 이 놀라운 광경은 교회의 머리인 예수를 닮아 있습니다. 자신의 힘을 포기하고 십자가에서 자신을 내준 그리스도의 사랑만이 '피차 복종'을 가능하게 하며, 이 피차 복종이 교회가 하나님을 본받는 곳이라는 사실을 드러낼 것입니다.

에베소서 안에 머물기

1 2장 11-22절을 묵상해 봅시다. 예수 그리스도는 우리 안에서 어떤
  역할을 하시나요? 그리스도로 말미암아 교회는 어떤 공동체가 되
  어야 하나요?

2 3장 1-13절에 나타난 하나님의 경륜을 생각해 봅시다. 하나님의 경
  륜이란 무엇을 말하는 것일까요? 오늘날 우리의 삶에서 그리스도
  의 비밀을 드러낸다는 것은 어떤 의미를 가지나요?

3 4장 1-16절을 묵상해 봅시다. 우리가 행해야 할 합당한 일이란 무엇
  입니까? 믿음의 분량은 개인적인 것일까요? 혹은 공동체적인 것일
  까요? 우리는 어떻게 그리스도 안에서 성장할 수 있을까요?

4   4장 17-24절이 말하는 옛사람과 새사람의 차이는 무엇인가요?
    우리는 어떻게 새사람으로 살 수 있을까요?

5   5장 21절-6장 9절의 가정 교훈집에 대해 생각해 봅시다. '서로 복
    종'이 필요한 이유는 무엇인가요? 일방적인 희생과 사랑은 어떠
    한 폐해를 일으킬까요?

빌립보
서

빌립보 교회의 상황

빌립보서에는 발신자와 수신자의 상황이 동시에 드러납니다. 발신자인 바울은 자신의 상황을 '매임'이라는 단어로 표현합니다(1:13). 그는 지금 복음을 전하다가 옥에 갇혀 있습니다. 그런데 그의 고난의 정도가 매우 심각한 것 같습니다. 빌립보서 1장 22-24절을 보면, 옥에 갇힌 바울은 삶과 죽음을 넘나들 정도로 위기의 상황을 맞이한 듯 보입니다. 하지만 그는 차라리 죽는 것이 자신을 위해 더 나을 것 같지만 아직 세상에 남아서 복음을 전하는 것이 주의 일이라고 스스로를 다잡습니다. 보통 빌립보서를 기쁨의 서신이라고 부릅니다. 빌립보서에 기뻐하라는 고백(1:18; 2:17, 28; 4:10)이나 권면(2:18; 3:1; 4:4)이 많이 나오기 때문입니다. 그러나 빌립보서에서 바울의 기쁨은 평안한 삶에서 나오지 않고 옥에 갇혀 죽음을 목도하는 상황에서 나옵니다.

기쁨에 대한 이야기가 많이 나오다 보니 사람들은 일반적으로 빌립보 교회에 별다른 문제가 없었을 것이라고 생각합니다. 하지만 빌립보 교회에도 문제가 없었던 것은 아닙니다. 빌립보 서 1장 30절은 말합니다. "너희에게도 그와 같은 싸움이 있으니 너희가 내 안에서 본 바요 이제도 내 안에서 듣는 바니라." 그들 이 바울에게서 보고 듣는 것과 같은 싸움을 싸우고 있다면, 그 것은 무슨 의미겠습니까? 그것은 그들이 복음으로 말미암아 고 난을 겪고 있다는 말이 아니겠습니까? 1장 3-26절에서 바울은 자신의 고난받는 상황을 이야기합니다. 고난은 단지 옥에 갇혔 다는 것에만 있지 않습니다. 그의 고난 속에서 어떤 이들은 그 에 대한 투기와 분쟁으로 그리스도를 전하는 것을 봅니다. 감옥 안에서도 밖에서도 그의 고난은 지치지 않고 지속됩니다. 그러 나 바울은 어느 형태로든 그리스도가 전파된다면 그것을 기뻐 하며 복음을 위해 더욱이 힘쓸 것이라고 결단합니다.

바울은 지치지 않고 그의 대적자들과 끊임없는 싸움을 하고 있습니다. 빌립보 교회 사람들이 바울에게서 보고 듣는 것은 바 로 이것입니다. 그러니 빌립보 교회도 고난 중에 있었을 것이라 추측할 수 있습니다. 그러므로 1장 28-29절에서 바울은 대적 하는 자들을 두려워하지 말라고 말합니다. 그들을 대적하는 자 들은 멸망하겠지만, 빌립보 교회 사람들에게 그것은 구원의 증 거가 될 것이기 때문입니다. 믿음은 단지 그리스도를 믿는 것뿐 아니라 그를 위하여 고난받는 것을 포함합니다. 바울이 빌립보 서를 쓰는 목적이 바로 여기에 있습니다. 바울은 자신의 고난을 빌어서 빌립보 교회 사람들을 격려하고자 합니다. 그들이 적대자들을 두려워하지 않고 구원에 흔들리지 않기를 바라고 있습니다. 고난에 처한 사람들에게 어쩌면 '두려워하지 않다'나 '흔들리지 않다'는 상대적으로 소극적인 표현입니다. 이에 비하면 '기뻐하다'는 보다 적극적입니다.

바울이 빌립보 교회에 권면하는 '기뻐하라'는 이러한 배경을 가집니다. 기쁨은 어떠한 상황에서도 그리스도를 믿으며 고난을 견디는 사람들이 할 수 있는 가장 확실한 믿음의 징표입니다. 1장에서 이렇게 빌립보 교회의 상황을 추측할 수 있음에도 불구하고, 빌립보 교회의 상황을 평온하게 이해하는 사람들에게는 걸림돌이 하나 있습니다. 그것은 3장 2-21절입니다. 기쁨을 이야기하던 기조는 아무 설명 없이 "개들을 삼가고 행악하는 자들을 삼가고 몸을 상해하는 일을 삼가라"(3:2)라는 격정의 표현으로 전환됩니다. 앞의 내용들과는 전혀 맞지 않습니다. 그러다 보니 여기서도 소위 통일성의 문제가 제기됩니다. 갑자기 나오는 이러한 돌발적인 내용이 빌립보서의 앞부분과 어울리지 않으니, 이 부분은 원래 빌립보서에 있었던 것이 아니라 편지가 회람되다가 나중에 삽입된 것 같다고 생각하는 이들도 있습니다.

그러나 우리가 이해할 수 없다고 해서 통일성의 문제를 제기하는 것은 그렇게 좋은 방법이 아닙니다. 우리가 알 수 없는 상황이나 문맥을 파악하려는 노력이 필요합니다. 더군다나 빌립보서 1장 28-30절을 상기하면, 3장 2-21절은 대적자들의 모습과 그에 대한 바울의 해법을 알려 주는 것으로, 빌립보 교회 사람들이 겪는 싸움을 이해하는 열쇠입니다. 바울이 '개'이며 '행악하는 자'라고 명명한 적대자들은 아마도 율법주의자들인 것 같습니다. 3장 3-4절을 보면, 그들은 육체를 신뢰하고 할례를 추종하는 자들입니다. 3장 19절은 그들의 멸망을 예고하면서, '그들의 신은 배'라고 말합니다. '배'를 신으로 여긴다는 것은 정결법에 따른 그들의 삶을 조롱하는 것입니다. 먹을 것과 먹는 방식에 목숨을 건다는 의미일 것입니다.

율법주의자들을 비판하면서 바울은 율법에 있어서 자신이 그들보다 모자랄 것이 없다고 말합니다. 3장 4-6절, "…나도 육체를 신뢰할 만하며 만일 누구든지 다른 이가 육체를 신뢰할 것이 있는 줄로 생각하면 나는 더욱 그러하리니 나는 팔일 만에 할례를 받고 이스라엘 족속이요 베냐민 지파요 히브리인 중의 히브리인이요 율법으로는 바리새인이요 열심으로는 교회를 박해하고 율법의 의로는 흠이 없는 자"라는 말은 이러한 배경에서 나온 것입니다. 그러나 바울은 그들이 그렇게 대단하게 여기는 것들, 그리고 바울이 목숨을 걸고 지켰던 것들이 그리스도를 위해서 이제는 해로운 것이 되었다는 사실을 깨달았습니다(3:7). 그것은 육체를 신뢰하게 하며 율법으로 의를 이룰 수 있다고 말하면서, 그리스도에게 가는 길을 막기 때문입니다. 그러므로 바울이 배설물과 같이 버린 것은 율법에 따른 구원입니다(3:8). 그러니 바울의 적대자들은 얼마나 우스꽝스럽습니까? 다른 사람이 배설물로 여기는 것을 애지중지하고 있으니 말입니다.

아마도 그들을 개라고 비난한 것은 그들이 바울이 버린 배설물을 주워 먹기 때문인지도 모르겠습니다. 그들은 무지할 뿐 아니라 하나님을 알지 못하고 땅의 일만 생각하는 자들임이 분명합니다. 그들은 하늘의 시민권을 생각하지 않는 자들입니다(3:20). 그들에 비하면 바울은 오직 앞을 향해 나아갑니다. 바울의 눈은 언제나 미래를, 그리고 하늘을 향합니다. 하나님의 궁극적 승리는 마지막 때에 드러나며, 그때까지 바울은 오직 푯대를 향해서 달려 나갈 뿐입니다(3:12-14). 대적자들은 자신들이 완전하다고 주장하기도 하겠지만, 바울은 결코 그렇지 않습니다. 스스로를 완전한 것처럼, 다 이룬 것처럼 생각하는 사람은 "…그리스도의 십자가의 원수…"(3:18)일 뿐입니다. 완전함은 마지막 부활 때에나 가능합니다.

그리스도를 본받음

빌립보서의 내용은 고난을 이기는 방법에 초점을 둡니다. 바울이 고난을 이기는 방법은 간단합니다. 그것은 그리스도를 기억하는 것입니다. 그 기억을 통해서 그리스도가 고난을 견딘 것처럼 고난을 견디면 된다는 것이 바울의 해법입니다. 그러므로 2장 5절은 "너희 안에 이 마음을 품으라. 곧 그리스도 예수의 마음이니"라고 시작하며 6-11절에서 그리스도 찬가를 소개합니다. 그리스도 예수의 마음은 고난을 이길 수 있는 유일한 방법입니다. 그리고 그 마음은 6-8절에 나옵니다. "그는 근본 하나님의 본체시나 하나님과 동등됨을 취할 것으로 여기지 아니하시고 오히려 자기를 비워 종의 형체를 가지사 사람들과 같이 되셨고 사람의 모양으로 나타나사 자기를 낮추시고 죽기까지 복종하셨으니 곧 십자가에 죽으심이라." 그리스도의 마음은 죽기까지 낮아지는 것입니다. 하나님과 동등한 존재였지만 그 영광을 버리고 이 땅에 오셨을 뿐 아니라, 십자가까지 진 일은 다른

335

어떤 것과도 비교할 수 없는 고난입니다.

예수 그리스도는 우리의 구원을 위해서 기꺼이 그 고난을 감내했습니다. 예수 그리스도의 이 마음을 생각한다면 우리가 당하는 고난이야 아무것도 아니며, 우리도 고난을 이길 수 있을 것입니다. 그러나 찬가는 예수 그리스도의 마음으로 끝나지 않고 이 마음에 대한 하나님의 응답으로 이어집니다. 2장 9-11절인데, 여기서 주어는 '하나님'입니다. "이러므로 하나님이 그를 지극히 높여 모든 이름 위에 뛰어난 이름을 주사 하늘에 있는 자들과 땅에 있는 자들과 땅 아래에 있는 자들로 모든 무릎을 예수의 이름에 꿇게 하시고 모든 입으로 예수 그리스도를 주라 시인하여 하나님 아버지께 영광을 돌리게 하셨느니라." 하나님이 예수 그리스도를 만물 위에 높이셨다는 내용입니다. 이 높임은 하나님의 일입니다.

예수 그리스도의 일과 마음은 '낮아짐'이었으며, 그것이 우리의 구원이 되었습니다. 그렇게 우리를 위한 낮아짐에 대한 하나님의 은혜가 '높이심'으로 나타났습니다. 하나님의 높이심은 예기치 않았던 하나님의 은혜입니다. 높이심은 선물이지 우리가 하나님에게 요구할 수 있는 어떤 대가가 아닙니다. 2장 6-11절의 그리스도 찬가는 예수 그리스도의 낮아짐과 하나님의 높이심을 통해 구원을 이야기합니다. 예수 그리스도가 죽고 하나님이 그를 살림으로써 우리를 위한 그리스도의 구원이 이루어졌습니다. 여기서 기억해야 할 것은 예수의 일은 '죽기까지, 곧 십자가를 지기까지'였다는 사실입니다. 나머지의 일, 그를 살리신 것은 하나님의 일입니다. 우리는 하나님의 일까지 예단하고 요구할 수 없습니다. 물론 기대할 수는 있습니다. 이것이 믿음입니다. 믿음은 하나님의 은혜를 기대하며 예수를 따르는 것입니다.

그러므로 믿음으로 할 수 있는 일은 예수처럼 그냥 십자가를 지는 일입니다. 기쁨으로 말입니다. 나머지는 하나님의 일이라서 우리가 계산할 필요가 없지만, 예수에게 일어난 하나님의 은혜가 우리에게 일어난다면 더할 나위 없이 기쁘고 감사하지 않겠습니까? 그러므로 바울은 2장 12절에서 "…나의 사랑하는 자들아… 항상 복종하여 두렵고 떨림으로 너희 구원을 이루라"고 말합니다. 이것은 구원이 우리의 힘과 능력으로 이루어진다는 말이 아닙니다. 예수의 마음을 품고 십자가를 짐으로써 구원에 참여하라는 말입니다. 우리는 예수 그리스도로 말미암아 일어난 구원을 덧입고 하나님의 자녀가 되었습니다. 그러나 언제나 '죽는 삶'으로만 그 구원을 이루어 나갈 수 있습니다. 구원의 주체는 하나님입니다. 그러나 그 구원에 참여하며 믿음을 지키는 모든 과정도 넓은 의미에서 구원입니다.

그러므로 바울은 "내가 그리스도와 그 부활의 권능과 그 고난에 참여함을 알고자 하여 그의 죽으심을 본받아 어떻게 해서든지 죽은 자 가운데서 부활에 이르려 하노니"(3:10-11)라고 말합니다. 바울은 그렇게 하루하루 두렵고 떨림으로 구원을 이루는 삶을 살 뿐입니다. 바울 자신이 고난을 견디었기에, 빌립보교회에도 그렇게 권면할 수 있는 것입니다. 그리고 그들로 하여금 디모데와 에바브로디도와 같이 고난 중에서 믿음을 지켜 가

337

는 제자들을 기억하게 합니다(2:19-30). 그들도 그렇게 구원의 삶을 견뎌 낸 사람들입니다. 마지막 인사에서 바울은 빌립보 교회 사람들에게 감사를 전합니다(4:10). 그들이 여러 가지 면으로 바울에게 도움을 주었고 이를 통해 바울은 자신을 생각하는 그들의 간절한 마음을 알았기 때문입니다.

그러나 바울은 자신의 궁핍함 때문에 그들의 도움을 고마워하는 것이 아님을 분명히 밝힙니다(4:11). 바울은 어떠한 형편에서도 자족할 수 있는 능력을 배웠기 때문입니다. 12절은 자족의 내용을 부가적으로 설명합니다. 그것은 "…비천에 처할 줄도 알고 풍부에 처할 줄도 알아 모든 일 곧 배부름과 배고픔과 풍부와 궁핍에도 처할 줄 아는…" 능력입니다. 자족은 자신이 처한 상태에 만족하고 감사하는 것입니다. 자족은 예기치 못했던 모든 상황을 일상적인 감사로 견뎌 내는 힘입니다. 아마도 이 자족함이 고난 중의 기쁨을 가능하게 했을 것입니다. 이러한 자족의 능력은 13절에서 "내게 능력 주시는 자 안에서 내가 모든 것을 할 수 있느니라"는 고백으로 드러납니다.

'모든 것을 할 수 있다'는 '모든 상황에서 모든 것을 기쁨으로 견딜 수 있다'는 뜻입니다. 그것이 고난일지라도 말입니다. 모든 것을 할 수 있는 능력은 우리의 욕망을 이루는 도구가 아니라, 복음을 위해서 고난을 감내하게 하는 힘입니다. 이렇듯 바울은 자족의 힘으로 궁핍과 배고픔을 충분히 견딜 수 있었지만, 그래도 빌립보 교회의 도움이 위로가 되었다고 감사를 표합니다. 이 감사에는 그들의 도움이 그들에게 풍성함으로 돌아가기를 바라는 마음에(4:14-20), 어떤 상황에서도 그들이 바울처럼 자족하기를 바라는 마음이 더해졌을 것입니다. 그들이 궁핍할 때, 그들도 바울처럼 자족할 수 있다면, 그들은 기뻐할 수 있을 것이기 때문입니다. 그들이 바울에게서 보고 들은 싸움을 겪을 때, 그들도 바울처럼 믿음을 세워 나갈 수 있다면, 그들에게 기쁨이 넘칠 것이기 때문입니다. 그들이 고난 중에 예수 그리스도의 마음을 기억할 수 있다면, 고난은 그들의 기쁨을 결코 꺾지 못할 것입니다. 그것이 하나님의 능력입니다.

빌립보서 안에 머물기

1 1장 12-26절과 2장 17-18절을 묵상해 봅시다. 바울이 옥에 갇힌 극
   한 고난의 상황에서 기쁨을 이야기한 이유는 무엇인가요? 고난을
   받아들이는 우리의 태도는 어떠한가요?

2 2장 5-11절의 그리스도 찬가에 대해 생각해 봅시다. 예수님의 고난
   과 하나님의 은혜는 어떤 관계가 있을까요? 예기치 않은 은혜와 기
   대하고 계산된 대가는 어떤 차이가 있나요? 하나님과 거래하는 믿
   음을 진정한 믿음이라고 말할 수 있을까요?

3 2장 12-16절을 묵상해 봅시다. 바울은 12절에서 "두렵고 떨림으로
   너희 구원을 이루라"고 말합니다. 하나님으로부터 오는 구원을 우
   리가 이룬다고 말할 때, 그것은 어떤 의미일까요?

4 3장 5-16절을 묵상해 봅시다. 바울은 8절에서 자신이 지금까지 알던 것을 '배설물'로 여긴다고 말합니다. 바울이 알았던 것이란 무엇을 의미할까요? 그리스도 안에서 버려야 할 것이 있다면, 그것은 무엇이며 그 이유는 무엇인가요?

5 3장 17-21절과 4장 10-14절을 묵상해 봅시다. '모든 것을 할 수 있는 능력'은 무엇을 위한 것입니까? 우리의 능력이 지향하는 궁극적 삶은 어디를 향해 있어야 할까요?

골

골로새서

골로새 교회의 상황

골로새서는 골로새 교회의 이방인들에게 보낸 편지입니다. 아마도 그들은 에바브라에게서 복음을 받고 배웠던 것 같습니다 (1:7). 발신자는 골로새 교회의 성도들이 믿음 안에 서 있는 것을 칭찬하며 감사하지만, 그들에게 문제가 없는 것은 아닙니다. 아마도 교회에 다른 말을 하는 이들이 들어와 기존 성도들의 믿음을 흔들었던 것 같습니다. 2장 8절은 "누가 철학과 헛된 속임수로 너희를 사로잡을까 주의하라. 이것은 사람의 전통과 세상의 초등학문을 따름이요 그리스도를 따름이 아니니라"고 말합니다. 이어지는 설명에서는 그리스도인들은 그리스도 안에서 손으로 하지 않은 할례를 받았고, 그렇게 육의 몸을 벗는 것이 그리스도의 할례(2:11)라는 말도 나옵니다. 아마도 적대자들은 육신의 할례를 강요하거나 세상 풍조를 따르면서 교회를 혼란스럽게 했던 것 같습니다.

"…먹고 마시는 것과 절기나 초하루나 안식일을 이유로 누구든지 너희를 비판하지 못하게 하라"(2:16)와 같은 말들을 보면, 그들이 할례와 더불어 유대적 절기나 정결법 등에 관심을 가지고 있었던 것 같습니다. 그러나 꾸며 낸 겸손과 천사 숭배를 이유로 그리스도인들을 정죄하지 못하게 하라는 말을 보면(2:18), 그들이 초월적 존재에 대한 믿음 또한 강요했던 것 같습니다. 그들은 각각 다른 특징을 가진 적대자들일 수도 있지만, 당시 그레코-로만 세계의 세계관에서 차용한 종교적 혼합주의자들일 수도 있습니다. 헬라 세계의 이원론적 세계관은 서로 다른 두 양상으로 나타납니다. 하나는 쾌락주의이며 다른 하나는 금욕주의입니다. 전자는 영으로 구원받았으니 육신적 삶은 의미가 없다고 주장하며 자신들의 행복을 추구했습니다. 처음에 이 행복은 소소한 삶의 일상이었지만 후대로 전해지면서 무분별한 쾌락으로 오해되었습니다. 후자는 온전한 영으로의 구원을 위해서 육적 욕구를 쳐서 복종시켜야 한다고 주장하며 금욕과 절제를 추구했습니다. 쾌락주의와 금욕주의는 나타나는 모습이 전혀 다르지만, 근원적으로는 같습니다.

아마도 골로새 교회의 적대자들에게는 후자의 영향이 컸던 것으로 보입니다. 그들은 한편으로 육적인 것을 벗어나 천사와 같은 초월적 능력에 의지했으며, 다른 한편으로 각종 절기나 정결법을 지키는 유대적 율법주의로 육체적 부족함을 메우려고 했던 것 같습니다. 육에 대한 이러한 이해는 꾸며 낸 겸손으로 표현되지만, 그것은 과도한 자기비하일 뿐입니다. 그들은 자신의 육을 비하하고 초월적인 영들을 달램으로써, 영들의 분노를

345

가라앉히고 자신들이 보호를 받을 수 있으리라 믿었습니다. 그러나 그레코-로만 세계에서 그럴듯하게 전해지는 철학과 인간 이해들은 헛된 속임수이며 초등 학문에 불과합니다. 그것들 안에는 진리가 없습니다. 그러므로 골로새서 1장 9절-2장 23절은 그리스도 복음의 진수를 설명합니다. 그리고 3장 1절-4장 6절은 그리스도 안에서의 새로운 삶을 알려 줍니다.

만물 위에 계신 분

초월적 능력을 강조하는 적대자들에게 대응하는 방법은 우주의 근원을 밝히는 것입니다. 골로새서는 우리를 구원한 그리스도를 이야기하면서 "그는 보이지 아니하는 하나님의 형상이시요 모든 피조물보다 먼저 나신 이시니, 만물이 그에게서 창조되되 하늘과 땅에서 보이는 것들과 보이지 않는 것들과 혹은 왕권들이나 주권들이나 통치자들이나 권세들이나 만물이 다 그로 말미암고 그를 위하여 창조되었고 또한 그가 만물보다 먼저 계시고 만물이 그 안에 함께 섰느니라. 그는 몸인 교회의 머리시라. 그가 근본이시요 죽은 자들 가운데서 먼저 나신 이시니 이는 친히 만물의 으뜸이 되려 하심이요 아버지께서는 모든 충만으로 예수 안에 거하게 하시고 그의 십자가의 피로 화평을 이루사 만물 곧 땅에 있는 것들이나 하늘에 있는 것들이 그로 말미암아 자기와 화목하게 되기를 기뻐하심이라"(1:15-20)고 선언합니다. 이를 골로새 찬가라고 부릅니다.

골로새 찬가는 하나님의 창조로부터 시작된 우주를 보여 줍니다. 그것은 예수와 더불어 시작한 우주입니다. 예수 그리스도가 만물보다 먼저, 만물 위에, 그리고 만물 안에, 계신 분이라는 설명과 교회가 그리스도의 통치를 받는다는 것 외에 적대자들에게 다른 말은 필요 없습니다. 그리스도는 어떤 것도 범접할 수 없는 우주적 존재입니다. 세상이 창조된 이래, 창조되기도 전에, 어느 때이든 그리스도가 없었던 때는 없기 때문입니다. 그러니 천사와 같은 것들은 하나님의 형상인 그리스도와 비교할 것이 못 됩니다. 골로새서가 적대자들의 주장을 헛된 것이나 초등학문이라고 단언할 수 있는 것은 세상의 근본에 대한 이러한 이해 때문입니다. 예수 그리스도는 세상의 처음에 있었고, 지금은 예수 그리스도를 믿는 교회와 함께합니다.

그러니 예수 그리스도 외에 다른 것을 신이라거나 대단한 능력이 있는 것처럼 말하는 것은 다 헛된 주장입니다. 더하여 우리의 육체를 비하하는 것도 초등 학문에 불과합니다. 적대자들은 범죄와 육체의 무할례로 죽었던 그들을 하나님이 그리스도와 함께 살리시고 그들의 죄를 사하셨다는 것을 알지 못합니다 (2:13). 예수의 십자가가 율법을 무력화했다는 것을 말입니다. 더욱이 이러한 구원은 모든 사람에게 차별 없이 일어났습니다 (3:11). 그러므로 적대자들은 예수를 믿는 모든 사람이 육체를 따라 사는 것이 아니라 그리스도와 함께 살며, 이제 그들의 삶은 율법의 요구나 사람의 철학과는 무관하다는 사실을 알아야 합니다. 믿는 모든 사람은 그리스도의 몸이며, 몸은 머리로 말미암아 마디와 힘줄로 공급함을 받고 연합하여 하나님이 자라게 하신다는 것을 말입니다(2:19).

몸은 그들이 생각하는 것처럼 영과 육으로 나누어지지 않습니다. 인간은 영과 육으로 분리할 수 없는 실체적이며 통전적인 존재입니다. 하나님은 몸과 머리를 연결시키셔서 그것이 개인이든, 교회이든, 머리로부터 공급받은 새로운 힘으로 날마다 자라게 합니다. 그러니 육적인 것들을 과도하게 비하하는 것은 하나님을 알지 못하는 사람들의 이야기일 뿐입니다. 오히려 2장 23절은 적대자들이 주장하는 것이 "…자의적 숭배와 겸손과 몸을 괴롭게 하는 데…"는 쓸모가 있지만 "…오직 육체 따르는 것을 금하는 데는 조금도 유익이 없느니라…"고 말합니다. 얼마나 재미있는 비판입니까? 적대자들이 하는 것처럼 아무리 해도, 육체를 거슬러 영을 따를 수는 없다는 말입니다. 그러므로 골로새서는 이어지는 3장에서 진정으로 영적 삶을 살 수 있는 방법을 가르쳐 줍니다.

3장 1절은 "그러므로 너희가 그리스도와 함께 다시 살리심을 받았으면 위의 것을 찾으라. 거기는 그리스도께서 하나님 우편에 앉아 계시느니라"로 시작하면서 관심을 그리스도에게로 옮깁니다. 그리스도 안에서 새 사람이 되었다면, 오직 하나님 우편에 있는 그리스도를 생각해야 합니다. 그렇게 위를 바라볼 때, 그리스도와 함께 하나님 안에 감추어진 생명을 이 땅에 드러낼 수 있을 것입니다(3:2-3). 생명은 이 땅이 아니라 그리스도에게 있기 때문입니다. 그리스도 안의 생명은 적대자들과 같이 천사를 숭배하고 스스로를 비하하는 것이 아니라 서로를 사랑하는 것, 곧 서로에게 유익을 끼치는 것에서 나타납니다(3:10-14). 그렇게 사랑으로 묶인 사람들에게 그리스도의 평강이 넘칠 것이며, 이 사랑과 평강으로 그들이 하나의 몸으로 부르심을 받았다는 사실을 알게 될 것입니다.

이러한 권고는 3장 18절-4장 1절의 가정 교훈집으로 이어집니다. 내용은 에베소서와 유사하지만 더 짧습니다. 가정은 가장 기본의 사회적 단위로서, 가정의 평강은 교회로, 사회로, 전파될 것입니다. 가정에서의 새로운 모습은 예수 그리스도를 머리로 하는 교회가 어떻게 하나님의 질서를 드러내는지도 보여 줄 것입니다. 골로새서는 오직 그리스도를 따르는 삶만이 적대자들을 이기는 방법임을 드러냅니다. 물론 이러한 것들을 실천하고 복음의 비밀을 전하는 일은 쉽지 않습니다. 이 일 때문에 발신자가 지금 옥에 갇히는 것만 보아도, 그 어려움을 알 수 있습니다(4:3). 1장 24절, "나는 이제 너희를 위하여 받는 괴로움을 기뻐하고 그리스도의 남은 고난을 그의 몸 된 교회를 위하여 내 육체에 채우노라"는 아마도 이러한 사정을 언급하는 것 같습니다.

발신자는 그리스도의 비밀을 전하다가 고난을 당하고 있습니다. 그런데 그는 자신이 당하는 이 고난을 그리스도의 고난과 분리시키지 않고 하나로 연결시킵니다. '그리스도의 남은 고난'은 그리스도의 고난이 부족했다는 말이 아닙니다. 그것은 그리스도와 발신자를 한 몸으로 연결시키는 표현입니다. 그의 고난과 그리스도의 고난은 하나로 묶여져서, 하나님의 구원 역사 속으로 녹아듭니다. 그에게서처럼 고난은 그리스도와 우리를 분리시키는 것이 아니라, 오히려 그리스도와 우리를 연결시킵니다. 골로새서는 이것을 말하고자 합니다. 어떤 고난의 상황일지라도 그리스도와 우리가 하나로 연결될 때, 우리 안에 그리스도의 충만함이 넘쳐 날 것입니다. 그 충만함은 그리스도가 우리의 머리이며 또한 교회의 머리라는 증거입니다. 그러므로 우리가 그리스도를 머리로 한 몸을 이룬 존재라는 사실을 깨닫는다면, 우리는 그리스도와 그리고 우리 서로와 화목해야 합니다.

골로새서 안에 머물기

1 1장 15-20절의 골로새 찬가에 대해 생각해 봅시다. 그리스도는 어떤 존재인가요? 하나님이 세상의 창조주이며 우리가 하나님의 피조물이라는 것은 어떤 의미인가요?

2 1장 24-29절을 묵상해 봅시다. 바울은 자신의 사명이 무엇이라고 생각하나요? 우리 각자의 사명은 무엇이며 그것은 하나님의 역사 안에서 어떤 의미를 가지나요? 사명과 고난은 어떤 관계가 있을까요?

3 3장 1-17절을 묵상해 봅시다. 우리가 새사람이 되어야 하는 필연성은 무엇인가요? 새사람으로서의 삶은 어떤 것인가요?

데살로니가전서, 데살로니가후서

데살로니가전서

데살로니가 교회의 상황

데살로니가전서 1장을 살펴보면, 데살로니가 교회의 상황을 추측할 수 있습니다. 발신자는 그들의 믿음을 칭찬하면서 그들이 많은 환난 가운데 성령의 기쁨으로 말씀을 받았다고 말합니다 (살전 1:6). 그들은 모든 믿는 자의 본이 되었고 그들의 믿음에 대한 소문은 전역에 퍼졌습니다. 그들이 믿음을 지키기 위해 어떤 환난을 겪었는지는 9절의 말로 짐작해 볼 수 있습니다. 1장 9절에 언급된, "…너희가 어떻게 우상을 버리고 하나님께로 돌아와서 살아 계시고 참되신 하나님을 섬기는지…"라는 구절은 그들의 환난이 당시의 종교적 상황과 연관되었음을 추정하게 합니다. 기독교 초기에는 황제나 정부 당국에 의한 박해가 간헐적이며 지역적으로 일어났습니다. 4세기에 이르기까지 시간이 흐르면서 이러한 박해들은 점차 더욱 잔인하고 광범위하게 대대적으로 일어났습니다.

1세기 초기 그리스도인들에게 더욱 직접적이었던 위협은 그들의 지역에서 일어나는 일상적인 박해였습니다. 그레코-로만 세계는 다신교적 믿음을 가진 세계였기 때문입니다. 당시의 사람들에게 유일신에 대한 믿음은 낯선 것이었습니다. 다신교는 굳이 다른 신들을 배척할 이유가 없었지만, 유일신에 대한 믿음은 다른 사람들이 믿는 신을 우상으로 격하시키기 때문입니다. 이방 세계에서 그리스도를 믿는 일은 바로 이 우상들과의 싸움입니다. 초기 그리스도인들은 하나님에게 오기 위해서 먼저 그들이 이전에 믿던 다양한 신들을 버려야 했고, 그것들을 헛된 것으로 폭로해야 했습니다. 그러나 이방인들의 신을 욕되게 하는 것은 그들에 대한 모욕이며 또한 그들의 삶을 흔드는 것이었습니다. 그것은 단순히 개인의 선택이 아니라 공동체를 파괴하는 일이었습니다.

그러므로 그들은 그리스도인들과 같이 유일신 신앙을 가진 사람들의 믿음을 받아들일 수 없었습니다. 그리스도를 믿는 믿음은 그들에게 일어나는 모든 해악의 원인이 되었고 박해를 정당화하는 이유가 되었습니다. 그러므로 이방 세계에 있는 사람들이 우상으로부터 돌이켜 하나님에게로 오는 과정은 언제나 고난의 길일 수밖에 없었습니다. 초기 그리스도인들은 늘 그렇게 일상을 위협받았습니다. 그런데 데살로니가 교회 사람들이 이러한 환난 가운데서도 흔들리지 않고 믿음을 잘 지켰으니 얼마나 칭찬받을 만한 일인가요. 당시에 예수를 그리스도로 고백하는 믿음은 정말로 대단한 것입니다. 그러나 한편으로, 그들이 그 세계 속에 사는 한 그들의 고난이 지속될 것은 빤합니다. 그러니 계속해서 흔들리지 않고 믿음을 지켜 나가는 것이 중요합니다.

아마도 바울은 데살로니가 교회가 지켜 온 믿음의 과정을 칭찬하고 앞으로의 길을 응원하고 격려하기 위해 이 편지를 썼을 것입니다. 이러한 상황을 염두에 두고 편지를 읽다 보면, 1장에서 언급된 믿음에 대한 칭찬은 2장 1절-4장 12절까지 그들의 믿음에 대한 위로와 믿음을 지속하는 방법에 대한 이야기로 이어집니다. 그런데 1장에는 데살로니가 교회의 또 다른 정황이 나타납니다. 그들이 "…죽은 자들 가운데서 다시 살리신 그의 아들이 하늘로부터 강림하실 것…"을 간절하게 기다렸다는 사실입니다(살전 1:10). 그들은 예수가 곧 다시 올 것, 그러니까 임박한 미래에 대한 종말론적 믿음을 가지고 있었습니다. 이 종말론적 믿음은 그들이 고난을 견딜 수 있는 원동력이기도 했습니다. 그들은 다시 올 예수를 기다리며 고난을 이겨 냈습니다.

물론 이러한 종말론적 믿음은 데살로니가 교회의 특별한 신앙이라고는 할 수 없습니다. 기독교는 종말론적 역사 인식을 토대로 형성되었고, 그리스도인들은 예수가 '곧' 다시 올 것이라 기대했습니다. 그러나 이들이 가진 종말론적 믿음이 교회 안에 문제의 발단이 되었다는 것을 4장 13절을 통해서 알 수 있습니다. 곧 다시 올 예수 그리스도를 기다리며 믿음을 지켰는데 예수는 오지 않았고, 그렇게 예수를 보지도 못하고 죽은 사람들이 생겨난 것입니다. 이 문제는 고린도 교회에서도 발생한 문제입니다(고전 15:12). 데살로니가 교회는 외부로부터 오는 환난을 견디고 믿음을 세워야 하는 과제와 더불어 내부적으로 발생한 종말의 문제 또한 해결해야 하는 상황에 처했습니다. 바울은 데살로니가 교회가 이러한 문제를 잘 극복하고 믿음으로 나아가기를 바랐을 것입니다.

거룩함

바울이 교회들로 하여금 고난을 견디게 하는 방법은 늘 동일합니다. 그것은 그들이 당하는 고난이 그들만의 것이 아니라는 사실을 상기시키는 것입니다. 데살로니가전서 2장 1-13절에서 바울은 자신이 당한 고난을 이야기합니다. 바울이 자신의 고난을 이야기하는 것은 자랑하려는 것이 아니라 일종의 본을 보이기 위함이었습니다. 그는 고린도전서 4장에서도 사도로서의 고난을 이야기하고는 "그러므로 내가 너희에게 권하노니 너희는 나를 본받는 자가 되라"(고전 4:16)고 맺습니다. 자신이 그리스도로 말미암아 고난받은 것 외에는 자랑할 것이 없었던 바울은 "그러므로 내가 그리스도를 위하여 약한 것들과 능욕과 궁핍과 박해와 곤고를 기뻐하노니 이는 내가 약한 그때에 강함이라"(고후 12:10)고 고백하기도 합니다. 바울은 자신의 고난을 통해서 하나님의 능력을 드러내며 그것은 결국 십자가를 진 예수를 본받는 길임을 상기시킵니다(빌 2:6-11).

데살로니가 교회에게도 바울은 자신의 고난을 본으로 언급합니다. 그러나 여기에 더하여, 바울은 이방인들만 고난받는 것이 아니라 유대인들도 자신들의 동족으로부터 고난받았다는 사실을 상기시킵니다(살전 2:14). 유대인이든 이방인이든 예수를 그리스도로 고백하게 되면 고난을 피할 길은 없습니다. 이렇듯 고난은 그리스도인에게 당연한 일이기에, 모든 사람의 고난을 기억하며 서로가 서로에게 힘이 되고자 하는 것, 이것이 바울의 위로 방식입니다. 그러나 한편으로 고난을 인내하는 것 못지않게 더욱 적극적으로 새로운 삶을 사는 것, 이것은 그들을 공격하는 사람들에 대한 강한 도전이 될 수 있습니다. 그리스도인에게 요구되는 새로움은 '거룩함'입니다(3:13). 4장 1-12절은 거룩함으로, 세상과 다른 삶을 살 것을 권면합니다.

특히 4장 3-6절은 당시에 사람들이 아무렇지 않게 행했던 음란이나 색욕, 가부장적 질서 등에 반하는 것을 거룩함으로 권고합니다. 주의해야 할 점은 여기에 언급된 거룩함의 내용을 당시의 상황 속에서 이해해야 한다는 점입니다. 그 시대에는 그럴 수 있다고 문제가 되지 않았던 것이지만 바울은 그것을 부정한 것으로 말하며 새로운 삶을 요구합니다. 거룩함은 획일적으로 정의될 수 없습니다. 거룩함은 시대를 달리하면서 다양한 형태로 나타납니다. 더욱 복잡한 내용을 가지고 말입니다. 하나님 앞에서 우리를 거룩하게 이끄는 것은 세상이 괜찮다고 여기는 일이 아니라, 하나님이 괜찮다고 여기는 일입니다. 그러므로 하나님 앞에서의 거룩함이 무엇인지 늘 분별하고 그 삶을 살아 내려고 애쓰는 것이 중요합니다. 거룩함은 하나님이 우리를 부르신 목적이기 때문입니다(4:7).

깨어 있음

종말의 문제도 이와 같은 맥락에서 이해해야 합니다. 종말에 대한 희망은 거룩함을 지키고 그로 인한 세상과의 불화를 이겨 내는 힘입니다. 그러나 종말의 때에 대한 불확실성은 언제나 믿음을 흔드는 요인이 되기도 합니다. 언제 임할지 모르는 종말을 기대하며 사는 것이 힘들기 때문입니다. 종말을 보지 못하고 죽은 사람들의 문제는 이러한 문제를 가시화시켰습니다. '언제 종말이 오는가?', '언제까지 이렇게 살아야 하는가?' 이에 대해서 4장 13-18절은 종말의 확실성을 단언합니다. 예수는 분명히 다시 올 것이고 그때 이미 죽은 자들이 먼저 일어나고 살아 있는 사람들도 주의 부활에 참여할 것입니다. 그들은 '죽은' 것이 아니라 '자는' 것입니다. 언젠가 일어날 것이기 때문입니다. 그러나 그것이 언제 일어날지는 아무도 모릅니다.

신약성경은 종말의 때를 일관되게 묘사합니다(막 13:28-32; 벧후 3:8-10). 부활의 '때'는 하나님의 주권에 속한 것으로 누구도 알 수 없습니다. 중요한 것은 언제 올 지 모르는 그때를 준비하며 '깨어 있는 것'입니다(살전 5:1-11). '깨어 있음'이라는 말은 무척 상징적입니다. 그러므로 깨어 있음이 무엇인지 해석하기 위해서는 문맥과 상황을 살펴보아야 합니다. 5장 1-11절의 깨어 있음은 앞에 있는 종말에 대한 문제(4:13-18)를 사이에 두고 거룩함에 대한 요구(4:1-12)와 연결되어 있습니다. 그러므로 데살로니가전서에서 깨어 있음은, 종말의 빛에서 어떤 상황에도 흔들리지 않고 하나님의 뜻인 거룩함을 실천하는 삶입니다. 그리고 거룩함과 깨어 있음이라는 추상적인 말들은 서로 연결되어서 형제들끼리 서로 사랑하고 공동체 안에 덕을 세우는 것으로 구체화됩니다(5:12-15). "항상 기뻐하라. 쉬지 말고 기도하라. 범사에 감사하라.…"(5:16-18)는 12-15절까지 이어지는 하나님의 뜻을 마무리하는 내용입니다.

이것이 환난을 겪어 내고 있는 교회에 대한 권면이라는 사실을 기억한다면, 하나님의 뜻이 그리스도인들로 하여금 전혀 새로운 방식의 삶을 살게 한다는 것을 알 수 있습니다. 환난 중에 그들은 화목하고 선을 행하며 기뻐하고 기도하며 감사합니다. 늘, 쉬지 않고, 범사에, 말입니다. 이렇게 하나님의 뜻에 따라 살아갈 때, 그들은 종말의 때까지 거룩함을 보존할 것이며 세상과 다른 깨어 있는 삶을 살 것입니다. 세상을 거스르는 이러한 삶은 그들에게 환난을 가져올 것입니다. 그러나 그들은 자신들의 삶 속에서 하나님을 만날 것입니다. 이 권면의 결론은 하나님의 정체를 드러내는데, 바로 평강의 하나님입니다(5:23). 그들을 거룩함으로 이끄는 존재는 그들에게 평화를 이루는 하나님입니다. 그들을 지키는 평강의 하나님은 환난 중에서도 그들이 평화를 누릴 수 있도록 하실 것입니다. 이 때문에 항상 기뻐하고, 쉬지 않고 기도하며, 범사에 감사할 수 있습니다.

데살로니가후서

위로의 하나님

데살로니가후서의 상황은 데살로니가전서의 상황과 다르지 않습니다. 여전히 고난 가운데 있으며 아마도 더욱 심해진 것처럼 보입니다. 이러한 상황에서 데살로니가후서는 모든 박해와 환난 중에 믿음을 견고하게 지켜 가는 데살로니가 교회를 칭찬합니다(살후 1:4). 그들이 마지막까지 믿음을 잘 지키기를 간절히 바라는 발신자는 그들을 박해하는 자들에 대한 저주도 서슴지 않습니다(1:6-9). 상황이 데살로니가전서와 유사하다 보니 편지 전체의 내용도 데살로니가전서와 유사합니다. 종말에 대한 확실한 믿음으로 현재의 환난을 잘 견디게 하려는 것입니다. 단지 2장 2절에서 데살로니가전서와 조금 다른 상황을 엿볼 수 있습니다. 아마도 이제는 이미 종말이 왔다는 소문이 있었던 것 같습니다(살후 2:2). 종말이 왔다는 것은 이미 예수가 다시 왔다는 뜻입니다.

종말이 오지 않았는데 죽은 자가 생기는 문제로 혼란스러웠던 교회는 이미 예수가 왔다는 문제에 휩싸였습니다. 예수가 이미 왔는데 자신들은 예수를 보지 못했고 부활도 경험하지 못했다면 얼마나 놀랄 일이겠습니까? 2장 2절은 그런 사람들에게 두려워하지 말고 미혹되지 말라고 권고합니다. 이어지는 배교와 불법의 사람에 대한 언급과 잘못된 사람들에 대한 저주는, 지금은 마지막 때가 아니라는 사실과 문제를 일으키는 사람들의 말과 행동이 하나님 앞에서 불의하다는 사실을 드러냅니다(2:3-12). 그리고 편지의 나머지 부분들은 데살로니가전서 5장 12-25절처럼 그들이 다시 믿음을 굳건하게 하도록 격려하며 바른 삶을 살도록 권면합니다(살후 2:13-3:15).

데살로니가후서의 권면에서 눈에 띄는 것은 게으름에 대한 경계입니다(3:6-15). 이러한 권면을 보면, 아마도 그리스도가 이미 왔다고 생각한 사람들은 더 이상 일할 가치가 없다고 생각했던 것으로 보입니다. 종말이 왔으니 다 끝났다고 말입니다. 게으름에 대한 경계는 결국 데살로니가전서 5장 1-11절에 나오는 깨어 있음에 대한 권고와 같습니다. 종말에 대한 문제들이 드러나는 모든 곳에서 가장 중요한 것은, 언제든지 깨어서 하나님의 뜻을 따르는 것입니다. 내일 종말이 오더라도 말입니다. 종말이라는 이유로 게으름을 피우거나 다른 세상 사람처럼 사는 것은 올바른 믿음이 아닙니다. 이러한 권면 외에 눈여겨볼 것은 데살로니가후서 2장 16-17절에서 그리스도와 하나님 아버지의 위로를 간구하는 것과 3장 1-2절에서 바울에 대한 기도를 부탁하는 것입니다.

데살로니가전서에서 평강의 하나님을 강조했다면, 데살로니가후서는 위로와 소망의 하나님을 바라보게 합니다. 언제 끝날지 모르는 환난을 겪으며 날마다의 불안 가운데 그들을 붙잡아 주는 것은 하나님의 위로와 종말에 대한 소망일 것이기 때문입니다. 더불어 환난 중에 있는 그들에게 오히려 바울 자신을 위한 기도를 부탁합니다. 환난을 잘 견디고 있는 그들은 강한 자들이며 다른 이들을 위해서 기도해 줄 힘이 있는 자들임을 환기시키고 싶었던 것 같습니다. 바울처럼 말입니다(살후 3:3-5). 믿음의 삶에 있어서 고난은 늘 따라오는 것이라면, 어떤 상황에서든 다른 이들을 위해 기도해 줄 수 있는 믿음, 그것이 진정으로 거룩하고 온전한 삶일 것입니다. 그들의 기도는 하나님의 위로가 되어 그들이 받은 것들을 나누는 소망의 도구가 될 것이기 때문입니다.

데살로니가전서, 데살로니가후서 안에 머물기

1 데살로니가전서 2장 1-16절을 묵상해 봅시다. 바울은 고난당하는 사람들에게 자신의 고난을 본으로 보입니다. 바울이 이렇게 스스로를 당당하게 '본'으로 내세울 수 있는 이유는 무엇인가요?

2 데살로니가전서 4장 1-12절에 언급된 거룩함에 대해 생각해 봅시다. 거룩은 구별을 의미하기에 상대적인 개념입니다. 시대에 따라서 달라질 수밖에 없습니다. 그렇다면 오늘날 우리에게 요구되는 거룩함은 무엇인가요? 무엇으로 우리가 그리스도인이라는 것을 드러낼 수 있나요?

3 데살로니가전서 5장 1-11절을 묵상해 봅시다. 종말론적 믿음을 갖는다는 것은 우리에게 어떤 삶을 요구합니까?

4 데살로니가전서 5장 16-18절을 묵상해 봅시다. '항상, 쉬지 말고, 범사에'가 가능할 수 있는 이유는 무엇인가요? 그리고 이 삶이 우리에게 의미하는 것은 무엇인가요?

5 데살로니가후서 2장 13-17절을 묵상해 봅시다. 바울은 하나님의 위로와 소망을 간구합니다. 우리가 경험한 하나님은 어떤 하나님인가요?

딤전
딤후

디
모
데
전
서
,

디
모
데
후
서

디모데전서

디모데의 상황

디모데전서, 디모데후서, 디도서는 목회서신으로 불립니다. 사실 신약성경의 모든 편지가 목회적 특징을 가지기는 하지만, 이 세 편지는 특히 교회의 질서를 세우는 일과 목양에 대한 권고를 다루기 때문에 목회서신이라는 이름이 붙은 것 같습니다. 이 편지들을 이해하는 데 중요한 것은 서신들이 쓰인 시기입니다. 세 편지는 신약성경 중 가장 늦게 쓰인 것으로 추정됩니다. 1세기 말에서 2세기 초입니다. 저작 시기를 이렇게 잡는 이유는 이 편지들에 반영된 상황 때문입니다. 초기 기독교는 작은 공동체에서 출발했습니다. 그러나 속사도 시대라고 불리는 기원후 67-100년의 기간에 그리스도인들은 4배 정도로 불어났습니다. 67년 이전에는 그리스도인과 그들의 동조자는 유대인들과 개종자들과 비교할 때 1/50 수준이었습니다. 유대인들이 2백만 명이었다면, 그리스도인들은 4만 명 정도에 불과했습니다.

그러나 1세기 말에 이르면서 그리스도인의 숫자는 32만 명이 넘었을 것으로 추정됩니다. 이것은 67년 이전보다 약 8배 많은 수입니다. 그리고 2세기가 되면서 그 수가 더욱 늘어나서 140년 정도에는 그리스도인들이 유대인들의 수를 능가합니다. 이렇게 그리스도인의 수가 증가했을 뿐 아니라 시간이 지나면서 종말에 대한 기대도 점차 줄어들게 되었습니다. '곧' 오리라는 예수는 오지 않았습니다. 무한정으로 길어진 종말을 기다리며 살아야 한다면, 이 세상에서 어떻게 살아야 할 것인지는 매우 중요한 문제입니다. 임박한 종말론적 기대가 사라지면서 이 세상에서 종말의 희망을 가지고 사는 삶의 책임을 고민해야 했습니다. 그러므로 기하급수적으로 성장한 교회가 이 땅에 정착하기 위해서 교회에는 새로운 방식이 필요했습니다.

이전에는 사도들과 몇몇 지도자가 함께 형제자매의 사랑으로 공동체를 이끄는 것이 가능했지만, 이제 그것은 주먹구구식으로 보이는 옛 방법이 되었습니다. 1세기 말에 이르러 체계를 갖춘 제도화가 교회에 시급한 문제로 대두되었습니다. 교회에는 다양한 직제들이 필요해졌고, 그들의 지도력에 의해서 조직적으로 운영되어야 했습니다. 목회서신에 나오는 권면과 직분자들의 조건들은 이러한 제도화 과정을 보여 줍니다. 이러한 요소가 이 편지들의 저작 시기를 다른 책들보다 늦은 것으로 추정하는 이유입니다. 그러므로 바울이 디모데와 디도에게 보낸 것으로 되어 있지만, 편지들에 반영된 시기적 특징들과 바울의 죽음(60년대 중반)을 감안하면, 바울을 저자로 보는 것은 쉽지 않습니다. 디모데후서는 특히 다른 바울서신들과 유사한 특징을 보이고 마치 바울의 유언과 같은 내용이 담겨 있다고 하더라도 저자를 확정하기는 조심스럽습니다.

기본적으로 세 편지가 유사한 내용을 다루는 것을 보면, 이들은 같은 저자에 의해서 쓰였을 것이며, 그 저자는 바울의 제자였거나 바울학파에 속한 사람이었다고 추정할 수 있습니다. 물론 바울의 신학적 내용과 차이가 나는 부분 때문에, 바울과 상관없는 저자를 추정하기도 하지만 말입니다. 혹자는 바울이 직접 쓰지도 않았는데 바울의 이름을 도용하는 것을 부도덕하다고 여길 수도 있습니다. 그러나 21세기가 아니라 1세기 그레코-로만 세계를 배경으로 한다면 그것은 그리 이상한 일이 아닙니다. 당시에는 많은 경우에 자신이 하고 싶은 이야기를 유명한 사람의 이름을 빌려서 했습니다. 자신의 말에 힘을 더하기 위해서, 자신의 뜻과 같은 사람의 권위에 의지하는 것입니다. 1세기 말에 이르면 교회에서 바울의 입지는 굳건했고, 그의 신학적 입장을 따르는 사람들이 많았습니다. 목회서신에 바울의 이름이 붙은 것은 그러한 상황을 배경 삼은 것이라고 이해할 수 있습니다.

일반적으로 '전서'나 '후서'라는 말은 '먼저 쓴 편지'나 '나중에 쓴 편지'를 의미합니다. 그러나 디모데전서와 디모데후서는 시기적으로 먼저 쓰거나 나중에 쓴 편지들이 아닙니다. 목회서신의 순서는 길이에 기초합니다. 그러므로 디모데전서, 디모데후서, 디도서는 점차로 이야기가 짧아집니다. 디모데전서는 디모데에게 보낸 편지입니다. 수신자는 디모데 개인으로 되어 있지만, 이것을 단순히 개인적인 편지로만 볼 수 없습니다. 편지는 디모데에게 훌륭한 목회자의 길을 가르치면서, 결국 교회를 바로 세우는 방법을 알려 줍니다. 그리스도인의 수가 증가함에 따라 교회에는 늘 문제가 발생했습니다. 교회에는 언제나 거짓 교훈을 말하는 사람들이 생겨났습니다. 교회는 밖에서 오는 박해와도 싸워야 했지만, 내부적으로 발생하는 적대자들과도 싸워야 했습니다. 교회가 성장하는 가운데, 디모데뿐 아니라 다른 지도자들도 이 가르침을 기억하며 바른 교훈을 전하고 교회의 질서를 정비해야 할 것입니다.

새로운 시대의 교회

권면을 시작하면서 디모데전서 1장 3-20절은 거짓 교훈과 바른 교훈을 대조시킵니다. 신화나 족보, 혹은 율법을 강조하는 사람들뿐 아니라 행위가 좋지 않은 사람들도 바른 교훈을 거스르는 자들입니다. 그렇게 거짓 교훈들을 획책하는 사람들은 아마도 율법주의적 특성이나 이방적 영지주의에 치우친 사람들로 보입니다. 그러므로 발신자는 디모데가 이러한 자들을 이겨 내며 믿음과 착한 양심을 가지도록 권면합니다(딤전 1:18-19). 2장에는 사람들을 위한 기도의 내용과 그들을 가르칠 내용이 나옵니다. 여기서 2장 9-15절에 나오는 여자에 대한 이야기는 신약성경 전체 내용과 비교했을 때 고개를 갸우뚱하게 만듭니다. 여자들에게 순종을 강조할 뿐 아니라 여자를 죄의 근원으로 여기는 듯하기 때문입니다. 이미 보았던 것처럼, 에베소서 5장 21절-6장 9절이나 골로새서 3장 18절-4장 1절의 가정 교훈집은 서로 복종을 강조하며, 고린도전서 7장 1-5절이나 11장 8-9절은 남자와 여자의 상호성을 이야기합니다.

복음서에서 예수도 남자와 여자 사이에 차별을 두지 않습니다. 이런 면에서 볼 때, 디모데전서에 언급된 여자에 대한 언급은 교회의 성장과 제도화를 연관하여 이해하는 것이 타당합니다. 교회가 제도화되면서 교회에는 남성 중심의 가부장적 질서가 더욱 강화되었던 것 같습니다. 가부장적 질서를 바탕으로 한 파트론-클라이언트 체제를 해체한 그리스도 안에서의 새로운 창조 질서는 제도화를 거치며 남성 중심적으로 전환되었습니다. 교회의 역사 속에서 여자의 지위와 역할은 초기 교회에서 보이던 적극적인 모습과 달리 후퇴해 버렸습니다. 제도화는 교회가 성장하고 이 세상에 자리를 잡는 데 매우 중요했습니다. 하지만 그 속에서 가부장적 질서를 덧입게 된 것은 아쉬운 점입니다. 그러나 성경의 다른 책들은 그리스도 안에서 여자와 남자의 동등성과 상호성을 지속적으로 언급합니다. 목회서신에 담긴 여자에 관한 이야기 또한 신약성경의 다른 이해들과 함께, 그리고 그 글이 놓여 있는 문맥과 상황을 파악하면서 이해할 필요가 있습니다.

여기서 성경을 해석하는 방법을 잠깐 언급하도록 하겠습니다. 가령 A라는 구절이 있다고 합시다. 그 구절의 의미는 우선 A가 속해 있는 짧은 문맥에서 보아야 합니다. 그리고 이렇게 찾아낸 의미를 그 문맥이 속한 장 전체로, 그리고 그것이 속해 있는 책 전체로, 마지막으로 신약성경 전체로 확장하면서, 찾아낸 의미가 넓은 문맥 안에서도 서로 충돌하지 않는지 살펴보아야 합니다. 그래야 의미들이 왜곡되지 않습니다. 이런 작업을 가리켜 나는 '산을 넘는 일'이라고 표현합니다. 찾아낸 한 구절의 의미를 가지고 여러 개의 크고 작은 산들을 넘으면서 의미가 확정됩니다. 의미들이 서로 상충한다면, 상황이 어떠한지, 바르게 해석했는지 등 여러 가지를 고려해 보아야 합니다. 이 책에서 줄곧 문맥의 중요성을 강조한 것이 바로 이 때문입니다. 성경을 해석하는 작업은 매우 지난하고 성실한 시간을 필요로 합니다.

이러한 맥락에서 디모데전서 2장 9-15절의 내용을 조심스럽고 폭넓은 전망에서 이해할 수 있기를 바랍니다. 신약성경의 다른 부분들과 충돌하는 이 내용을 여자에 대한 결정적인 말로 이해하는 것은 위험합니다. 다른 부분들과 상충할 때, "왜 이런 일이 생겼는가?", "이런 상황은 무엇을 의미하는가?"와 같은 질문을 던지는 것이 좋습니다. 성경의 의미는 문자만이 아니라 그 글을 통해서 믿음의 길을 갔던 사람들의 삶의 맥락에서도 드러나기 때문입니다. 성경을 이렇게 읽을 때, 그것은 단순히 교리적이며 획일적인 내용이 아니라 다양한 상황에 반응할 수 있는 생생하고 역동적인 힘을 더하여 줄 것입니다. 그것은 언제나 모든 사람을 향하신 하나님의 구원의 의미를 잃지 않게 할 것입니다.

성경에서 도무지 이해하기 어려운 구절들이 나올 때도 이러한 성경 해석 방법은 유익을 줍니다. 너무 어려운 구절들은 거기에만 집중하지 말고, 더 넓은 맥락에서 그 연관성을 찾으려고 노력하며 한 발짝 떨어져서 살펴보아야 좋은 결과를 얻을 수 있습니다.

3장 1-7절에는 감독의 자격이, 8-13절에는 집사의 자격이 나옵니다. 감독이나 집사는 교회 공동체의 지도력을 위해서 뿐 아니라 불신자들에게 그리스도인의 좋은 평판을 유지하기 위해서 적절한 덕목을 갖추어야 합니다. 그런데 집사의 자격을 이야기하는 도중에 나오는 3장 11절, "여자들도 이와 같이 정숙하고 모함하지 아니하며 절제하며 모든 일에 충성된 자라야 할지니라"를 눈여겨보아야 합니다. 2장 9-15절은 여자를 매우 비하하는 듯 보입니다. 반면 3장 11절은 그 내용은 차치하고, 일단 여자도 집사가 될 수 있다고 말합니다. 그렇다면 그나마 2장 9-15절을 그렇게 확대 해석하지 않아도 될 것 같습니다. 2장 9-15절을 일부 여자들에게 국한된 것으로 해석하면 오해를 좀 덜 수 있습니다. 이렇게 문맥을 넓히니 조금 나아지지 않습니까? 그래도 그 표현 자체가 불쾌한 것은 분명하지만 말입니다.

5장은 과부(5:1-16)나 장로(5:17-25)를 어떻게 대해야 하는지를 다루면서 사람들 사이의 관계가 교회의 질서를 해치지 않도록 권면합니다. 과부는 물론 직제는 아니었을 것이며 공동체의 약자에 대한 관심을 보여 준다고 할 수 있습니다. 6장 1-2절은 주인을 공경하라고 종들에게 말하고 있지만 종과 주인이 '형제'라는 사실을 전제로 합니다. 여자와 남자의 관계를 종속적으로 보면서, 종과 주인의 관계에 형제라는 단어를 사용하는 것이 놀랍지만 복음의 정신이 훼손되지 않아서 다행입니다. 그리고 4장과 6장에는 교회에 나타난 미혹자들에 대한 경계와 디모데에 대한 권면이 나옵니다.

발신자는 직분자들을 잘 세우고 적대자들에 대항할 힘을 키우는 것이 지도자가 해야 할 일이라고 말합니다. 이를 위해 지도자에게 경건은 매우 중요한 덕목으로 강조됩니다(6:3, 11). 경건은 세상의 거짓된 것과 대조되는 그리스도인의 삶이며, 흔들리지 않고 경건을 이루어 내는 그 과정은 선한 싸움입니다(1:18; 6:12). 영생을 취하기까지 선한 싸움을 싸울 수 있는 것은 하나님 앞에 선다는 종말론적 희망 때문입니다(6:14-16). 그 마지막이 언제일지는 누구도 알 수 없습니다. 그러나 마지막 때에 대한 희망은 지금의 삶에서 경건을 잃지 않도록 스스로를 연단하게 합니다(4:7-8). 이는 디모데에게만이 아니라 그리스도를 따르는 모든 사람에게 요구됩니다.

디모데후서

선한 싸움

디모데후서도 디모데에게 보낸 편지입니다. 발신자는 죽음을 앞두고 있는 자신의 현재 상황을 언급하고 있다는 면에서(딤후 4:6-8), 사도행전에 나오는 바울의 고별 유언(행 20:17-36)과 유사한 분위기를 전합니다. 죽음을 앞둔 발신자의 고난과 디모데에 대한 권면을 섞어서, 디모데가 담대하게 고난에 직면할 수 있게 하는 것이 편지를 쓴 이유입니다. 디모데후서 1장 3-5절은 디모데의 외조모 로이스와 어머니 유니게를 언급하면서 디모데의 믿음을 칭찬합니다. 곧바로 6-8절에서 발신자는 자신의 매인 상황을 이야기하면서 "…오직 하나님의 능력을 따라 복음과 함께 고난을 받으라"(딤후 1:8)고 권면합니다. 발신자가 고난 가운데서 믿음을 지키는 것처럼, 디모데도 꿋꿋이 믿음을 지키도록 격려하려는 것입니다.

고난에 대한 이야기는 디모데를 병사로 무장시키며(2:1-13), 그가 적대자들에게 휘둘리지 않고 선한 일에 쓰임을 받을 수 있도록 스스로 깨끗하게 준비하라는 권면으로 이어집니다(2:14-26). 디모데전서에서 경건을 강조한 것과 같은 맥락입니다. 특히 디모데후서 2장 20-21절의 그릇 비유에서 이 '깨끗함'이 빛납니다. 집에는 금 그릇, 은 그릇, 나무 그릇, 질그릇이 있지만 중요한 것은 '귀히 쓰는 그릇'입니다. 귀히 쓰는 그릇은 그릇의 재질에 대한 이야기를 그릇의 상태에 대한 이야기로 바꿉니다. 귀히 쓰는 그릇은 깨끗한 그릇이기 때문입니다. 중요한 것은 스스로를 어떻게 준비하느냐, 이며 결국 경건을 위한 연단과 고난을 견디는 힘이 자신을 복음에 쓰임 받는 존재로 만들 것입니다.

이에 대한 권면이 3장 1-17절로 이어집니다. 디모데는 발신자가 고난을 견딘 것처럼 그것을 기억하며 고난을 견디면 됩니다(3:11-12). 이렇게 고난을 견딜 수 있는 것은 역시 종말에 대한 희망입니다(4:1-8). "나는 선한 싸움을 싸우고 나의 달려갈 길을 마치고 믿음을 지켰으니 이제 후로는 나를 위하여 의의 면류관이 예비되었으므로 주 곧 의로우신 재판장이 그 날에 내게 주실 것이며 내게만 아니라 주의 나타나심을 사모하는 모든 자에게도니라"(4:7-8)는 웅장한 고백은, 마지막 때만을 바라보며 숱한 고난을 견뎌 낸 사람의 승리가입니다. 발신자가 고난을 견뎌야 할 디모데에게 줄 수 있는 꿈도 이것뿐입니다. 이는 신약성경의 역사 이해이기도 합니다.

예수를 그리스도로 고백하는 것은 세상과 다른 삶을 사는 것입니다. 그리고 그것은 언제나 박해와 핍박을 동반할 수밖에 없습니다. 이 고난의 길에서 복음을 잃어버리지 않을 방법은 하나님의 궁극적 승리에 대한 믿음입니다. '마지막 때'에 대한 믿음은 고난 속에서도 '오늘' 하나님의 뜻을 따라가게 합니다. 그렇게 하루하루 하나님의 뜻을 따르기 위한 선한 싸움이 우리를 귀히 쓰는 그릇으로 만들 것입니다. 그러다 보면 언젠가 우리가 하나님 앞에 서는 놀라운 일이 이루어질 것입니다. 디모데후서의 발신자는 그것이면 족하지 않겠냐고 말합니다. 우리에게 예비된 면류관은 진정으로 어마어마한 것이기 때문입니다.

디모데전서, 디모데후서 안에 머물기

1 디모데전서 3장 1-13절에 나타난 교회의 직제들이 가진 의미를 생각해 봅시다. 직분자들이 교회에서 가지는 위치나 관계는 어떠해야 한다고 생각하시나요?

2 디모데전서 4장 6-16절을 묵상해 봅시다. 오늘날 필요한 지도자의 모습과 자격은 어떠한 것일까요?

3 디모데후서 1장 8절을 묵상해 봅시다. 복음을 믿는다는 것, 복음을 전파하는 것이 우리에게 요구하는 삶은 무엇이겠습니까?

4 디모데후서 2장 20-21절을 묵상해 봅시다. 어떤 그릇이 귀한 그릇
   일까요? 우리는 어떤 그릇으로 사용되고 있는지, 어떤 그릇이면 좋
   겠는지, 생각해 볼까요?

5 디모데후서 4장 7-8절을 읽고 우리 각자의 죽음을 상상해 봅시다.
   죽음 앞에서 우리는 어떤 고백을 할 수 있을까요? 죽음의 빛에서 오
   늘을 산다는 것은 우리의 삶을 어떻게 바꿀 수 있을까요?

딛

디
도
서

디도의 상황

발신자의 말에 따르면 디도는 지금 그레데에 남아 교회를 정비해야 할 과제를 맡고 있습니다(1:5). 교회의 질서를 세우는 일은 디모데에게 보낸 편지들의 내용과 같습니다. 교회를 지도할 수 있는 장로들을 세우는 일과 언제든지 발생할 수 있는 이단들의 교훈을 물리치는 일입니다. 적대자들의 성격은 1장 10-16절에서 추정할 수 있습니다. 10절은 그들을 할례파로 특정합니다. 유대적 율법을 강조하는 사람들이 여러 가지 것으로 사람들을 가르고 구분하는 일들이 일어났던 것 같습니다(1:15). 이들의 모습은 3장 9-11절에서 다시 언급됩니다. 그들은 "…어리석은 변론과 족보 이야기와 분쟁과 율법…"(3:9)을 강조하는데, 이들의 모습은 디모데전서 1장 4-9절에 언급된 것과도 유사합니다. 이렇게 이단의 교훈을 주장하는 사람들이 언제든지 출몰하는 상황이었기에, 바른 교훈을 가르치는 일과 책임을 지고 교회를 이끌고 갈 지도력이 더욱 필요했을 것입니다.

담대함

1장 5-6절은 장로에 대해서, 7-9절은 감독에 대해서 말합니다. 디모데전서는 장로와 감독을 분명하게 구분하는데(딤전 3:2; 4:14), 디도서에서는 이 칭호들이 확실하지 않은 것 같아 보이기도 합니다. 이렇게 직제를 설명할 뿐 아니라 디도서 2장 1-10절에서는 늙은 남자와 늙은 여자, 젊은 남자와 젊은 여자, 그리고 종에게 권면합니다. 이러한 권면은 직제를 통해서 뿐 아니라 교회 내의 관계를 통해서 교회 안에 하나님의 은혜가 잘 드러나게 하기 위함입니다. 그리고 3장으로 이어지는 권면은 "너는 이것을 말하고 권면하며 모든 권위로 책망하여 누구에게서든지 업신여김을 받지 말라"(2:15)로 시작합니다. 이러한 말은 디모데전서 4장 12절, "누구든지 네 연소함을 업신여기지 못하게 하고 오직 말과 행실과 사랑과 믿음과 정절에 있어서 믿는 자에게 본이 되어"라는 구절과 유사합니다.

이는 발신자가 디모데와 디도에게 편지를 보내는 마음일 것입니다. 발신자는 디모데와 디도가 제대로 된 권위를 가지고 모든 사람에게 존경과 사랑을 받는 훌륭한 지도자가 되기를 간절히 바랍니다. 3장 1-11절에 언급된 마지막 권면은 "…통치자들과 권세 잡은 자들…"에 대한 복종과 순종을 강조하는 것으로 시작합니다(딛 3:1). 이 구절이 어떤 맥락에서 나온 것인지는 확실하게 알 수 없지만, 2장 15절과 연결한다면, 이중적 의미로 볼 수 있습니다. 그것은 세상의 통치자와 권세 잡은 자들을 지칭하는 것이기도 하며, 교회의 지도자들을 칭하는 것이기도 합니다. 디도가 사람들에게 업신여김을 받지 않기를 바라는 마음은, 사람들이 지도자들에게 순종하는 것으로 연결됩니다. 그러나 물론 교회가 세상 속에서 안전을 유지하기 위해서는 세상 통치자에 대한 복종도 필요했을 것입니다. 그것이 교회의 질서를 유지하는 방법이 될 테니 말입니다.

그러나 이러한 복종은 언제나 '선'과 연결되어야 합니다. 3장 1절은 '권세자들에 대한 복종'과 '모든 선한 일을 행하기를 준비하는 것'을 병행시킵니다. 로마서 13장에서와 같이 권세에 대한 복종은 악을 용인하는 데 있지 않고, 선을 지향하는 데 있습니다. 이어지는 권면은 공동체가 마지막 때까지 선한 일을 도모하며 하나님의 자비와 사랑 안에 머물게 하는 것입니다(딛 3:4-8). 권면의 마무리에 나오는 8절, "…너는 이 여러 것에 대하여 굳세게 말하라. 이는 하나님을 믿는 자들로 하여금 조심하여 선한 일을 힘쓰게 하려 함이라. 이것은 아름다우며 사람들에게 유익하니라"는 매우 인상적입니다. 앞서 권면한 모든 말은 '이 여러

것'으로 요약됩니다. 그것이 3장 1-7절일 뿐 아니라 1장부터 시
작하는 모든 내용으로 확장된다고 해서 이상할 것은 없습니다.

 교회를 위해서 직분자를 세우고 교인들의 관계를 조절하는
것, 이단자들의 교훈에 미혹되지 않도록 하는 것, 서로 사랑하
며 영생의 소망을 가지고 성령의 도우심을 받아 사는 것, 등을
모두 포함할 수 있습니다. 발신자는 그 여러 것을 '굳세게 말하
라'고 합니다. '굳세게 말하다'는 '확신 있게 말하다'라는 뜻입니
다. 이러한 확신은 종말론적 희망 안에서나 가능한 담대함입니
다. 디도가 할 일은 이것입니다. 그는 언제나 흔들리지 않고 확
신 있게 복음을 전하면 됩니다. 믿음과 소망에 근거한 지도자의
담대함이 공동체를 든든하게 이끌 것이기 때문입니다. 그의 확
신 있는 전도로 말미암아 믿는 사람들은 '조심하여 선한 일을
힘쓰게' 될 것입니다. '조심하여'는 '신중하게 생각하여'라는 뜻
입니다. 선한 일에 신중함이 필요한 이유는 아마도 선을 분별해
야 할 것이기 때문입니다.

 이 마무리는 3장 1절을 상기시킵니다. 통치자에 대한 복종과
모든 선을 행하기를 준비하는 것 사이에 필요한 것은, '조심하
여 선한 일을 힘쓰는 것' 아니겠습니까? '선'은 단순히 착한 일
이 아닙니다. 선은 하나님의 뜻을 이루는 것입니다. 그러므로 세
상에서 무엇이 선인지를 분별하는 것은 쉬운 일이 아니지만, 그
것을 분별해 내야 그리스도인의 삶을 살 수 있습니다(롬 12:2).
디도서 3장 8절은 지도자의 담대한 복음 전도와 그로 말미암
아 신중하게 선을 행하는 그리스도인의 삶에 대해서 "…이것은

아름다우며 사람들에게 유익하니라"로 정리합니다. 복음을 따르는 삶, 그런 사람들이 모인 교회, 그것은 아름다움입니다. 그리고 이를 통해 사람들은 유익을 얻습니다. 이러한 삶을 가능하게 하는 지도자는 아름답고 사람들에게 유익을 줄 것입니다. 디도서는 아름다운 지도자와 교회를 꿈꿉니다. 그 출발점에 지도자의 담대함이 있습니다. 담대한 복음 전도로부터 그 모든 것이 드러나기 때문입니다.

디도서 안에 머물기

1   2장 15절을 묵상해 봅시다. 어떤 지도자가 업신여김을 받을까요? 존경받는 지도자란 어떤 모습일까요?

2   3장 1-2절을 묵상해 봅시다. 질서를 지키는 것과 정의를 지키는 것은 어떤 차이가 있을까요? 분란을 일으키지 않는 것과 평화를 누리는 것은 어떤 차이가 있을까요?

3   3장 8절을 묵상해 봅시다. 공동체에 아름다운 일을 하며 유익을 끼치기 위해서 무엇을 해야 할까요? 무엇이 아름다움이며 무엇이 유익일까요?

몬

빌
레
몬
서

빌레몬의 상황

바울의 다른 편지들이 교회에 보낸 것이라면, 빌레몬서는 빌레몬이라는 개인에게 보낸 편지라는 면에서 독특하다고 할 수 있습니다. 물론 빌레몬의 믿음은 그의 집 사람들 전체에게 영향을 미친다는 면에서, 결국 이 편지도 공동체성을 전제로 하지만 말입니다. 편지에는 발신자 바울과 수신자 빌레몬의 상황이 나와 있습니다. 바울은 지금 감옥에 갇혀 있는 상황입니다(1:1). 그런데 그 감옥에서 오네시모라는 도망친 종을 만났습니다(1:10). 오네시모는 빌레몬의 종이었습니다. 당시 사회에서 종은 인간 취급을 받지 못했습니다. 종은 주인의 재산에 속할 뿐입니다. 그런 오네시모가 주인인 빌레몬으로부터 도망친 것은 큰 죄를 지은 것이며, 결국 붙잡힌 오네시모는 감옥에 갇히게 되었습니다. 10절에서 바울은 오네시모를 감옥에서 낳은 아들이라고 말합니다. 감옥에서 바울을 만난 오네시모는 복음을 믿게 되었습니다. 그런 오네시모가 이제 감옥에서 풀려나게 된 것 같습니다.

오네시모에게는 감옥에서 풀려나는 것이 그렇게 반가운 일만은 아니었을 것입니다. 다시 빌레몬에게 가야 하기 때문입니다. 도망쳤던 주인에게 다시 돌아갔을 때, 그에게 어떤 상황이 벌어질지 모릅니다. 주인이 그에게 감옥에 갇힌 것보다 더한 벌을 내린다고 한들 할 말은 없습니다. 그를 죽이거나 살리는 전적인 권한은 주인에게 있습니다. 그러므로 바울은 오네시모의 불안한 앞날을 걱정하며 그를 위해서 주인인 빌레몬에게 편지를 씁니다. 오네시모를 잘 돌보아 달라고 말입니다. 12절에서 바울은 오네시모를 자신의 '심복'이라고 말합니다. 심복은 '심장'이라는 뜻입니다. 이는 바울이 지금 오네시모를 얼마나 끔찍하게 사랑하고 있는지를 보여 줍니다. 심지어 그를 자기 옆에 두고 싶어 하는 마음조차 있지만, 그것은 빌레몬의 허락을 받아야 하는 일이기에 오네시모를 빌레몬에게 돌려보내려고 한다는 말까지 합니다(1:13-14). 바울이 자신과 오네시모의 관계를 이야기하는 내용들은 도망쳤다가 예수를 믿게 된 종을 어떻게 받아들여야 할지 난감한 빌레몬의 상황을 추측하게 합니다.

형제

편지에는 빌레몬에게 오네시모를 받아 줄 것을 간구하는 내용
이 담겨 있습니다. 바울은 이를 위해 두 가지 논리를 사용합니
다. 바울의 첫 번째 논리는 오네시모의 정체를 강조하는 것입니
다. 16절에서 바울은 말합니다. "이후로는 종과 같이 대하지 아
니하고 종 이상으로 곧 사랑 받는 형제로 둘 자라. 내게 특별히
그러하거든 하물며 육신과 주 안에서 상관된 네게랴." 다시 돌
아가도 오네시모는 빌레몬의 종입니다. 그러나 바울은 종인 오
네시모를 형제로 대해 달라고 부탁합니다. 그리고 20절에서 빌
레몬을 "오, 형제여!…"라고 부릅니다. 아마도 이 호칭은 다시
금 16절을 상기시키는 것 같기도 합니다. '너'와 '내'가 형제이고
'나'와 오네시모가 형제라면, '너'와 오네시모는 어떤 관계인지
를 말입니다. 오네시모와 빌레몬의 관계를 '형제'의 관계로 치환
하는 것은 매우 놀라운 일입니다. 종과 주인의 수직적이며 절대
적인 관계가 형제라는 수평적이며 상호적인 관계로 변하기 때

문입니다.

오네시모가 좋이었기 때문에, 바울이 빌레몬에게 오네시모를 해방시켜 주라고 권면하거나 노예 제도의 폐해를 지적하지 않았다고 바울을 비판하는 주장들도 있습니다. 고린도전서 11장에서 여자가 예언할 때 발생한 복장 문제에 대해서도 마찬가지입니다. 바울이 여자들에게 머리에 쓰는 것을 고착시켰다고 바울을 비판합니다. 가부장제의 폐해를 없애지 않았다고 말입니다. 로마서 13장에서 다루는 권세에 대한 복종도 마찬가지입니다. 바울이 불의한 로마 권력에 복종하게 했다고 바울을 비판하기도 합니다. 불의한 체제를 지속시키는 데 바울이 한몫했다고 말입니다. 그러나 이러한 비판들은 옳지 않습니다. 지금은 바울이 위대한 사도로 칭송을 받지만, 당시에 바울은 적대자에게 둘러싸인 복음전도자일 뿐이었습니다. 바울 혼자의 힘으로 오랜 기간 지속된 노예 제도나 가부장제, 로마의 권세와 싸울 수는 없었습니다. 또한 바울의 관심이 그런 것들을 철폐하는 것에 있지도 않았습니다.

바울은 제도들을 언급하지 않습니다. 바울이 제도 자체에 관심을 가지지 않은 것은 아마도 그의 종말론적 역사 인식에서 기인합니다. 곧 종말이 오리라 기대했던 바울에게, 오래된 제도를 뜯어고칠 시간적 여유가 없었을 것입니다. 그러나 그는 그 제도들 속에 도사린 잘못된 인간에 대한 이해나 권력에 대한 이해를 분명하게 폭로하며 근본적인 것들을 새롭게 합니다. 바울의 복음은 성적, 인종적, 사회적 조건과 상관없이 예수 그리스도 안에서 모든 사람을 하나님 앞에 세우는 것이었습니다. 모든 사람이 그리스도 안에서 하나님과 화해하고, 그 화해가 사람으로 이어진다면 그것으로 족합니다. 그리스도의 구원이 모든 사람에게 차별 없이 일어난다는 것을 믿는다면, 겉만 번지르르한 제도는 무용지물이 될 것입니다. 그 믿음은 제도가 하지 못한 역사를 일으킬 것입니다. 그 믿음으로 사람들 사이에 있는 불평등과 배제, 차별과 억압이 사라질 것이니 말입니다.

'형제'라는 호칭은 바로 이를 드러냅니다. 오네시모의 신분 변화에 바울이 개입할 수 없었습니다. 혹 빌레몬이 선처를 내려 준다면 그것은 고마운 일이겠지만 말입니다. 중요한 것은 종이냐 아니냐가 아니라, 그 사람을 어떻게 이해하고 어떻게 대하냐의 문제입니다. 그가 어떤 처지에 있을지라도 그가 하나님의 피조물임을 인식하고 그를 형제로 대한다면, 세상의 불의한 제도는 이미 허물어집니다. 빌레몬서의 이해는 고린도전서 7장 20-24절을 상기시킵니다. "각 사람은… 네가 종으로 있을 때에 부르심을 받았느냐 염려하지 말라. 그러나 네가 자유롭게 될 수 있거든 그것을 이용하라. 주 안에서 부르심을 받은 자는 종이라도 주께 속한 자유인이요 또 그와 같이 자유인으로 있을 때에 부르심을 받은 자는 그리스도의 종이니라.… 형제들아 너희는 각각 부르심을 받은 그대로 하나님과 함께 거하라." 바울의 논리는 어쩌면 그 시대를 벗어날 수 없었던 그의 한계일 수도 있습니다. 그렇더라도 바울의 새로운 인간 이해가 불의한 체제를 넘어서지 못했다고 폄하한다면, 그것은 좀 아쉬운 일입니다.

어떤 처지에 있든 그리스도로 말미암아 새로운 존재가 되었다면, 자유인과 종의 개념은 그리스도 안에서 새로운 의미를 얻습니다. 물론 종이었던 사람이 자유롭게 될 기회를 얻었다면 더할 나위 없이 좋은 일입니다. 하지만 바울은 그렇지 못할지라도 진정한 자유가 무엇인지를 말합니다. 빌레몬서에서 오네시모를 형제로 받아들이라는 것은 이러한 맥락입니다. 그것은 새로운 질서를 만들어 낼 것이기 때문입니다. 동료를 종처럼 대하는 사람을 생각하면, 제도의 문제가 아니라 관계의 문제가 중요하다는 사실이 더욱 선명해질 것입니다. 빌레몬이 오네시모를 '형제로 대하는 것'은 파격입니다. 이러한 파격이 빌레몬의 집안에서 일어난다면, 그 집은 새로운 집이 될 것이고 구원의 장소가 될 것입니다.

이러한 변화가 가능한 것은 바로 '빚진 자' 사상입니다. 이것이 바울의 두 번째 논리입니다. 18-19절에서 바울은 말합니다. "그가 만일 네게 불의를 하였거나 네게 빚진 것이 있으면 그것을 내 앞으로 계산하라. 나 바울이 친필로 쓰노니 내가 갚으려니와 네가 이 외에 네 자신이 내게 빚진 것은 내가 말하지 아니하노라." 아마도 도망치면서 오네시모가 빌레몬의 물건에 손을 댔을 가능성이 농후합니다. 돌아가면 그에 대한 배상도 해야 할 것입니다. 바울은 이 문제를 이야기하면서 오네시모로 인한 손해는 자신이 감당하겠다고 나섭니다. 그러면서 빌레몬이 바울에게 진 빚을 상기시킵니다. '너'도 '나'한테 빚이 있지만 '네' 빚은 접어 두고 오네시모가 '너'한테 진 빚을 '내'가 갚겠다는 말입니다. 참 재미있는 말이어서 읽다 보면 웃음이 나오는 구절입니다.

빌레몬 같은 사람이 무슨 일로 바울에게 빚을 졌겠습니까? 아마도 바울이 말하는 빚은 금전적인 빚이 아닐 것입니다. 이는 빌레몬이 바울에게서 받은 복음에 대한 이야기입니다. 로마서 1장 14절에서 바울은 말합니다. "헬라인이나 야만인이나 지혜 있는 자나 어리석은 자에게 다 내가 빚진 자라." 바울은 스스로를 그리스도에게 빚진 자로 인식합니다. 바울의 전도는 그리스도에게 거저 받은 구원의 빚을 갚는 방법입니다. 바울은 빌레몬에게 이를 상기시킵니다. 바울은 자신이 거저 받은 구원을 빌레몬에게 거저 전했습니다. 이 모든 것을 감사와 은혜로 생각한다면, 오네시모가 빌레몬에게 끼친 손해는 아무것도 아닙니다. 이제 자신의 형제이고 바울의 심장이며 하나님의 자녀인 오네시모와 어떤 관계를 맺어야 하는지는 빌레몬에게 더욱 분명해졌습니다. 바울은 빌레몬에게 구원을 환기시키며, 구원받은 자로서 어떻게 새로운 생명의 관계를 만들어 나갈지를 고민하게 합니다.

빌레몬서 안에 머물기

1 1장 12절을 읽고 바울과 오네시모의 관계를 상상해 봅시다. 우리
에게도 이런 관계를 가진 사람이 있나요?

2 1장 16절을 묵상해 봅시다. 종을 형제로 대한다는 것이 무엇을 의
미하는지 생각해 보시기 바랍니다. 오늘날 우리에게 익숙한 갑과
을의 관계는 어떻게 극복될 수 있을까요?

3 1장 19절을 읽고 바울의 빚이 무엇인지 생각해 봅시다. 우리는 그
리스도에게 어떤 빚을 지고 있나요?

히브리서

히브리인들의 상황

히브리서는 '히브리인들에게'라는 제목이 붙은 글입니다. 이 글이 편지인지 아닌지에 관해서는 논란이 있습니다. 끝인사 (13:18-25)가 나와 있기는 하지만 첫인사나 편지에 일반적으로 나오는 감사, 특히 발신자 내지는 수신자와 같은 편지의 일반 형식이 나오지 않기 때문입니다. 오히려 13장 22절의 "형제들아 내가 너희를 권하노니 권면의 말을 용납하라. 내가 간단히 너희에게 썼느니라"는 구절을 들어서, 편지보다는 설교나 논문, 혹은 훈계적 강화와 같은 것으로 생각하기도 합니다. 교훈과 권면이 한 덩어리로 묶여 있는 반복 형식(1:1-2:18; 3:1-4:13; 4:14-6:20; 7:1-10:18; 10:19-13:17)도 그러한 주장을 뒷받침합니다. 히브리서의 독특한 스타일은 초기 기독교의 다양성을 보여 주는 것이기도 합니다. 형식의 다양성은 글을 읽거나 복음을 듣는 사람들의 다양성을 전제로 하며 다양한 사람들이 복음을 오해 없이 이해하도록 하는 노력을 반영하는 것이기 때문입니다.

그러나 교훈과 권면의 이야기들 속에도 이 글의 대상인 히브리인들의 상황이 전제되어 있고, 정경에 서신으로 위치하고 있다는 점을 고려하여 이 글을 서신으로 다루며 히브리인들을 수신자로 명명하겠습니다. 히브리서의 발신자는 알 수 없습니다. 발신자는 세련된 헬라어를 사용하고 있으며 성경을 주석하는 방법도 매우 전문적입니다. 수준 높은 헬라 교육을 받은 사람이라는 추정이 가능합니다. 그러나 히브리서의 특징은 무엇보다도 정교한 방식으로 유대적 특징과 예수 그리스도를 비교하며, 유대인들에게 예수의 우월성을 드러내는 것입니다. 이로 보아서 발신자가 유대적 배경을 가지고 있다는 것은 거의 확실합니다. 그가 히브리서 13장 23절에서 디모데를 언급하고 있는 것으로 보아, 아마도 발신자가 바울과 어떤 연관이 있지 않은지 추측하기도 합니다만, 그것도 명확히 알 수는 없습니다. 물론 수신자에 대한 정보도 많지 않습니다. 그들이 예수를 그리스도로 믿는 것 때문에 고난을 당하고 있는 유대 그리스도인이라는 정도만을 추정할 수 있을 뿐입니다.

히브리서 10장 32-33절, "전날에 너희가 빛을 받은 후에 고난의 큰 싸움을 견디어 낸 것을 생각하라. 혹은 비방과 환난으로써 사람에게 구경거리가 되고…"와 같은 구절들이 그들의 상황을 말해 줍니다. 더하여 "너희가 죄와 싸우되 아직 피 흘리기까지는 대항하지 아니하고"(12:4)라는 구절은 고난이 더욱 심해질 수 있는 위험을 감지하게 합니다. 그러므로 히브리서의 목적은 분명합니다. 고난을 겪는 유대 그리스도인들이 믿음을 잃지 않도록 하는 것입니다. 고난이 닥칠 때 문제가 되는 것은 믿음이 든든하지 못한 사람들, 장성하지 못한 젖먹이들입니다(5:11-14). 히브리서는 이들의 어린 믿음을 걱정하며 그들이 믿음을 잘 지킬 수 있도록 권면합니다. 그들이 초보적인 믿음을 버리고 죽은 행실을 회개하며 믿음을 다시 회복해야 한다고 말입니다(6:1-2). 아마도 히브리서의 발신자에게는 배교에 대한 두려움이 있었던 것 같습니다. 고난에 직면해서 믿음을 잃는 사람들을 많이 보았기 때문일 수도 있습니다. 그러므로 히브리서는 어떤 상황에서도 믿음을 잃지 않고 오직 예수만 바라볼 것을 권면합니다(3:18; 6:14; 10:26; 12:16).

순례의 길

유대적 배경을 가진 발신자가 수신자인 유대 그리스도인들에게 예수를 소개하는 방식은 간단합니다. 유대적 전통과 예수 그리스도를 비교하는 것입니다. 이 비교를 통해서 예수가 그들이 알고 있는 모든 유대 전통과 유산을 넘어선다는 사실을 증명하는 것입니다. 이를 위해서 발신자는 구약성경을 인용합니다. 이렇게 비교를 목적으로 하다 보니 구약성경의 본문은 발신자의 의도에 따라서 종종 변형됩니다. 구약성경은 직접적으로 인용되기보다 해석학적 도구로 사용됩니다.

히브리서 1장 2절은 예수를 만유의 상속자이며 근본이라고 선언합니다. 하나님의 아들인 예수는 하나님의 영광의 광채이며 그 본체의 형상으로 천사보다 뛰어나며, 하나님의 우편에 앉아 천사의 경배를 받는 존재입니다(1:3-14). 1장에서 선포된 예수 그리스도의 모습은 우리의 믿음이 얼마나 절대적이며 독보적인 우월성을 가지고 있는지를 선포합니다. 2장 10절은 이러한 예수를 구원의 창시자로 명할 뿐 아니라, 예수 그리스도의 구원이 고난을 통하여 온전하게 되었다고 이야기합니다. 고난은 예수 그리스도의 구원을 격하시키는 것이 아니라 구원을 온전하게 하며 우리로 하여금 예수의 구원과 하나님의 안식으로 나아가게 합니다(4:11). 예수의 고난이 그의 구원을 온전하게 했다면, 우리의 고난도 같은 기능을 할 것입니다.

그러므로 고난받은 예수는 우리가 시험받을 때 우리를 도울 것입니다(2:18). 고난을 두려워하거나 피하지 말고 오직 어떠한 상황에서든 예수가 누구인지만 기억하고 그에게 나아가면 됩니다. 예수를 아는 데 있어서 히브리서 3장 1-6절은 일종의 머릿돌 역할을 합니다. 여기서 모세와 예수가 비교됩니다. 모세는 하나님의 집에서 사환으로 일했던 반면 그리스도는 하나님의 집에서 아들로 충성했다고 말입니다. 모세와 그리스도의 차이가 사환과 아들의 차이로 비교된다면, 모세로 인한 모든 것, 곧 유대적 율법과 제의와, 예수로 말미암은 구원의 차이는 더 이상 말할 것도 없습니다. 그러므로 3장 1-6절의 비교는 유대교와 기독교의 간극으로 확대되면서 히브리서 전체의 이야기를 이끌어 갑니다.

이어지는 이야기에서 모세가 유대인들을 인도해서 광야를 거쳐 가나안에 이르는 길은 하나님의 안식에 들어가는 것으로 해석되지만(3:18), 기껏해야 이 땅, 혹은 가나안 땅에서의 안식은 그리스도를 통해서 임하게 된 하늘 안식의 '그림자'일 뿐입니다. 제의나 성소나 율법이 하늘의 그림자에 불과했던 것처럼 말입니다(8:5; 9:24; 10:1). 진정한 안식은 그리스도를 통해서 이루어집니다. 모세와 그가 이룬 모든 일은 그리스도의 구원에 비하면 아무것도 아닙니다. 그러나 여기서 가나안을 향해 가는 길에서 불순종한 백성이 약속의 땅에 들어가지 못한 사실을 기억해야 합니다(3:7-19). 이 땅에서의 안식에 이르기 위해서도 믿음을 지켜야 하는데 하물며 예수를 따라가는 순례의 길에서 믿음을 지키지 못한다면, 그들은 하늘의 안식에 이르지 못할 것입니다.

이러한 이야기는 계속해서 4장 1-13절에서 이어집니다. 믿음을 지키지 못한다면, 누구도 하나님 앞에 설 수 없습니다. "하나님의 말씀은 살아 있고 활력이 있어 좌우에 날선 어떤 검보다도 예리하여 혼과 영과 및 관절과 골수를 찔러 쪼개기까지 하며 또 마음의 생각과 뜻을 판단하나니… 우리의 결산을 받으실 이의 눈앞에 만물이 벌거벗은 것 같이 드러나느니라"(4:12-13)는 이러한 맥락에서 나온 것입니다. 하나님 앞에서 그들의 불순종은 숨겨지지 않을 것이기에, 안식에 이르기까지 흔들리지 않는 종말론적 믿음이 필요합니다. 그리스도로 말미암아 이미 이루어진 구원과 아직 도래하지 않은 구원의 완성이라는 종말론적 긴장 속에 궁극적 안식에 대한 소망이 있습니다. 히브리서는 안식에 대한 희망을 통해서 그리스도인들이 예수를 따라가는 순례의 길에 서 있음을 환기시킵니다.

단번에

예수와 모세의 비교는 예수와 대제사장의 비교로 옮겨 갑니다.
그리스도의 구원을 제의를 통한 유대적 구원과 차별화하기 위
함입니다. 대제사장은 사람들 가운데 선택된 자이기 때문에 백
성을 위하여 속죄제를 드리는 것같이 자신을 위해서도 속죄제
를 드려야 합니다(5:1-3). 그러나 우리의 믿는 도리인 예수는 승
천한 하나님의 아들이며, 우리와 같이 시험을 받았지만 죄는 없
는 존재입니다(4:14-15). 그런 예수가 우리의 큰 대제사장입니
다. 예수의 존재는 유대 대제사장과 비교할 수 없습니다. 유대
대제사장은 해마다 다른 것의 피로 성소에 들어가 제사를 드려
야 하지만, 예수는 '단번에' 자신을 제물로 드려서 세상의 모든
죄를 사했고 우리를 위해서 다시 올 것이기 때문입니다(7:27;
9:25-28). 수없이 드려야 하는 유대인들의 제사에 비한다면, '단
번에' 자신을 드림으로 이루어진 예수의 구원의 완전성은 어디
에도 비할 수 없습니다(2:10; 5:9; 7:28; 7:19; 9:9, 11).

'단번에'의 일회성은 종말론적 인식 속에서 영원성과 보편성을 획득합니다. 헬라어로 '에파팍스'인 '단번에'의 의미는 '한 번에 모든 것을 위하여once for all'라는 뜻을 가집니다. 이는 그리스도의 죽음과 그로 인한 구원을 나타내는 매우 독특한 단어입니다. 유일회적으로 발생한 예수의 죽음이 모든 사람에게 영향을 끼친다는 종말론적 사고가 '단번에'라는 단어 속에 담겨 있습니다. 예수는 대제사장으로서 우리를 위해 단번에 죽음으로써 우리를 거룩하고 온전하게 했습니다(10:10-14; 11:40; 12:23). 이렇듯 단번에 이루어진 구원의 완전성은 그가 우리를 위해 영원한 제사를 드리고 지금 하나님 우편에 앉아 있는 것을 통해서 드러납니다(10:12-13). 예수가 이렇게 일회적이며 완전한 구원을 이룰 수 있는 것은, 그가 아론에 뿌리를 둔 유대 제사장들과 질적으로 다른 존재이기 때문입니다. 예수는 멜기세덱의 반차를 따르는 대제사장입니다(5:6-10).

살렘의 왕이며 지극히 높은 하나님의 제사장인 멜기세덱은 아브라함을 만나서 복을 빌어 준 자입니다(7:1). 시작도 끝도 없는 멜기세덱은 하나님의 아들을 닮아서 항상 제사장으로 있는 존재입니다(7:3). 아브라함이 십일조를 받친 멜기세덱은 한갓 레위 족보를 따르는 제사장들과 비교할 수 없습니다. 멜기세덱은 유대 제사장들과 예수를 차별화시키며 대제사장 예수의 우월성을 한껏 드러냅니다(7:10-22). 이러한 대제사장인 예수에 의지하여 그리스도인들은 유대인들보다 더 나은 소망(7:19), 더 나은 언약(7:22), 더 나은 약속(8:6), 더 나은 제사(9:23)를 드립니다. 예수의 구원은 완전하며 영원하기 때문입니다. 우리로 하여금 온전한 구원을 이루게 하는 대제사장 예수의 자비와 신실함으로 인해 우리는 그만을 바라보며 고난을 견디고 그리스도의 길을 따를 수 있습니다. 그가 늘 우리와 함께하기 때문입니다.

히브리서 11장에서 말하는 믿음도 이와 연관이 있습니다. 믿음은 예수가 바라는 것을 드러내는 일이며 보이지 않는 것을 따르는 일입니다(11:1-12:2). 고난과 박해뿐인 현실에서도 두려워하거나 흔들리지 않을 수 있는 것은 이 믿음 때문입니다. 보이는 것은 보이지 않는 것의 그림자일 뿐입니다. 그러니 보이는 것이 아니라 보이지 않는 것을 따라간다면, 그곳에서 하나님 우편에 앉아 있는 예수를 볼 수 있습니다. 그것이 약속입니다. 그 약속을 기억하며 "믿음의 주요 또 온전하게 하시는 이인 예수…"(12:2)를 바라보는 것이 믿음입니다. 예수를 바라보면 '내'가 아니라 '예수'가 바라는 것을 실천할 수 있기 때문입니다. 그러면 알 것입니다. 예수가 바라는 것은 고난 앞에서 뒤로 물러서는 것이 아니라 앞으로 나아가는 것이며, 고난은 하나님이 우리를 자녀로 대우한다는 징표라는 것을 말입니다(12:7-10).

그러므로 히브리서 12장 12-13절은 "그러므로 피곤한 손과 연약한 무릎을 일으켜 세우고 너희 발을 위하여 곧은 길을 만들어 저는 다리로 하여금 어그러지지 않고 고침을 받게 하라"고 권면합니다. 히브리서는 그리스도의 구원과 아직 보이지 않는 안식에 참여하기 위하여, 고난에 맹렬하게 맞서서 견고하고 확

실한 믿음을 보여 주라고 말합니다. 같은 맥락에서 13장 12-15
절은 마치 결론처럼 말합니다. "…예수도… 성문 밖에서 고난을
받으셨느니라. 그런즉 우리도 그의 치욕을 짊어지고 영문 밖으
로 그에게 나아가자.… 장차 올 것을 찾나니… 예수로 말미암아
항상 찬송의 제사를 하나님께 드리자. 이는 그 이름을 증언하는
입술의 열매니라."

단순히 고난을 감내하는 것보다 예수처럼 더욱 적극적으로
죽음으로 나아가며 찬송의 제사를 드리라고 권고합니다. 찬송
의 제사란, 그리스도를 증언하는 것입니다. 우리를 위해 '단번
에' 죽음으로 이루어진 그리스도의 구원의 온전성과 영원성을
찬양하는 것, 그것을 세상에 전하는 것, 그로 인한 온갖 박해를
흔들리지 않고 이겨 내는 것, 그것이 우리의 제사이며 믿음입니
다. 확실히 예수는 그럴 만한 가치가 있습니다. 어디에도 비길
수 없는 유일한 존재이며 유대인들이 지금까지 알던 모든 것을
뛰어넘는 하나님의 아들이기 때문입니다.

히브리서 안에 머물기

1 1장 1-14절은 예수님을 어떤 존재라고 말하나요? 예수님의 존재에 대한 이해가 이처럼 중요한 이유는 무엇인가요?

2 3장 1-6절에서 예수님과 모세를 비교한 이유는 무엇일까요? 예수님의 특별함은 우리의 존재를 어떻게 변화시키나요?

3 3장 14-19절과 10장 19-25절을 묵상해 봅시다. 우리가 그리스도를 따라 궁극적으로 도달하는 곳은 어디입니까? 우리는 그곳으로 가기 위해 무엇을 해야 합니까?

4   5장 1-10절과 7장 22-28절을 묵상해 봅시다. 대제사장 예수님의 독특성은 무엇인가요? '단번에'가 가진 중요성은 무엇인가요? 예수님의 죽음이 오늘의 우리를 살리셨다는 것을 믿으시나요?

5   11장 1절에서 12장 2절이 말하는 믿음이란 무엇일까요? 우리가 바라보는 예수님은 우리에게 무엇을 약속하나요?

약

야
고
보
서

야고보의 상황

야고보서 1장 1절은 발신자가 야고보라는 사실을 알려 주지만, 자신에 대한 소개는 매우 간략합니다. 여기서 언급된 야고보는 아마도 주의 형제 야고보일 것이지만, 그에 대해서는 '하나님과 주 예수 그리스도의 종'이라고만 말합니다. 갈라디아서 2장 9절에서 야고보는 교회의 기둥들 중 하나로 소개되며, 사도행전을 통해서 그가 베드로 이후 예루살렘 교회의 수장 역할을 했다는 사실을 알 수 있습니다(행 15:13-21). 그가 바울에게 율법을 지키도록 당부해서 소요를 막고자 한 것이나(행 21:18-25), 그가 보낸 사람 때문에 발생한 안디옥 사건을 보면(갈 2:11-13), 야고보는 율법을 강조하는 유대 그리스도인을 대표합니다. 그러나 발신자가 야고보서를 통해서 다시 유대적 율법을 지키라고 말하려는 것은 아닙니다.

야고보서 1장 25절에는 "자유롭게 하는 온전한 율법…"이라는 말이, 2장 12절에는 "…자유의 율법…"이라는 말이 나옵니다. 이는 야고보서에서 말하는 율법이 유대인들의 율법이 아니라 그리스도의 법을 의미한다는 사실을 보여 줍니다. 야고보서는 사람을 옭아매는 유대적 율법이 아니라 사람에게 자유를 주는 그리스도의 법을 이야기하면서 그에 따라 행함을 실천하라고 말합니다(1:3; 2:1, 17). 이렇듯 율법을 지키고 행함으로 믿음을 보이라는 야고보서의 내용은 당시 상황과도 연관이 있을 것입니다. 당시에 바울의 복음이 퍼지면서 '오직 믿음'에 대한 잘못된 이해가 생긴 것 같습니다. 믿기만 하면 된다고 말입니다. 바울이 그리스도로 말미암은 구원을 말하면서, 믿기만 하면 된다고 말한 적이 없는데도 말입니다.

바울은 구원의 주체가 하나님임을 강조하며 그리스도에게서 하나님의 의가 드러난다고 말하는 만큼, 그리스도 안에서 그에 합당한 삶을 살 것을 강조합니다. 믿음이 행함으로 드러난다는 면에서 야고보서와 바울은 다르지 않습니다. 그러나 교회에서 바울의 입지가 단단해질수록 야고보서에 대한 오해는 증폭되었습니다. 2세기 중반의 무라토리 정경에서 야고보서가 제외되었고, 종교개혁자 루터는 야고보서를 지푸라기 서신이라고 칭했습니다. 결국 이러저러한 이유들로 오늘날까지도 야고보서가 중요하지 않다거나 바울의 신학과 반대되는 책이라는 오해가 만연합니다. 그러나 야고보서는 행함으로 구원을 받는다는 이야기를 하는 것이 아닙니다. 야고보서는 행함의 중요성을 통해서 잘못된 믿음에 대한 오해를 불식시키고, 믿음의 본질과 궁극성을 이야기하고자 합니다.

야고보서는 그레코-로만 세계의 일반적인 지혜 문학 형식을 보이며, 그리스도의 율법을 행하라는 권면을 반복하지만, '흩어져 있는 열두 지파'를 수신자로 합니다. 야고보서는 그리스도를 믿는 유대인들에게 쓴 편지입니다. 이 흩어져 있는 유대인들의 상황을 추측해 보자면, 시험(1:2, 12-14)이나 고난(5:10, 13), 인내(1:3-4; 5:10-11) 등과 같은 단어들이 눈에 띕니다. 그들은 아마도 여러 어려움을 겪고 있는 것 같습니다. 당시의 고난과 박해는 그리스도를 믿는 사람들에게 일반적이었는데, 특히 경제적 차별이나 서로 비방하는 것 등이 그들을 괴롭혔던 것 같습니다. 이러한 상황에서 야고보서는 믿기만 하면 된다고 생각하면서 삶의 모습이 흐트러지고 고난으로 지친 사람들에게, 어떠한 상황이라도 행함 없는 믿음은 죽은 것이라고 말합니다(2:22-26). 믿음을 행하는 삶은 고난을 견디며 이웃을 사랑하는 힘이며 소망이 하나님에게 있다는 증거이기 때문입니다.

믿음을 행함

하나님을 사랑하고 이웃을 사랑하라는 예수의 명령은 야고보서에 나오는 모든 권면의 뿌리입니다(2:8). 야고보서가 말하는 행함은 믿음을 이웃 사랑으로 드러내는 것입니다. 믿음은 이웃을 사랑하는 매일의 삶 속에서 입증됩니다. 믿음은 구체적이고 일상적이며 반복적인 훈련입니다. 부자는 가난한 사람을 무시하지 말고 자신의 부가 영원하지 않다는 사실을 알아야 합니다(1:9-11). 가난한 자에 대한 무시는 2장에서 사람을 차별하지 말라는 권고로 이어집니다(2:1-13). 또한 자신의 욕심으로 인한 시험을 하나님으로부터 온다고 착각하지 말아야 합니다(1:12-18). 야고보서는 우리가 일상에서 겪는 대부분의 문제가 우리의 욕망 때문이라는 점을 예리하게 간파합니다. 그 욕망을 버릴 때, 이웃 사랑을 실천할 수 있고 욕망이 우리를 사망으로 이끄는 일을 막을 수 있습니다.

그러므로 늘 자신을 돌아보며 말과 행동에 주의를 기울여야 합니다(1:19-27). 그것은 좋은 나무가 좋은 열매를 맺는다는 진리를 드러냅니다(3:1-12). 결국은 삶으로 드러나는 이러한 열매가 우리를 하나님 앞에 세울 것입니다. "긍휼을 행하지 아니하는 자에게는 긍휼 없는 심판…"(2:13)이 있을 것이기 때문입니다. 그런데 흥미롭게도 야고보서는 이러한 행함을 강조하는 근거를 아브라함에게서 가져옵니다. 로마서 4장 2-3절은 "만일 아브라함이 행위로써 의롭다 하심을 받았으면 자랑할 것이 있으려니와 하나님 앞에서는 없느니라.… 아브라함이 하나님을 믿으매 그것이 그에게 의로 여겨진 바 되었느니라"고 말합니다. 같은 아브라함의 이야기를 하면서 야고보서 2장 21-24절은 이렇게 말합니다. "우리 조상 아브라함이 그 아들 이삭을 제단에 바칠 때에 행함으로 의롭다 하심을 받은 것이 아니냐 네가 보거니와 믿음이 그의 행함과 함께 일하고 행함으로 믿음이 온전하게 되었느니라.… 아브라함이 하나님을 믿으니 이것을 의로 여기셨다는 말씀이 이루어졌고… 사람이 행함으로 의롭다 하심을 받고 믿음으로만은 아니니라."

바울과 야고보 중에 어느 한 사람이 아브라함을 오해하고 있는 것은 아닙니다. 이는 성경을 해석하는 다양한 관점을 드러냅니다. 바울은 아브라함이 의롭다 함을 받는 순간에 집중한다면, 야고보는 아브라함의 믿음이 행함으로 온전하게 되는 순간에 집중합니다. 강조점은 아브라함이 믿음으로 의롭게 되었다고 해서, 그것으로 끝나지 않았다는 데 있습니다. 이삭을 바치는 아브라함의 행함이 그의 믿음을 온전하게 한다는 사실을 기억

해야 합니다. 여기에 이스라엘의 정탐꾼들을 접대한 라합의 이
야기까지도 덧붙여지니(2:25), 행함 없는 믿음이 죽은 것이라는
논리에 반박할 수가 없습니다. 이렇게 행함을 통해 드러나는 믿
음의 결과는 공동체에 덕을 끼칩니다. 자신의 욕망을 제어하고
하나님의 지혜를 따른다면, 성결, 화평, 관용, 양순, 긍휼과 선한
열매가 가득할 것이고 편견과 거짓이 없을 것이니 공동체 안에
차별이 아니라 사랑이 넘칠 것이기 때문입니다(3:17-18).

　이렇게 자신의 욕망과 싸워서 하나님이 원하시는 선을 이루
는 문제는 결국 우리가 누구를 따를 것이냐의 문제에 달려 있습
니다. 세상은 끝없이 우리의 욕망을 부추기며 우리가 그것들을
누리는 것을 당연하다고 말합니다(4:1-10; 5:1-6). 그러나 야고
보서는 마치 자신의 부와 생명이 영원할 것처럼, 자신의 욕망만
을 추구하고 그것을 하나님의 복으로 자랑하며 이웃의 고통에
눈을 감는 사람들에게 경고합니다(4:13-17). 그것은 믿음이 아
니라고 말입니다. 자신의 삶이 언제 끝날지 알 수 있는 사람은
없습니다. 생명을 주관하시는 이는 하나님입니다. 그러므로 하
나님의 주권과 마지막 때에 대한 소망을 가지고 있다면(5:7-9),
지금 이곳에서 믿음을 보여야 합니다. 행함을 간과하고 말로만
믿는 사람들을 향해, 야고보서는 행함 없이 그들의 믿음을 증명
해 보라고 반문합니다. 선지자들도 행함으로 믿음의 본을 보였
다면(5:10-11), 더욱이 예수를 믿는 사람들에게 행함의 믿음은
당연합니다.

야고보서 안에 머물기

1 1장 9-11절을 묵상해 봅시다. 그리스도인의 삶에서 요구되는 새로운 가치는 무엇을 근간으로 하나요?

2 1장 12-18절을 묵상해 봅시다. 우리에게 닥치는 시험이 하나님으로부터인지 아닌지를 판단하는 근거는 무엇인가요?

3 2장 1-13절을 묵상해 봅시다. 야고보서를 율법주의적인 책이라고 말할 수 있나요? 이 구절에서 강조하고자 하는 바는 무엇인가요?

4   2장 14-26절에 나타난 행함과 믿음은 어떤 관계에 있을까요?

5   4장 1-3절을 묵상해 봅시다. 우리가 하나님 앞에 구할 때 가장 기본적인 태도는 무엇일까요? 우리는 무엇을 위해서 하나님께 구하고 있나요?

벤전

벤후

베드로전서, 베드로후서

베드로전서

수신자들의 상황

베드로전서의 발신자는 베드로이지만, 시기적으로 보면 베드로의 이름을 빌린 것으로 추정할 수 있습니다. 바울의 이름에 의지해서 편지를 썼던 사람처럼 말입니다. 수신자는 "…본도, 갈라디아, 갑바도기아, 아시아와 비두니아에 흩어진 나그네"(벧전 1:1)로 명명됩니다. 나그네로 불리는 사람들이 누구인지는 정확하게 알 수 없습니다. 아마도 이들이 소아시아에 살고 있던 유대 그리스도인일 것이라는 추정도 있고, 이방 그리스도인이라는 추정도 있습니다. 전자를 주장하는 사람들은 구약성경의 이야기가 인용된다든지, 유대적 용어들이 사용된다든지, 하는 것(벧전 1:24; 2:6, 9; 3:10)을 이유로 들고, 후자를 주장하는 사람들은 이방적 특성이 반복적으로 언급되는 것(벧전 1:14, 18; 2:10, 25; 4:3-4)을 이유로 듭니다. 그러나 이들 중 어느 한쪽으로 수신자를 제한하는 것은 바람직하지 않은 것 같습니다. 유대인이든 이방인이든 간에, 그들은 지금 소아시아 전역에 흩어져 살고 있는 그리스도인들이며 아마도 떠돌이와 같은 삶을 사는 사람들인 듯합니다. '나그네'라는 말은 안정적이지 않은 그들의 삶을 압축적으로 암시합니다.

5장 13절에서 바벨론이라는 말이 나오는데 이는 로마를 지칭합니다. 로마를 바벨론으로 부르는 것은 1세기 후반 30여 년의 기간입니다. 이러한 시기를 감안하면, 요한계시록만큼 로마에 부정적이지는 않지만, 베드로전서도 로마의 통치로부터 연유한 고통스러운 삶을 배경으로 하고 있음을 추정할 수 있습니다. 그리스도인들은 자신들의 믿음으로 말미암아 새로운 삶의 태도와 가치를 갖게 된 사람들입니다. 이방인이든 유대인이든 간에, 그들은 로마의 가치와 체제에 대해서 종교적이며 정치적으로 동조할 수 없었습니다. 자의든 타의든 간에, 그들은 어쩔 수 없이 사회의 주변부로 내몰릴 수밖에 없었을 것입니다. 그들은 자신들이 있던 사회에서 배척을 받았고, 비난이나 경멸, 중상모략 등 온갖 적개심을 감당해야 했을 것입니다. 그들은 자신들이 거주하는 곳에서 추방을 당하기도 하고 사람들로부터 손절을 당하기도 했습니다.

그들은 반사회적이고 불법적인 사람들로 취급받았습니다. 그들의 이러한 고통스러운 삶에 '나그네'만큼 적합한 말도 없습니다. 나그네는 뿌리 없는 사람이기 때문입니다. 그러므로 1장 1절의 "…나그네"에 이어 2장 11절도 수신자들을 "…거류민과 나그네…"라고 명명합니다. 그들은 지금 거주하는 곳에서 언제든지 그곳의 선주민들과 물과 기름처럼 분리될 수 있는 나그네에 불과합니다. 베드로전서의 발신자는 그리스도에 대한 믿음 때문에 이 땅에서 거부되거나 소외된 그리스도인들에게 이렇듯 나그네라는 이름표를 붙여 줍니다. 그러나 나그네라는 이름은 이중적 의미를 가질 수 있습니다. 한편으로 나그네는 그들의 곤고한 삶을 단적으로 드러냅니다. 다른 한편으로 나그네는 희망이기도 합니다. 고통받는 사람에게는, 이 땅의 영원한 거류민이 아니라는 사실이 얼마나 다행스럽겠습니까! 이러한 맥락에서 회람서신으로 추정되는 베드로전서는 로마의 통치 아래 정치적, 종교적, 인종적으로 고통을 당하는 사람들에게 하나님의 은혜를 증거하고 희망과 위로를 주고자 쓰인 편지입니다(5:12).

집 없는 사람의 집

이 땅에서의 삶이 영원하지 않다는 것만으로 고난당하는 수신자들이 용기를 얻기는 힘듭니다. 그들은 또한 이 땅에서 끝이 언제일지 모르는 기간 동안 살아야 하기 때문입니다. 이를 위해서 베드로전서는 그들에게 매우 적극적인 처방을 내립니다. 첫 번째는 그들의 정체성을 더욱 확고하게 하는 것이고, 두 번째는 그들이 이 세상에서 사는 방식을 고민하게 하는 것입니다. 첫 번째 처방으로, 수신자들의 정체는 1장 1절만이 아니라 1장 2절에서도 계속됩니다. 그들은 나그네일 뿐 아니라, "…하나님 아버지의 미리 아심을 따라 성령이 거룩하게 하심으로 순종함과 예수 그리스도의 피 뿌림을 얻기 위하여 택하심을 받은 자들…"로 명명됩니다. 그들은 단순히 뿌리 없는 떠돌이가 아니라 '택하심을 받은 자들'입니다. 하나님, 예수 그리스도, 성령이 모두 언급됨으로써 그들의 존엄성은 더할 나위 없이 높아집니다.

그리고 이러한 정체는 2장 9절에서 "…택하신 족속이요 왕 같은 제사장들이요 거룩한 나라요 그의 소유가 된 백성…"으로 유사하게 반복됩니다. 그들이 속한 사회 집단에서 그들은 비주류로서 소외된 사람일지 몰라도, 하나님의 택함 받은 백성이며 어느 누구와도 견줄 수 없는 고귀한 존재입니다. 고통받는 세상에서 그들에게 위로와 용기를 주는 것은 바로 이러한 정체성입니다. 그들은 이 정체성으로 세상의 비방과 모멸에 흔들리지 않고 이 세상에서 하나님의 사람으로 살 수 있습니다. 그들은 이 땅에서는 고단한 나그네이지만, 진정으로 하나님의 백성입니다. 그들은 이 땅에서 집 없는 떠돌이지만 영원한 집을 가지고 있는 사람들입니다. 이러한 그들의 정체성은 그들이 하나님의 백성으로 세상을 살아야 하는 방식으로 연결됩니다. 이것이 두 번째 처방입니다.

베드로전서는 어느 상황에서든 하나님의 뜻을 따르는 믿음의 삶을 살아 내라는 권고로 가득 차 있습니다. 모든 권면은 고난을 겪으며 믿음에 흔들리지 않도록 끊임없이 그리스도를 본으로 내세웁니다. 그들이 하나님의 백성이라면, 예수의 고난을 따르는 것이 당연하기 때문입니다(4:1). 1장 3절에서부터 예수는 그들의 '산 소망'으로 소개됩니다. 부활로 말미암은 예수 그리스도의 영원한 생명은 고난당하는 사람들이 따라갈 불변하는 유일한 소망입니다(1:3-25; 2:1-10; 3:20-22). 예수에 대한 소망은 지금의 고난을 이겨 내고 구원에 이르게 합니다(1:9). 그리고 정욕을 극복하고 하나님의 뜻을 따라가게 합니다(4:1-5). 그러므로 4장 7-10절은 말합니다. "만물의 마지막이 가까이 왔으니… 뜨겁게 서로 사랑할지니 사랑은 허다한 죄를 덮느니라.… 하나님의 여러 가지 은혜를 맡은 선한 청지기 같이 서로 봉사하라."

예수를 산 소망으로 가지고 있는 사람들에게 필요한 것은 서로 사랑과 서로 봉사와 같은 상호적 사랑과 헌신입니다. '서로'에 대한 복종과 섬김이 그들이 하나님의 은혜를 입은 하나님의 사람이라는 사실을 드러낼 것이기 때문입니다. 이러한 서로 복종은 2장 18절-3장 7절의 가정 교훈집을 보완해 주는 역할을 하기도 합니다. 2장 18절-3장 7절은 에베소서나 골로새서에 나오는 가정 교훈집의 형식과 유사합니다. 베드로전서 2장 18-25절은 종에 대한 이야기를, 3장 1-7절은 아내와 남편에 대한 이야기를 합니다. 그러나 내용상으로는 에베소서나 골로새서에서 나온 것보다는 상호성이 훨씬 떨어집니다. 종에 대한 이야기는 있지만 주인에 대한 이야기는 없습니다. 남편에 대한 이야기보다 아내는 남편에게 순종하라는 이야기가 대부분을 차지합니다. 디모데전서의 여자에 대한 태도가 초기 기독교보다 보수화되었던 것처럼, 베드로전서의 경우도 보수화의 경향이 두드러집니다.

아마도 굳이 이유를 따지자면 더욱 일방적 질서가 고난과 박해로 어려운 시절을 사는 이들을 결속시키는 데 도움이 된다고 생각했던 같습니다. 그러나 공동체 전체의 관계로 확대된 서로 사랑이나 서로 봉사와 같은 상호성은 그들의 집뿐만 아니라 교회에 새로운 질서를 더할 것입니다. 성경은 이렇게 서로를 보완하며 항상 더 큰 맥락에서 의미를 파악하게 합니다. 종말에 대한 믿음을 소환하면서 예수를 본으로 내세우는 베드로전서는 궁극적으로 새로운 질서를 이야기합니다. 그러므로 "인간의 모든 제도를 주를 위하여 순종하되 혹은 위에 있는 왕이나 혹은 그가 악행하는 자를 징벌하고 선행하는 자를 포상하기 위하여 보낸 총독에게 하라"(2:13-14)와 같은 구절들도 항상 조심해서 읽어야 합니다. 이미 로마서나 디도서에서 보았던 것처럼, 이것은 세상의 악한 제도에 대한 굴종을 이야기하는 것이 아닙니다. 일단은 베드로전서 2장 11-17절의 문맥에서 파악할 수 있는 것처럼, 제도나 총독이나 왕이 선을 행한다는 것을 전제로 합니다. 그렇지 않다면 그들에게 복종할 수 없습니다. 그러므로 이어지는 18-25절은 종에 빗대어서, 죄 없는 자의 고난을 그리스도의 고난과 연결시킵니다. 악한 상대를 거부할 때, 죄 없는 자에게 고난이 오기 때문입니다.

그리스도인들이 세상의 질서에 복종하고 악한 지도자를 따른다면, 그들은 고난당하지 않을 것입니다. 그들은 세상에서 거류민으로 안정을 누릴 수 있을 것입니다. 그들이 이 땅에서 고난당하는 것은 악한 세상에 타협할 수 없기 때문입니다. 4장 19절은 이러한 고난을 하나님의 뜻대로 받는 고난이라고 말합니다. 베드로전서는 고난이 예상될지라도 그리스도의 새로운 질서를 포기하지 말라고 말합니다. 그런 삶을 사는 자만이 하나님의 택한 백성이며, 하늘의 소망을 가진 사람이기 때문입니다 (3:8-22). 그들은 자신들의 진정한 집이 어디에 있는지 아는 사람들입니다. 그러므로 베드로전서는 집 없는 나그네들에게 말합니다. 너희는 보다 안전하고 보다 영원한 집이 있는 자들이며 존귀한 자들이니, 이 땅에서 겪는 고난 속에서 하늘의 평안과 위로를 받으라고 말입니다. 서로 사랑이나 서로 봉사는 나그네 된 그들이 희망을 잃지 않았다는 증거입니다. 이 희망으로 그들은 고난 속에서 지치지 않고 하나님의 뜻을 따르며 서로 기도하고 함께 기뻐합니다(4:12-19). 그것은 그들이 이 땅에서 누릴 수 있는 행복입니다.

베드로후서

오늘 하루

베드로후서는 유다서와 더욱 밀접한 문학적 관계를 가지고 있습니다(벧후 2:1-18; 3:1-3; 유 1:4-13, 17-18). 이 두 서신이 서로 의존 관계에 있다는 추측은 개연성이 있습니다. 그러나 이 편지에 베드로후서라는 제목이 붙은 것은, 베드로후서와 유다서의 문학적 의존성보다는, 베드로후서와 베드로전서의 신학적 의존성에 더욱 방점을 찍었기 때문입니다. 베드로후서는 베드로전서와 유사한 상황을 전제하고 있으며 내부적으로 더욱이 구체적인 문제가 발생한 것 같습니다. 베드로후서 2장 1절은 "…백성 가운데 또한 거짓 선지자들이 일어났었나니 이와 같이 너희 중에도 거짓 선생들이 있으리라. 그들은 멸망하게 할 이단을 가만히 끌어들여 자기들을 사신 주를 부인하고 임박한 멸망을 스스로 취하는 자들이라"고 말하며 2-3장에서 그들에 대한 거친 비판을 이어 갑니다.

발신자는 거짓 교사의 불의와 불법을 폭로하고 종말의 빛에서 그들의 심판을 예고합니다. 신약성경에서 주목해야 할 것은 마지막 때에 대한 이야기와 윤리적 삶이 항상 함께 엮여 있다는 사실입니다. 그러므로 베드로후서 3장 8-13절은 말합니다. "사랑하는 자들아, 주께는 하루가 천 년 같고 천 년이 하루 같다는 이 한 가지를 잊지 말라.… 그러나 주의 날이 도둑 같이 오리니… 이 모든 것이 이렇게 풀어지리니 너희가 어떠한 사람이 되어야 마땅하냐 거룩한 행실과 경건함으로 하나님의 날이 임하기를 바라보고 간절히 사모하라.… 우리는 그의 약속대로 의가 있는 곳인 새 하늘과 새 땅을 바라보도다." 지금 악을 이겨야 하는 당위는 종말에 임할 하나님의 심판 때문입니다. 지금 하나님의 뜻을 바르게 실천해야 하는 이유는 마지막이 있기 때문입니다.

아마도 베드로후서의 발신자에게 이 마지막에 대한 이야기는 더욱 절실했을 것입니다. 발신자는 자신이 그들을 떠날 때에 대해서 염려하며 그들에게 바른 믿음의 길을 알려 주려고 하기 때문입니다(1:12-15). 자신의 죽음을 예견하며 쓴 베드로후서는 유언문학의 일종으로서 자신의 가르침을 알려 주고 그것을 기억하기를 바라는 내용을 통해 더욱 종말론적 특성을 나타냅니다. 그것은 죽음의 빛에서 자신의 과거와 도래할 미래를 예견하게 하기 때문입니다. 종말에 대한 이해는 이렇듯 개인의 죽음과 밀접하게 관련해 있습니다. 죽음의 빛에서 자신의 삶을 하나님 앞에 세우는 것과 역사적 종말의 빛에서 현재를 해석하는 것은 동일하기 때문입니다. 그러므로 베드로후서는 죽음이라는 종말의 빛에서 "지금 당신은 어떻게 살고 있는가?" 혹은 "어떻게 살아야 하는가?"를 묻습니다. 우리는 계산할 수 없는 역사적 시간 속에 있습니다. 그러나 분명한 것은 하나님의 판결 시간이 반드시 도래한다는 사실입니다. 악한 사람들은 마치 그 시간이 없는 것처럼 자신의 욕망에 따라 삽니다. 하지만 그리스도에 대한 믿음을 가진 사람들이라면 그들과 달라야 합니다. 먼 길을 떠나는 발신자는 이것을 말하고 싶어 합니다.

베드로전서, 베드로후서 안에 머물기

1 베드로전서 2장 9-10절에 나타난 것처럼, 우리가 누리는 놀라운 지
위는 무엇 때문인가요? 우리가 얻은 긍휼은 무엇인가요?

2 베드로전서 2장 11-12절이 말하는 나그네는 무엇을 의미하나요? 우
리의 소망은 어디에 있어야 하나요?

3 베드로전서 2장 18-25절과 4장 12-19절을 묵상해 봅시다. 그리스
도인이 이 땅에서 고난을 받는 이유는 무엇일까요?

4   베드로후서 1장 1-11절을 묵상해 봅시다. 고난을 겪으면서도 이 세
    상에서 그리스도인으로 살아갈 수 있는 이유는 무엇인가요?

5   베드로후서 3장 8-14절이 말하는 고난을 견디게 하는 소망은 무
    엇인가요? 새 하늘과 새 땅에 대한 소망은 우리의 삶을 어떻게 변
    화시키나요?

유

유
다
서

수신자들의 상황

당시 대부분의 교회들은 외부적으로 발생하는 고난과 박해의 상황으로, 내부적으로는 발생하는 거짓 교사들의 끊임없는 출현으로 골머리를 앓아야 했습니다. 그리고 어떻게 해야 그리스도인으로 바르게 살 수 있는지도 고민해야 했습니다. 공동서신은 이런 모든 문제와 고군분투하고 있는 그리스도인의 모습을 보여 줍니다. 그리고 상황에 대한 다양한 해법들을 통해서 1세기 기독교가 바울의 메시지만으로 단순화될 수 있는 위험을 벗어나게 합니다. 다양한 초기 기독교의 상황들과 교훈들을 알게 한다는 면에서 공동서신은 매우 소중한 책입니다. 유다서도 이중 하나입니다. 유다서의 발신자는 자신을 "예수 그리스도의 종이요 야고보의 형제…"(1:1)라고 소개합니다.

수신자는 부르심을 받은 자로 명명되며 "…하나님 아버지 안에서 사랑을 얻고 예수 그리스도를 위하여 지키심을 받은 자들…"(1:1)이라고 말합니다. 수신자는 그리스도인에 대한 매우 일반적인 표현으로 소개되기 때문에, 이들에 대해서 더 자세히 알기는 어렵습니다. 다만 그리스도를 믿는 사람들 사이에 거짓 교사들이 나타나서 그들을 혼란하게 한 상황이라는 것만은 알 수 있습니다. 이단자들은 예수 그리스도를 부인하고 환상이나 계시를 강조하며 방탕한 행동을 한 것 같습니다(1:3-4, 8). 이들의 잘못된 이설은 아마도 바울의 자유를 잘못 이해하면서 생겨난 것은 아닐까, 추측해 볼 수 있습니다. 기독교가 성장하면서 내부적으로 다양한 주장들이 제기되었는데, 그들이 이교적 관습에 믿음을 내줄 때, 바울의 복음이 곡해되거나 자의적으로 이용되는 경우들이 곧잘 생겼기 때문입니다.

유다서 전체는 이단자들에 대해서 논쟁하는데, 구조적으로는 설교나 연설을 상기시킵니다(1:5-23). 이 논쟁에서 구약성경의 이야기들이 근거로 제시된 것을 보면, 수신자들을 유대 그리스도인들이라고 추정할 수 있습니다. 발신자는 가인의 길, 발람의 길, 고라의 길을 언급하며(1:11), 악한 사람들의 마지막에 대해서 분명하게 단언합니다. 그들의 결국을 생각한다면, 그리스도인들은 믿음의 도를 위해서 힘써 싸워야 합니다(1:3). 그들로 하여금 이단자들과 대적하고 믿음의 길에서 벗어나지 않도록 하는 것이 유다서의 목적입니다.

이를 위해서 유다서는 이단자들의 잘못을 폭로할 뿐 아니라, 그리스도인들이 사도들의 가르침을 기억할 것을 권면합니다(1:17). 그 가르침은 정욕이 아니라 성령을 따르는 삶입니다. 거짓 교사들의 삶 자체는 그들 스스로의 정체를 드러냅니다. 그들은 육에 속한 자이며 성령이 없는 자들입니다(1:19). 그러므로 발신자는 말합니다. "사랑하는 자들아 너희는 너희의 지극히 거룩한 믿음 위에 자신을 세우며 성령으로 기도하며 하나님의 사랑 안에서 자신을 지키며 영생에 이르도록 우리 주 예수 그리스도의 긍휼을 기다리라"(1:20-21). 거짓과 맞서는 것, 성령에 의지해서 하나님의 때를 기다리는 것, 그것이 믿음을 지키는 길입니다.

유다서 안에 머물기

1 1장 3절을 묵상해 봅시다. 믿음의 길을 잃어버릴 때가 있었나요? 어
  느 때에 우리가 길을 잃나요?

2 1장 16절을 묵상해 봅시다. 우리로 하여금 믿음을 거스르게 하는 것
  은 무엇인가요?

나가는 말

글을 마쳤습니다. 나의 시간은 끝났고, 이제는 독자들의 시간입니다. 글을 쓰면서 내내 고민했던 문제들이 독자들에게 닿을 수 있을까, 궁금해집니다. 신약 개론의 범주는 매우 넓습니다. 신약성경 전체에 대한 것이니 말입니다. 이 방대한 내용을 독자들에게 전달하는 것은 벅찬 일입니다. 그 벅찬 일은 독자를 상정하는 것에서부터 시작됩니다. 책이야 물론 모든 사람이 읽을 수 있지만, 책을 시작할 때, 저자는 자신이 눈을 맞출 독자군을 상정하게 됩니다. 나는 늘 그렇게 글을 시작합니다. 들어가는 글에서 밝혔던 것처럼, 나의 독자군은 신학을 전공하는 사람이 아니라 성경적 지식이나 정보, 믿음의 정체 등을 궁금해하는 사람입니다. 기독교적 믿음을 가지지 않은 사람도 물론 대상에서 제외되지 않지만, 성경을 읽으면서 이해가 되지 않아 고민했던 사람들이나, 성경을 어떻게 읽어야 할지 몰라 성경 읽기를 포기한 사람들, 혹은 성경에서 믿음을 찾기보다 설교에 의존하는 사람들, 목사의 말과 성경을 동일시하는 사람들과 같은 이들을 독자로 상정했습니다.

신학 훈련 없이도, 약간의 도움만 있어도, 성경에 대한 이해가 바뀌고 성경의 의미가 새로워지며, 결국 최소한의 지식과 정보가 바른 믿음으로 인도할 것이라는 희망이, 이 책의 출발점입니다. 그러므로 글을 쓰는 내내 이 정도는 말해야 할까, 이것까지 말해야 할 필요가 있을까, 너무 복잡한 이야기가 아닐까, 너무 많은 단계를 건너뛴 것은 아닌가, 하는 고민들로 글을 쓰고 지우고를 반복하면서 균형을 잡으려고 노력했습니다. 그 균형이 지리한 정보의 늪에서 믿음의 길을 놓치지 않게 하리라 믿으면서 말입니다. 사실 일반 독자들이 어렵다고 하는 다른 모든 신학 책도 궁극적 목적은 믿음의 길을 알려 주려는 것입니다. 다만 너무 복잡하고 어려운 단어들과 전문 지식들이 의도치 않게 그 길을 막는 것뿐입니다. 그래서 이 책은 신약성경 안에서 독자들이 찾아갈 수 있는 믿음의 길을 내기 위해서 정성을 들였습니다. 이 마음과 이 길이 독자들에게 닿기를 바랍니다.

우리가 그렇게 서로에게 닿아서 어느 지점에서 만난다면, 독자들은 내가 했던 고민을 같이 하게 될 것입니다. 이런 말이 왜 필요하지, 이것은 무슨 의미지, 이것까지 알아서 뭘 하지, 등 말입니다. 이런 것을 몰랐더라도, 성경을 읽고 교회에 다니고 믿음을 자부하는 데 하등 문제가 없었다면, 더욱 그럴 수 있습니다. 그러나 조금 더 알면, 훨씬 더 많은 것이 새로워지고, 그렇게 새로워지면 형언할 수 없는 넓은 세계가 펼쳐지기도 합니다. 아주 조금의 노력으로 말입니다. 이 책을 읽는 것은 아주 작은 노력입니다. 그러나 이 책을 읽으며 고민하고 스스로 질문한다면, 믿음의 진짜 얼굴과 마주할 수 있을 것입니다. 이 책 안에 믿음으로 살고자 애썼던 사람들의 이야기가 들어 있기 때문입니다. 그들의 믿음이 우리에게 길을 만들어 주고 결국 우리를 그리스도 예수 안에서 하나님 앞으로 데려갈 것입니다. 하나님에게로 가는 길, 그것이 우리의 역사입니다. 우리는 그렇게 하나님의 역사 속에서 자신의 길을 가며 우리의 길로 다른 이들의 길을 다져 줄 것입니다. 이것이 오늘날도 여전히 성경을 읽어야 하는 이유입니다.

물론 성경은 지금 '나'의 상황과 역사를 시시콜콜 말해 주지 않습니다. 성경 안에 '나'에 대한 이야기는 없습니다. 그러나 성경은 세상에서 하나님의 역사를 만들어 간 사람들의 다양한 모습과 그들을 언제나 구원으로 인도하는 하나님의 역사를 보여 주며, '나'를 그 역사로 초대합니다. 그러므로 그들의 역사 속에서 '나'의 역사를 고민하고, 그들의 길에서 '나'의 길을 찾으려고 애쓸 때, 우리는 세상 속에서 하나님의 뜻에 반응하며 믿음의 사람이 됩니다. 믿음은 지금 우리의 역사 속에서 하나님의 역사를 일구어 내는 것이기 때문입니다. 하나님의 역사에 참여하는 것, 그것을 이어 가는 것, 그것이 믿음의 삶이며 믿음을 가진 사람들의 책임입니다. 이 책 1부에서 지속적으로 역사 인식을 강조한 것은 이 때문입니다. 이 역사 인식 속에 신약성경의 다양성과 통일성이 있습니다. 그러므로 27권의 신약성경 속에 있는 다양한 사람들의 상황과 믿음을 드러내기 위해서도, 해석에 주의를 기울여야 합니다. 획일화된 교리적 의미가 아니라, 각 상황과 역사에 대처하는 믿음을 찾아야 합니다.

이를 위해, 2부와 3부에서 성경의 각 권들을 다루면서, 문맥을 따라 읽고 상황을 살피는 것을 강조했습니다. 문맥과 상황은 성경의 여백 속으로 들어가게 하는 열쇠이기 때문입니다. 성경은 글과 여백으로 이루어졌고, 글로 다하지 못한 것들이 여백 속에 숨어 있습니다. 그 여백 속으로 들어가야 성경의 의미가 점차 분명해집니다. 성경은 마치 앨리스가 하얀 토끼를 따라 들어간 토끼 굴과 같습니다. 그 속에서 앨리스는 진짜 이상한 세계, 앨리스가 겪어 보지 못한 세계를 만납니다. 앨리스는 그 세계에서 놀라고 생각하며 성장합니다. 그 세계에 들어갔다 나온 앨리스는 이전의 앨리스가 아닙니다. 문맥과 상황이 성경의 여백, 곧 성경의 의미, 성경의 사람들과 그들의 삶으로 들어가는 열쇠라면, 이 책은 또 하나의 앨리스의 하얀 토끼가 되어도 좋을 것 같습니다. 성경의 세계로 독자들을 데려가고, 성장을 경험하게 할 수 있다면 말입니다. 앨리스가 만난 신기한 것들보다 더 많은 사람들의 삶과 이야기가 성경 속에 있습니다. 그들의 이야기가 우리의 길이 되고 믿음이 된다면, 우리는 하나님의 역사 속에서 풍성한 생명을 누리게 될 것입니다.

신약 수업

1판 1쇄   인쇄 2025년 3월 20일
1판 1쇄   발행 2025년 3월 28일
1판 2쇄   발행 2025년 4월 5일
1판 3쇄   발행 2025년 4월 30일

지은이   김호경

발행처   도서출판 뜰힘
발행인   최병인
편집   최병인
디자인   이차희
등록   2021년 9월 13일 제 2021-000037호
이메일   talkingworker@gmail.com
인스타그램 instagram.com/ddeulhim
페이스북   facebook.com/ddeulhim

ISBN 979-11-979243-7-8 03230

뜰힘은 아래를 향하는 힘에 반하여 위로 뜨려는 힘입니다.